MARCO⊕POLO

Maxi

W0191176

CU
BA

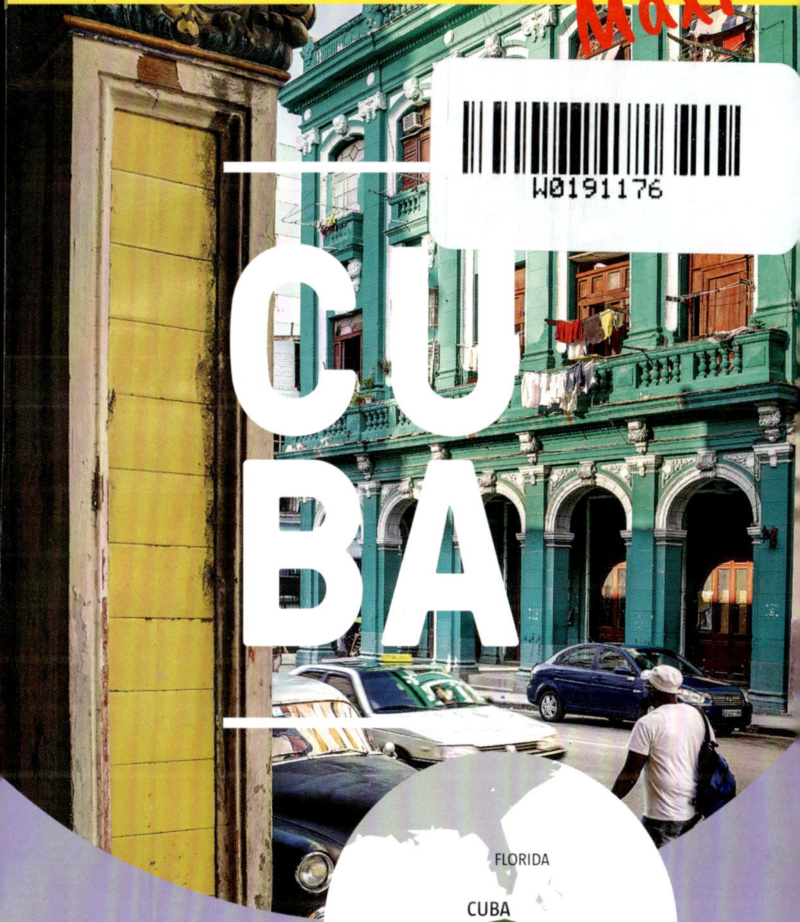

FLORIDA

CUBA

MESSICO

REP.
DOM.

HAITI

BELIZE   GIAMAICA

HONDURAS   *Mar dei Caraibi*

NICARAGUA

PANAMA

Sommario

TOP**10**

La nostra TOP 10 vi guiderà ai luoghi più suggestivi e alle più appassionanti attrazioni

⭐1 HABANA VIEJA
Gironzolate senza meta nel cuore della città, antica di 500 anni, tra eleganti *palacios* ed edifici coloniali, tra un bar e l'altro, e sempre accompagnati dalla musica.
→ **p52**

⭐2 VALLE DE VIÑALES
All'ombra di verdi colline calcaree, i *mogotes*, e delle maestose palme reali viene coltivato il tabacco migliore del mondo *(foto a sinistra)* – l'intero "paesaggio culturale" è protetto come sito Unesco.
→ **p84**

⭐3 TRINIDAD
Una perla coloniale: lungo pittoresche e vivaci strade della città vecchia colpiscono le case signorili dei "baroni dello zucchero", risalenti al tempo in cui Cuba primeggiava in questo tipo di produzione.
→ **p108**

⭐4 CABARET TROPICANA
Un viaggio a Cuba senza assistere al famoso spettacolo di danza del Tropicana è come un Mojito senza menta: aspettatevi costumi luccicanti, boa di piume e copricapi a candelabro.
→ **p56**

⭐5 VARADERO
Spiagge bianche lucenti, mare turchese e sole splendente ogni giorno: l'amata penisola turistica è un vero "paradiso *all inclusive*" con hotel di lusso e *casas* private.
→ **p112**

⭐6 SANTIAGO DE CUBA
La seconda città del paese è la culla della rivoluzione e il luogo natale del ritmo nazionale cubano, il *son*. Qui, nel 1959, Fidel Castro annunciò la vittoria della rivoluzione.
→ **p156**

⭐7 BARACOA
L'affascinante città coloniale, una delle più antiche del Nuovo Mondo, si nasconde dietro alte montagne e una rigogliosa vegetazione tropicale.
→ **p160**

⭐8 GRAN PARQUE NACIONAL SIERRA MAESTRA
Nella catena montuosa vicino a Santiago si cammina sui sentieri dei rivoluzionari – e nel frattempo si può conquistare la vetta più alta del paese, il Pico Turquino.
→ **p164**

⭐9 PARQUE NACIONAL ALEJANDRO DE HUMBOLDT
Il Parco Nazionale, che prende il nome dal grande naturalista, è l'ultimo pezzo di foresta pluviale rimasto a Cuba; patrimonio dell'Unesco, ospita molte specie esotiche.
→ **p166**

⭐10 FINCA LA VIGÍA
La villa apparteneva a Ernest Hemingway, che qui scrisse alcuni dei suoi romanzi più famosi. Oggi è un museo e una meta di pellegrinaggio per gli innumerevoli fan e lettori dell'autore premio Nobel.
→ **p58**

ARIA DI

Vivere la sua essenza, cogliere il suo fascino unico. Come quello dei suoi abitanti.

BALLARE LA *SALSA*!

Il momento giusto per muovere i fianchi al suono della musica? A Cuba non esiste: si può *sempre* ballare – nei molti bar e club di danza, ai concerti live, con la collaborazione del comitato di accoglienza all'aeroporto o del gruppo di animatori del resort o dell'hotel. Ma prima bisogna almeno imparare i passi fondamentali della *salsa* (→ *p22*): "un, dos, tres…". L'uomo, che conduce la danza, fa girare talmente la sua partner che anche solo a guardare i due ballerini vengono le vertigini!

CASAS PARTICULARES

Abitare a casa dei cubani continua a essere un trend in crescita. Oggi non poche di queste camere private sono molto ben arredate e accessoriate. Ovunque vediate alla porta un segno blu che assomiglia a un'ancora, sappiate che lì ci si sentirà come a casa – che sia in una dépendance della famiglia ospitante o, più di recente, nelle raffinate *casas particulares* (→ *p41*) con belle terrazze e con, a volte, l'accesso diretto alla spiaggia e la piscina.

UN TOUR IN CHEVY

Non sono solo gli appassionati di vecchi motori ad andare in visibilio alla vista di quelle scintillanti carrozzerie cromate,

uscite di fabbrica almeno mezzo secolo fa e che continuano a girare per le strade di Cuba come se si fosse in un museo all'aperto: molte delle Cadillac e delle Chevrolet sono lucidate fino all'eccesso. Seduti lì dietro si parte per un viaggio nel tempo, mentre ci si lascia scarrozzare per tutta L'Avana (→ *p185*).

IMMERGERSI TRA I CORALLI

La barriera corallina cubana è considerata una delle più belle del mondo, con una biodiversità stupefacente. I sub amano in particolare la costa meridionale, in particolare la Isla de la Juventud (→ *p97*): nell'azzurrognola Cueva Azul e nel "Tunel del Amor" ci si immerge tra pesci multicolori, mante giganti e persino tartarughe di mare. Da scoprire, nelle profondità marine, ci sono canyon sommersi e relitti di navi.

SULLE ORME DEI RIBELLI

Non basta una t-shirt con il ritratto di Che Guevara per rendervi un vero discepolo della rivoluzione! "Adelante Comandante!" – il motto di quei giorni diventa molto più comprensibile se ci si avventura in un'escursione a piedi sulle orme dei guerriglieri di Fidel Castro attraverso la Sierra Maestra (→ *p164, foto p8*). E il "sempre avanti, comandante!" accompagna anche i visitatori che decidono di viaggiare nell'entroterra per

CUBA

Ballare la *salsa* in un bar dell'Avana

porgere i loro omaggi al più famoso di tutti i guerriglieri e ai suoi *compañeros* visitando, ad esempio, il quartier generale all'Avana *(→ p10)* o il Mausoleo del Che a Santa Clara *(→ p123)*.

TAMBURI CUBANI

Chi è rimasto contagiato dal ritmo onnipresente dei *congas* e dei *timbales*, può farsi iniziare all'arte delle percussioni. Non è difficile trovare un insegnante: riconoscerete un vero professionista se comincia la sua lezione obbligando gli allievi a compiere esercizi per "riscaldare" le dita. Forse potete chiedere direttamente a uno dei musicisti che si esibiscono per strada, ad esempio la domenica nella zona pedonale di Callejon de Hamel nel quartiere Centro dell'Avana (📷 218 A4). Di certo è una fonte d'informazioni autentica!

Sulle orme dei rivoluzionari: verso il quartier generale di Castro sulla Sierra Maestra

SU DUE RUOTE

A nessun cubano verrebbe mai in mente di trascorrere le proprie vacanze sul sellino di una bicicletta – la maggior parte delle loro due ruote non ha infatti fanali né cambio. Ma se siete intenzionati a usare un veicolo a due ruote per esplorare dall'interno i paesaggi di Cuba, potrete scegliere percorsi tra i due estremi: piste interminabilmente pianeggianti (e persino autostrade!) oppure impegnativi tornanti in salita che mettono alla prova i polpacci su "La Farola" *(→ p182)* vicino a Baracoa.

SALUD Y SUERTE!

Ci fu chi decise che non avrebbe mai più lasciato Cuba in virtù dei suoi drink – basta pensare a Ernest Hemingway. Per farsi da soli la bevanda nazionale, il Mojito, non serve molto: il succo di un lime mescolato a mezzo cucchiaino di zucchero, sei foglie di menta spezzettate e schiacciate nel bicchiere, l'aggiunta di 3-6 cl di rum Havana Club ("Añejo 3 Años"). Dopodiché basta riempire il bicchiere di acqua gassata, mescolare, decorare con qualche fogliolina di menta – così, una volta tornati a casa, potrete riassaporare un po' di quell'atmosfera cubana che tanto avete apprezzato durante la vostra vacanza.

In primo piano

TUTTO SULLA
RIVOLUZIONE

Santiago de Cuba, 26 luglio 1953, il giorno del Carnaval:
un centinaio di uomini assaltano la caserma Moncada.
La ribellione contro l'odiato regime di Batista fallisce, la maggior
parte dei ribelli viene arrestata, perseguitata, uccisa. Fidel Castro
si difende con le celebri parole: "Giudicatemi pure (...), la storia
mi assolverà".

Fidel Castro Ruz, figlio di un ricco piantatore, venne al mondo il 13 agosto del 1926
a Birán (→ p173), nell'Oriente cubano. Già mentre frequentava la facoltà di giuri-
sprudenza all'Avana si fece notare per i suoi atteggiamenti ribelli. Durante gli anni
'40 il barbuto leader degli studenti protestò contro la corrotta élite intorno a Fulgencio Batista, che durante i suoi quattro anni come capo dello Stato, dal 1940 al
1944, era diventato milionario e che nel 1952 aveva riconquistato la presidenza
grazie a un colpo di stato, mentre le masse diventavano sempre più povere e l'op-
posizione veniva repressa brutalmente. Nel 1952 Fidel Castro entrò in clandestinità.

SPIEGARE LA STORIA...

Nel Museo de la Revolución dell'Avana (→ p69), al Memoriale del Che a Santa Clara (→ p123) e alla Comandancia nella Sierra Maestra (→ p165) scoprirete tutto quello che c'è da sapere sulla rivoluzione cubana. Anche i seguenti
musei più piccoli forniscono informazioni particolari:

■ **Casa del Che:** un piccolo museo su Che Guevara allestito nel suo ex quartier
generale nella fortezza della Cabaña, di fronte alla "Estatua de Cristo" (lun-
sab 10-18, dom 10-13 | CUC6 | Parque Histórico Militar Morro-Cabaña | Ctra.
del Cristo, L'Avana, Casablanca | → p61)

■ **Museo del Ministerio del Interior (MININT):** il museo del ministero degli
interni è dedicato, tra l'altro, agli atti di sabotaggio e agli attentati (mar-
ven 9-17, sab 9-16 | CUC2 | Ave. 5ta e/ 12 y 14, L'Avana | tel 07 2 03 21 22)

Sempre presente, anche sui murales dell'Avana: il mito Che Guevara

GUERRIGLIA IN MONTAGNA

Dopo il fallito attacco alla Caserma Moncada nel 1953 (→ p158), la prigionia sull'Isla de la Juventud (→ p97) e la sua amnistia dopo 20 mesi, nel 1955 Fidel Castro andò in esilio in Messico, dove incontrò l'argentino Ernesto Guevara, detto il Che, e fondò il "Movimento del 26 luglio". Con altri 80 compagni – tra cui suo fratello Raúl (fino ad aprile 2018 capo dello Stato cubano) – salpò a bordo del sovraccarico yacht *Granma* (→ p176) alla volta della terra natia e il 2 dicembre 1956 approdò sulla costa sudorientale di Cuba. Anche quest'impresa, però, non fu coronata da successo: i *barbudos*, così i barbuti ribelli verranno chiamati da quel momento in poi, erano

> "Giudicatemi pure (...),
> la storia
> mi assolverà."
> **Fidel Castro**

attesi dall'esercito che aprì il fuoco contro di loro. Solo un pugno di uomini scampò al massacro e si rifugiò sulla Sierra Maestra (→ p164).
Sui monti, grazie al carisma di Castro, sempre più contadini decisero di unirsi alla guerriglia, che accolse anche soldati disertori; pare che persino la CIA abbia finanziato il movimento di liberazione cubano. Un'offensiva dell'esercito fedele a Batista, forte di 10.000 uomini, venne respinta da soli 350 ribelli. Poi gli eventi precipitarono: il 30 dicembre 1958 un gruppo di rivoluzionari comandato da Ernesto Guevara conquistò Santa Clara (→ p123), nella regione centrale dell'isola. Nella notte di San Silvestro, Batista scappò nella Repubblica Dominicana con un bottino di 40 milioni di dollari.

L'incontro, il 26 luglio 2015, nel 62° anniversario della rivoluzione: (da sinistra a destra) Raúl Castro, Ramiro Valdés, José Ramón Machado Ventura, Miguel Díaz-Canel (attuale presidente di Cuba)

La sera di inizio anno del 1959, a Santiago, Fidel Castro proclamò la vittoria della rivoluzione (→ p156), e l'8 di gennaio entrò trionfalmente all'Avana con i suoi *compañeros*, celebrato come il leader della rivoluzione. Il 13 febbraio Castro viene nominato primo ministro, mentre il Che ricoprì molti incarichi ufficiali, tra cui direttore dell'Istituto per la riforma agraria e presidente del Banco Nacional.

"HASTA LA VICTORIA SIEMPRE"

Le prime iniziative del nuovo governo negli anni '59-'60 inclusero una campagna di alfabetizzazione, l'istituzione di un sistema sanitario nazionale gratuito e dell'istruzione scolastica per tutti, la riduzione dei prezzi degli affitti, lo sviluppo di un'edilizia popolare e una riforma agraria che assegnò ai contadini terra da lavorare. In seguito, i provvedimenti legislativi rivoluzionari interessarono anche i cubani di ceto medio e alto, una parte dei quali appoggiava il governo: le proprietà terriere superiori ai 400 ettari vennero espropriate, le società e le banche di proprietà statunitense vennero confiscate e nazionalizzate. Centinaia di migliaia di cubani abbienti e seguaci di Batista lasciarono l'isola per rifugiarsi negli Stati Uniti. A loro si aggiunsero in seguito intellettuali, scrittori, scienziati e anche qualche compagno di battaglia della prima ora.

Per rappresaglia, gli Stati Uniti tagliarono le importazioni di zucchero (da tempo voce strategica dell'export cubano) e smisero di rifornire l'isola di petrolio. Nell'aprile 1961 si giunse alla famosa invasione della Baia dei Porci (→ p121), un tentativo a dir la verità piuttosto dilettantesco: 1500 esiliati cubani e mercenari approdarono armati fino ai denti in una baia già protetta naturalmente da una barriera corallina. La popolazione cubana reagì a sua volta con le armi e nel giro di tre giorni il colpo di stato progettato con l'aiuto della CIA ven-

SULLO SCHERMO

Thirteen Days (*USA 2000, regia di Roger Donaldson*): i drammatici eventi della crisi dei missili cubani sono diventati un film di Hollywood con Kevin Costner nella parte di un consigliere di Kennedy.

ne sventato. Nel 1962 il governo americano proclamò un embargo totale da e verso l'isola; Cuba allora, economicamente sempre più in difficoltà, si rivolse all'Unione Sovietica, che divenne presto il suo principale partner commerciale. Nel 1962 Fidel Castro dichiarò Cuba la prima repubblica socialista dell'America Latina.

Si arrivò così, nell'ottobre 1962, alla cosiddetta "crisi di Cuba", tuttora uno dei momenti più rischiosi della storia mondiale: per 13 giorni l'umanità aspettò con il fiato sospeso le decisioni dei politici che avrebbero potuto scatenare il terzo conflitto mondiale con armi atomiche. All'acme della guerra fredda e della crisi cubana, dopo trattative segrete, l'URSS accettò di rimuovere la testata atomica dei missili a medio raggio posizionati sull'isola dall'aprile di quell'anno. Infine, il presidente americano John F. Kennedy concordò un accordo confidenziale con il capo del governo sovietico Nikita Krusciov che non ci sarebbero stati altri tentativi di invasione e ritirò dalla Turchia i missili puntati sull'URSS.

Le tensioni tra Cuba e gli Stati Uniti durarono ancora decenni e nel 1995-96 venne approvata la legge Helms-Burton che appesantiva ulteriormente l'embargo, promettendo sanzioni economiche anche ai paesi terzi che avessero investito a Cuba.

I COMPAGNI DELLA RIVOLUZIONE

Ernesto "Che" Guevara (1928-67), un laureato in medicina proveniente da una ricca famiglia argentina, fece carriera e divenne prima presidente della Banca centrale e poi ministro dell'Industria, ma cominciò presto a diffidare del legame sempre più forte con l'Unione Sovietica. Fu così che l'impenitente marxista scelse di ritirarsi dalla scena politica cubana e di andare a combattere in Africa e in Bolivia per promuovere nuovi movimenti rivoluzionari. Venne ucciso sulle montagne boliviane il 9 ottobre 1967, all'età di 39 anni. Solo trent'anni dopo il suo corpo venne trovato e disotterrato; i suoi resti riposano ora nel memoriale di Santa Clara (→ p123). L'amato *guerrillero* è ovunque a Cuba, su poster di propaganda, banconote da 3 pesos, t-shirt, tazze e bottiglie di birra: un idolo pop della cultura globale.

E il *líder máximo?* Una leggenda vivente. Fidel Castro sopravvisse a innumerevoli attentati. Fino al 2008, quando si ritirò ufficialmente per motivi di salute, fu il capo di stato che rimase per più tempo al potere: quando morì, il 25 novembre 2016, Castro aveva contribuito a forgiare gli avvenimenti mondiali per cinquant'anni. Forse la storia non lo assolverà, ma di certo ne serberà per sempre la memoria – come glorioso leader rivoluzionario o come implacabile dittatore.

Strade decorate in occasione della Festa della rivoluzione nel 2016

VITA QUOTIDIANA
NEL "SOCIALISMO TROPICAL"

Una freccia sul muro di casa di una cittadina di provincia indica, a chi sa interpretarla, dove procurarsi l'ambito cemento. L'economia della carenza del "socialismo tropical" richiede molta pazienza. I cubani sono maestri dell'improvvisazione da molti decenni ed è proprio quel talento che da alcuni anni trova espressione nell'imprenditoria capitalista.

Da Cuba non ci sono solo fughe, ma anche chi vi trova rifugio, ad esempio dall'impoverita Haiti. Le riforme sociali dopo la rivoluzione del 1959 hanno introdotto sull'isola, e durano tuttora, condizioni di vita quasi paradisiache per un "paese del Terzo Mondo" con un governo dittatoriale monopartitico: nessun squadrone della morte o bambini di strada, mortalità infantile al minimo e alta aspettativa di vita (77 anni, poco meno degli 82 italiani), tasso di analfabetismo al 3% (inferiore a quello degli Stati Uniti). A Cuba c'è un medico ogni 150 cubani, l'assistenza sanita-

Da sinistra a destra: non c'è una grande offerta nei negozi di Trinidad
Banconota con il ritratto di Che Guevara; Una fonte di reddito: portare a spasso i turisti in macchine degli anni '50; Negozio di merci sovvenzionate

LA LIBRETA

Il "libriccino", la tessera annonaria emessa ogni anno che contiene i coupon dello stato per l'acquisto di alimentari razionati, venne istituito nel 1962 per ogni cubano e per lungo tempo valse, per fare un esempio, per i seguenti articoli (in quantità mutevoli e di recente per sempre meno prodotti): riso, pasta, zucchero, caffè, sale, olio d'oliva, fagioli, pane, qualche volta carne di pollo, e un tempo anche sapone e dentifricio, nonché sigarette e tabacco. I bambini piccoli, fino a un anno di vita, ricevono ogni mese due confezioni con latte, latte condensato o latte in polvere – in teoria e sempre dando per scontato che nelle *bodegas* statali siano a disposizione i generi alimentari richiesti. A volte sono diluiti in modo improprio o "annacquati".

ria è gratuita e accessibile anche in località rurali. L'affitto mensile di una casa vale da 3 a 4 euro, elettricità, acqua e telefono costano una cifra ridicola.

Purtroppo, però, le statistiche traggono in inganno. Fuori dall'Avana molti ospedali sono in condizioni deplorevoli: chi si ammala può solo sperare di lavorare nel turismo e venir pagato in valuta pregiata o avere parenti all'estero. Nel paese non mancano solo medicinali e apparecchiature mediche, ma benzina, cemento e persino farina e carta igienica. Le tessere annonarie in funzione da decenni, le *libretas* che servono per generi di prima necessità come riso, patate o caffè, vengono a poco a poco abbandonate: gli spacci statali che vendono in pesos avevano già comunque gli scaffali quasi vuoti. Solo nelle Tiendas Panamericanas (→ p44) o al mercato nero si trova di tutto: rum, rossetto, shampoo, omogeneizzati, jeans e persino burro europeo.

In ogni caso fino al 2014 queste merci a prezzo maggiorato si potevano acquistare solo con la valuta dal cambio forzato con cui pagano i turisti, il *peso convertible (CUC)*. Da allora si può ottenere qualche prodotto anche con la valuta nazionale, il CUP, a un prezzo ovviamente molto più alto. Dal 1993 vale a Cuba l'ingiusto sistema della doppia valuta: gli stipendi sono pagati in *pesos cubanos (CUP, moneda nacional)* che non ha praticamente valore, mentre la maggior parte dei prezzi è calcolata in CUC, 26,5 volte più caro *(a maggio 2018)*.

In primo piano

Il che significa che una famiglia con due bambini che mangia nella catena di fast food statale Rápido e beve la cubana Tropi-Cola spende paradossalmente metà dello stipendio mensile. Il salario medio è infatti ufficialmente intorno ai 600 CUP (€22) – al mese! Un medico guadagna non più di €60, il preside di una scuola superiore €35, mentre un barman guadagna una somma simile in una serata, grazie alle mance dei turisti! Agli insegnanti – per così dire le colonne portanti della società "simil-socialista" – detratti i costi fissi rimangono per vivere intorno ai €14: "E con quelli devo pure comprarmi ogni tanto un paio di scarpe...", sospira un'anziana insegnante che per tutta la sua vita è stata comunque una sostenitrice di Fidel.

EL CAMBIO – RIFORME A TEMPO DI LUMACA

Così non c'è da stupirsi che i chirurghi diventino guide turistiche, le insegnanti facciano le cameriere negli hotel e i cubani tutti siano diventati maestri dell'improvvisazione, spesso non del tutto legalmente. Dal 1959 quasi due milioni di cubani hanno lasciato la loro patria per stabilirsi negli Stati Uniti. In fondo la Florida dista solo 150 km. Lo slogan "Socialismo o muerte!" fu preso alla lettera (e ancora succede) da migliaia di disillusi cubani, soprattutto giovani, che salparono (e tuttora lo fanno) alla volta di altre terre – in barche a motore sovraccariche, su zattere o in vecchie auto trasformate in modo artigianale in veicoli anfibi. Chi è rimasto a casa, cerca di tener duro; in qualche modo c'è sempre un trucco, una *mecánica* da perseguire.

Le riforme portate avanti dal 2008 da Raúl Castro hanno cambiato il paese, anche se a ritmo di lumaca: i cubani possono finalmente possedere legalmente computer e cellulari e soggiornare negli hotel, e dal 2011 possono anche sfruttare commercialmente i propri appartamenti e le proprie auto (prodotte dopo il 1959).

SULLO SCHERMO

Guantanamera *(1995, regia di Tomás Gutiérrez Alea e Juan Carlos Tabío, Cuba):* questa commedia cubana descrive un assurdo piano per far fronte al "periodo speciale" (il trasporto di salme tra Guantanamo e L'Avana) e gli incredibili ostacoli burocratici da affrontare sulla strada.

Lista d'attesa *(Lista de Espera, 2000, regia di Juan Carlos Tabío, Cuba):* questa produzione plurinazionale presenta in tono ironico un accurato scorcio sullo stato dei trasporti pubblici a Cuba ma anche una riflessione sulla sua società. Il film racconta l'attesa di un gruppo di viaggiatori bloccati in una stazione degli autobus nella provincia di Granma, nella parte orientale del paese.

La tanto attesa libertà di viaggiare, concessa nel 2013, non vale comunque per medici e ingegneri. Ed ecco che, in modo a prima vista paradossale, adesso che le condizioni a Cuba migliorano, il numero di rifugiati alla volta di Miami, via mare o tramite un viaggio-odissea attraverso il Messico, è in aumento. Il motivo: finora ai cubani che lasciavano il paese bastava mettere un piede sul territorio americano per godere di una procedura d'accoglienza molto più semplice e veloce di quella prevista per gli altri immigrati dall'America Latina grazie al loro status di rifugiati e (soprattutto) alla grande influenza politica esercitata dalla comunità degli esuli cubani in Florida. Ora però, a seguito dell'avvicinamento tra i due paesi, a lungo in lotta tra loro, avvenuto durante la presidenza Obama, da fine 2014 i milioni di esuli cubani temono un inasprimento delle norme. Inoltre i cubani avranno bisogno di un visto per far visita ai loro parenti e i visti americani vengono chiaramente accordati solo a chi nella propria patria socialista dimostra di avere una casa, una proprietà agricola, un'impresa o qualche altro possedimento.

CUENTAPROPISMO MEGLIO DI *FATALISMO*

Un trasporto faticoso

Dal 1993, è concesso a ristoratori, taxisti, parrucchieri ed estetiste di Cuba di lavorare come liberi professionisti. All'epoca, per evitare il collasso economico durante il *período especial* (dovuto al crollo dell'URSS, il principale partner economico di Cuba), vennero cancellati passo dopo passo un milione e 300.000 posti di lavoro statali. Quasi mezzo milione di cubani lavora già come *cuentapropista* (per conto proprio), in una delle circa 200 professioni indipendenti ora permesse: ad esempio come contadino, operaio edile e artigiano, a volte anche con dipendenti. La maggior parte dei cubani però si lamenta del fatto che i salari non sono ripartiti equamente, che il guadagno non corrisponde al lavoro svolto e che non si possono permettere nulla, nemmeno il televisore Panda di produzione cinese. La forbice tra poveri e ricchi comincia ad allargarsi anche a Cuba: nel reame socialista castrista ci sono già i primi milionari, e non di *moneda nacional*!

Il socialismo alle spalle

Ecco perché anche dirigenti e professori abbandonano i loro posti per iniziare un'attività in proprio. "Quando aspetto l'autobus alla fermata vedo molti dei miei studenti salire su un *mototaxi*", dice un preside di Santa Clara, "io non mi posso permettere i CUC5 della corsa…" Alcuni capitalisti dell'ultima ora fanno soldi con i ricchi *yumas*, i turisti; ad esempio il figlio del Che, Ernesto, con i suoi costosi tour in Harley-Davidson, e Alex, il figlio di Fidel, con i corsi di fotografia per i turisti statunitensi. La maggior parte, tuttavia, si limita timidamente a piccole attività, gestibili da casa e personalmente.

In giro per L'Avana in coco-taxi

Un chiosco a Trinidad

IL MONDO DEI SIGARI

La schiera degli *aficionados* dei sigari cubani include Fidel Castro, John F. Kennedy e Winston Churchill, Clint Eastwood e Jack Nicholson, ma anche Madonna e Sharon Stone. I *puros* sono il simbolo del potere e della ricchezza. Eppure la coltivazione del tabacco e la produzione dei sigari sono complicate, lunghe e dispendiose: tutto è fatto a mano.

In genere solo gli intenditori sanno la quantità di lavoro che si cela dietro la produzione di un unico sigaro, un *puro*, dalla semina fino al momento in cui viene acceso e rilascia un piacevole aroma. A seconda del tipo di foglia, il processo di invecchiamento può durare fino a tre anni e oltre: per gli esperti i *puros* migliori sono quelli invecchiati da sei a otto anni. Una cosa è certa: dalla regione occidentale di Cuba, la Vuelta Abajo nella provincia di Pinar del Río, proviene l'80% del raccolto di tabacco mondiale e i migliori sigari rotolati a mano del mondo: i Montecristo, Romeo y Julietas, Hoyos de Monterrey, Bolivar...

La preparazione delle foglie di tabacco nella Valle de Viñales

Alla schiera degli estimatori dell'aromatico cilindretto di foglie appartenevano già gli abitanti primigeni dell'isola, che utilizzavano i *tabacos* per rituali in onore delle divinità o come mezzo per calmare gli animi, *cohibas*, insieme ad altre erbe stupefacenti. Da qui viene il nome della marca più celebre e più costosa di sigari cubani, ognuno dei quali può costare fino a €90, come per i Cohiba Cabinet – la Rolls Royce dei sigari. Fu Colombo a portare l'uso del tabacco in Europa e da qui cominciò il suo cammino glorioso per il pianeta. Il bestseller dell'export cubano è anche uno dei mezzi più importanti per generare valuta pregiata: quasi 150 milioni di sigari vengono prodotti ogni anno dalla fabbrica statale "Habanos" ed esportati in tutto il mondo, nonostante l'embargo...

Ci vogliono nove mesi di addestramento per arrotolare perfettamente i sigari

TERRA ROSSA, CAMPI DI UN VERDE BRILLANTE

A Pinar del Río *(→ p96)* il business del tabacco cominciò nell'anno 1719, quando nacquero le prime piantagioni. La zona di Vuelta Abajo offre le migliori condizioni climatiche e il terreno ottimale. "Da San Juan y Martínez arrivano le foglie di tabacco migliori del mondo", racconta il coltivatore Francisco Milián. " Abbiamo il clima che meglio si adatta a queste piante fragili che non amano troppa pioggia. La cosa più importante è il giusto equilibrio tra soleggiamento e notti fresche, perché anche solo una notte realmente fredda può danneggiare l'intera pianta". Il *veguero,* ovvero il proprietario di una *vega de tabaco* come già fu suo nonno, racconta passo per passo il procedimento, dalla semina al magazzino nei negozi per turisti.

Sono piccoli agricoltori come Francisco che si preoccupano della preparazione del terreno, si procurano i semi necessari dai vivai e li piantano nel campo e che poi seguono tutto il processo, dall'irrigazione alla raccolta, fino all'essiccazione delle foglie. Al più tardi a novembre, dopo la stagione delle piogge, i germogli delle piante di tabacco vengono distribuiti sul terreno fertile color ruggine. Da gennaio a marzo è tempo di raccolta, poi le

VEGA ROBAINA

La fattoria *(anche: Finca El Pinar Alejandro Robaina)* apparteneva al leggendario don Alejandro Robaina, morto nel 2010 all'età di 91 anni: nel 1997 ha avuto un sigaro intitolato proprio a lui, "el Viejo". La piantagione privata di tabacco più celebre di Cuba, grazie a film e televisione, è dal 1845 proprietà della stessa famiglia ed è ancor sempre una meta di pellegrinaggio per i conoscitori del vero *puro,* da raccomandare soprattutto in stagione, da ottobre a gennaio. Con caffè, negozio e souvenir *(lun-sab 10-17 | ingresso libero | San Juan y Martinez, circa 20 km a sudovest di Pinar del Río | tel 048 79 74 70).*

foglie vengono portate nelle *casas de tabaco* o *secaderos* dove vengono appese a seccare per sette settimane. Gli elementi importanti di questo processo sono la giusta aerazione, la temperatura esatta e il grado di umidità. Il passo successivo è la fermentazione: i grandi mazzi di foglie, che sono diventate giallo-brune, vengono sovrapposti gli uni sugli altri e lasciati fermentare per almeno tre mesi; per i Cohiba ce ne vogliono 18.

IN BUONE MANI

La prima fabbrica di sigari fu aperta a Cuba nel 1760. Nella *fábrica de tabacos* le foglie vengono tagliate in due e selezionate. I *torcedores*, gli operai che dopo un addestramento durato nove mesi imparano ad arrotolare i sigari, sono per due terzi donne: sono tenute a produrre tra i 100 e i 120 sigari ogni giorno – chi ne fa di più guadagna qualche *pesos* extra. Siedono come in un'aula scolastica in file una dietro l'altra e per far passare il tempo qualcuno legge ad alta voce qualche perla di saggezza tratta dal giornale del partito *Granma* o anche qualcosa di più coinvolgente, come un thriller di Agatha Christie, un racconto di fantascienza o un romanzo sentimentale. Il record del sigaro più lungo del mondo (90 metri) appartiene a José Castelar, che l'ha prodotto in occasione del novantesimo compleanno di Fidel Castro il 13 agosto 2016. Castelar era già nel Guinness dei primati dal 2002, con un sigaro di 14 metri.

> Ogni sigaro è orgogliosamente "hecho totalmente a mano".

IL DIVIETO DI FUMARE A CUBA

Per molto tempo i cubani avevano diritto a ricevere il tabacco tramite la *libreta*, la tessera annonaria. Fidel Castro dovette smettere di fumare nel 1989 su sollecitazione dei medici e dal 2005 i cubani hanno seguito il suo esempio: anche a Cuba è proibito da allora fumare negli edifici pubblici, nei cinema, nei teatri ecc.

VIAGGIARE FACILE

Perché non vi facciate ingannare dalle cordiali offerte per strada di sigari che in realtà sono fatti di foglie di banano, sappiate che quelli autentici sono venduti in scatole in legno (sigillate con un ologramma a prova di falsificazione) con il marchio di qualità "Hecho en Cuba, totalmente a mano" solo nei grandi hotel, nei negozi di souvenir di proprietà dello stato e nelle fabbriche; da poco anche dagli stessi produttori. Soprattutto i Cohiba Espléndidos spesso si trovano con la fascetta falsa e in scatole con il coperchio in vetro, ufficialmente non consentite. Un sigaro "autentico" deve soddisfare tutti i sensi: toccandolo e facendolo rotolare tra le dita (il "fruscio"), nell'aspetto (colore), nell'odore e nel sapore. E soprattutto: il modo in cui brucia. Gli esperti riconoscono i sigari migliori soprattutto dalla loro lucentezza setosa e dallo spessore delle foglie della *capa* (→ p95).

LA MUSICA A CUBA
BOLERO, SON Y SALSA

Lazaro è un habanero e insegna la *salsa* ai turisti all'Avana. Conosce tutti gli struggenti *boleros* che si ballavano già prima della rivoluzione ma preferisce rap e reggaetón. "Da noi ballare significa comunicare e sì, ogni cubano impara un po' di *salsa* o almeno è in grado di ballarla. Altrimenti come potrebbe conoscere una donna?"

Lazaro ha ragione, e ciò vale per ogni fascia d'età e ogni genere musicale a Cuba! La scena cambia nel Museo della Rivoluzione: canzoni strappalacrime risuonano nel cortile interno abbellito dai portici. Una donna con una lunga tunica intona l'orecchiabile *La gloria eres tu* come se negli ultimi ottant'anni non fosse successo nulla. Un uomo si alza in piedi con fatica, le getta entusiasta un bacio con la mano e si mette a cantare a squarciagola un'aria altisonante, battendo il suo bastone per terra per segnare il ritmo. Un trio di donne sui settant'anni, con eleganti vestiti di chiffon e ventagli, interviene con un motivo a cappella. E una volta al mese al Museo i vecchi compagni di lotta di Fidel e soci fanno quattro salti.

La band al femminile Morena Son nella Casa de la Trova a Santiago de Cuba

TUTTO SULLA *TROVA* E IL *SON* CUBANO

Tutti gli stili musicali cubani sono nati a Santiago e lì si sono evoluti, dalla *trova* simile a una ballata, al romantico bolero, alla ballabile *guaracha*. La Casa de la Trova di Santiago è dedicata a José (Pepe) Sánchez (→ p157), il musicista, morto nel 1918, che compose l'orecchiabile e famosa *Tristeza* e in seguito la canzone inneggiante l'eroe popolare santiaghese Antonio Maceo. Tra i suoi successori a Santiago si contano il Trio Matamoros, Sindo Garay e Nico Saquito, l'inventore di testi di *son* ironici e divertenti. Negli anni '60 questo genere musicale visse una seconda giovinezza con i compositori della *nueva trova*, interpreti di canzoni con argomenti più legati alla politica, come Silvio Rodríguez.

Uno dei più amati cantanti della *nueva trova* è Pedro Luis Ferrer, che già negli anni '80 intonava canzoni di protesta contro la discriminazione degli omosessuali e sulla prostituzione: per molti anni, fino alla fine degli anni '90, a Cuba la sua musica non poteva essere ascoltata in pubblico. Pur vietata dal regime, si diffuse grazie a cassette copiate da privati. Anche se Ferrer fu spesso all'estero in tournée (anche in Germania e Svizzera, oltre che negli USA), non ha mai pensato di rimanervi. "Non voglio lasciare il mio paese", dichiarò, "ma talvolta penso che sia il mio paese ad avermi abbandonato" (da Bert Hoffmann, *Kuba*, Monaco 2000).

UN, DOS, TRES...

Quando i cubani ballano la *salsa*, la chiamano il *casino* o la *timba*. La "salsa piccante" è costruita sui ritmi fondamentali del *son* cubano e del mambo uniti a un pizzico di rumba e di cha-cha-cha. Nella *rueda de casino*, una sorta di danza di gruppo con tante coppie, un membro del gruppo "chiama" la figura successiva della danza e gli altri ballerini, disposti in cerchio, la eseguono – sempre seguendo il ritmo dato dai

TUTTI IN PISTA! – LEZIONI DI DANZA ALL'AVANA

■ **Estudio San Miguel (Omaida Pereira Betancourt):** *San Miguel 569 e/ Belascoain y Gervasio, Centro | tel 07 8 78 43 77 e tel 05 2 89 82 22*
■ **Conjunto Folklórico Nacional:** → p46
■ **La Casa del Son:** *Empedrado 411 e/ Compostela y Aguacate, Habana Veja | tel 07 8 61 61 79 | www.bailarencuba.com*
■ **Teatro Nacional:** *Paseo y 39, nei pressi di Plaza de la Revolución, Vedado/Plaza | tel 07 8 79 60 11 e 07 8 78 55 90 | www.teatronacional.cu;* **Workshop internazionale "Cubadanza":** *dccuba.com; 2 settimane a gennaio (workshop invernale) o ad agosto (workshop estivo)*

FESTIVAL DI MUSICA

- **Festival Danzón Havana:** marzo o giugno
- **International Pepe Sánchez Trova Festival:** Santiago, intorno al 19 marzo
- **Ritmo Cuba:** *salsa*, aprile, *www.dancefestivalincuba.com*
- **International Rap Festival:** L'Avana, Alamar, luglio-agosto
- **Ciudad en Movimiento:** festa di strada, L'Avana, aprile
- **Festival Internacional de Boleros de Oro:** L'Avana, giugno
- **Baila en Cuba:** concerti, workshop, L'Avana, novembre, *www.baila-en-cuba.de*
- **Jazz Festival:** L'Avana, novembre-dicembre → *p45*

claves, i legnetti. I comandi non sono fatti per i cuori teneri: "*saccala*!", ovvero "tienila!", seguito poi da un "*botala*", "gettala via!" ...

Last but not least: il reggaetón, un mix, in genere ad altissimo volume, di reggae giamaicano e di altri stili musicali caraibici pepato con testi provocanti e uno stile di danza sessualmente esplicito, il cosiddetto *perrear* (che si può liberamente tradurre "fare come i cani"...). Arrivò a Cuba da Panama e Puerto Rico negli anni '90 ed è ancora oggi lo stile prediletto dai giovani.

Tutto il resto è un cross-over di stili musicali diversi: il *son* mescolato all'hip-hop, il rap con la *salsa* e un po' di funk, house e soca. E naturalmente le onnipresenti canzonette sdolcinate tipicamente sudamericane.

LEGGENDE DELLA MUSICA CUBANA

Tutto ciò che ha a che fare con la musica cubana è facile che diventi un successo da record. L'album prodotto da Ry Cooder del "Buena Vista Social Club" (1997) fu venduto in milioni di copie in tutto il mondo e il leggendario concerto tenuto alla Carnegie Hall newyorkese nel 1998 dalle mitiche stelle della canzone cubana Ibrahim Ferrer, Rubén González, Compay Segundo e Omara Portuondo fece il tutto esaurito appena poche ore dopo l'inizio della vendita dei biglietti. Seguirono un Grammy e una nomination agli Oscar per il film di Wim Wenders *Buena Vista Social Club* (1999). Con il loro ritratto degli anziani musicisti, l'americano Ry Cooder e il regista tedesco aprirono le porte a un successo mondiale e al boom dei viaggi a Cuba.

Cha-cha-cha in un mare di colori

LA SANTERÍA
Santi cattolici
e divinità africane

Quando una pietra è posta in una zuppiera, con tutta probabilità presto passerà di lì un *orisha*, un'entità spirituale africana. Il pantheon di divinità afrocubane è grande e la santería (Regla de Ocha) molto praticata. Si potrebbe definire una combinazione di santi cattolici, influssi vudù, venerazione di spiriti e complesse cerimonie...

Tra il XVI e il XVII secolo, centinaia di migliaia di africani di etnia Yoruba, provenienti dall'attuale Nigeria, vennero portati a Cuba come schiavi e presto fu proibito loro di celebrare i propri rituali e di adorare le divinità animiste. Iniziarono quindi a celare ognuna delle loro divinità dietro specifici santi cattolici, in modo da poterli venerare liberamente: per esempio, quando in chiesa onoravano Santa Barbara le loro preghiere erano segretamente rivolte al dio della guerra Changó e il miracoloso San Lazzaro corrispondeva al caritatevole Babalú Ayé. Altri importanti *orisha* sono Elegguá, il dio delle strade, Obatalá, il creatore dell'universo e dio della pace, e Ochún, la dea dell'amore. Insieme, queste entità, a metà tra spiriti e divinità, danno risposta a tutte le domande della vita, che riguardino pene d'amore o il desiderio di superare un confine, problemi burocratici o brutti voti a scuola – facendo un'offerta agli spiriti, anche solo con quattro pezzi di cocco secco e qualche pesos, si può dare uno sguardo al futuro. La santería è più comune di quanto si pensi e quasi tutti i cubani hanno partecipato ad almeno un rito nella vita...

FESTE RELIGIOSE

Numerose feste, cerimonie, messe e pellegrinaggi vengono celebrati ogni anno in onore di santi e *orisha*: per San Lazzaro il 16-17 dicembre presso El Rincón di Santiago de las Vegas *(Boyeros, circa 20 km a sud dell'Avana)*, per Ochún (e la vergine Maria) il 7-8 settembre presso la Basílica El Cobre a Santiago de Cuba (→ p158), per Yemayá (regina del mare e divinità madre) regolarmente presso il distretto Regla dell'Avana e il 19 marzo a Trinidad.

Un murales sul culto di Palo Monte lungo Callejón de Hamel all'Avana

SULLE TRACCE DEI CULTI

In quello che oggi è il sobborgo di Guanabacoa (circa 5 km est dal centro dell'Avana), gli spagnoli trasferirono i pochi indigeni sopravvissuti alla conquista e per 500 anni gestirono da qui il commercio di schiavi. Per questo dal 1964 vi si trova un museo etnologico che descrive i culti dei nativi e degli schiavi afrocubani tramite l'esposizione di interessanti manufatti e oggetti usati nei rituali religiosi propri della *santería*, in quelli relativi al culto di Palo Monte (un'altra religione afrocubana dai toni più cupi) e nelle pratiche di magia nera della "società segreta" Abakúa. Il distretto di Regla è anche conosciuto come centro della religione afrocubana poiché, di fronte al porto dell'Avana, vivono e sono attivi ancora oggi molti *babalaos* (sacerdoti).

Gli *orisha* hanno un posto d'onore in molti salotti cubani: in una vetrinetta o in un altare ad angolo, uno o più di loro vengono venerati ponendo i loro simboli segreti in una zuppiera, la *sopera,* e mettendo in mostra figurine che li rappresentano. Sull'altare ci sono inoltre diverse offerte: una scodella d'acqua, biscotti, torte, budini di riso, una bottiglia di rum "Santero" e qualche pesos in una ciotola. Durante una cerimonia della *santería*, per esempio, una famiglia può rendere grazia alla dea della fortuna Elegguá per aver protetto la figlia da un incidente. Nel corso del rito un uomo anziano, la cui pelle scura contrasta con la veste bianca, comincia a muoversi tra gli ospiti trasportando una catena e inizia a sussurrare parole straniere: parla la lingua africana "lucumí". È così che viene rivelata al gruppo la presenza dello spirito Elegguá, che ha preso possesso del corpo dell'uomo.

IN ONORE DI SANTI E ORISHA

La Iglesia de Nuestra Señora de la Regla, costruita più di 200 anni fa vicino all'odierno porto dei traghetti, è la dimora di Yemayá, la madre di tutti gli *orisha* e dea della fertilità: rappresentata da una Madonna nera, viene venerata anche come

"Regina del mare e santa patrona dei marinai". Davanti alla chiesa, "sacerdoti" vestiti di bianco (più o meno legittimi) offrono i loro servizi.

È anche possibile assistere a un "rituale di purificazione" a opera di Yemayá, nella Casa Templo de Yemayá a Trinidad: questa casa privata diventata luogo di culto è custodita dal sacerdote Israel Bravo Vega e include un grosso altare ad angolo nel patio, sormontato dalla "regina del mare" vestita in blu. Il *santero* spiega liberamente gli elementi del culto, ma richiede una donazione per dare una dimostrazione di un rito di purificazione *(limpieza)* in cui vengono agitate code di cavallo. Non fa mistero

Una cerimonia della santería a Guanabacoa

del fatto che le dimostrazioni sono spesso care e dedicate ai turisti.

A Trinidad si celebra anche San Lazzaro. Durante la sua notte, nella stanza sul retro di un magazzino isolato vicino alla città risuonano rumori e rantoli. Il sangue è l'offerta più forte: gli animali sacrificali – un caprone, galline e colombi – incontrano la loro fine velocemente. I *santeros* e le *santeras* siedono alle pareti e accompagnano il sacrificio con antichi canti rivolti a Babalú Ayé mentre una sacerdotessa di 98 anni balla al ritmo del tamburo fino a raggiungere uno stato di trance.

PALEROS

I *paleros,* sacerdoti della Regla de Palo Monte e della setta degli Abakúa, utilizzano anche magia nera per maledire certe persone. In alcuni di questi rituali, vengono per esempio mischiati in un calderone ossa umane, terreno di un cimitero e sangue animale. A Santiago al volgere del millennio, fece scalpore la notizia della morte di un bambino durante una cerimonia del Palo. Sotto il regime di Castro, gli "assassini vudù" vennero puniti immediatamente – con la pena di morte.

CULTURA AFROCUBANA

In questi luoghi imparerete molto sul mondo religioso e spirituale di Cuba:

■ **Casa África:** il museo presenta strumenti musicali, vestiti, intagli in legno, figurine Voodoo, altari appartenenti a diversi culti e sette e oggetti dati in regalo a Fidel Castro da presidenti africani *(mar-sab 9.30-17, dom 9.30-13 | ingresso libero | Obrapía 157, L'Avana, Habana Vieja)*

■ **Iglesia de Nuestra Señora de la Regla:** *tutti i giorni 7.30-17.30 | ingresso libero | Santuario 11 (vicino al porto dei traghetti), L'Avana, Regla*

■ **Museo Histórico Municipal de Guanabacoa:** *lun-sab 9-16, dom 9-13 | CUC2; spettacolo di danza CUC5 | Martí 108 e/ Versalles y San Antonio, L'Avana, Guanabacoa*

■ **Casa Templo de Yemayá:** *tutti i giorni circa 8-16 | offerta richiesta | Villena 59 e/ Bolívar y Guinart, Trinidad (solo in spagnolo)*

TARTARUGHE DI MARE
A CAYO LARGO

È una notte di buio pesto, il mare mugghia. Una tartaruga di mare cerca un posto dove deporre le uova. Scava con le zampe posteriori un buco profondo e respirando affannosamente partorisce: come palle da ping-pong le uova cadono con un tonfo nel nido, più di cento! Dopo un'ora la madre richiude il buco ed esausta ritorna al mare.

Nelle notti di aprile-maggio e settembre, più che su qualsiasi altra costa di Cuba, a Cayo Largo si possono avvistare a perdita d'occhio *tortugas verdes (Chelonia mydas)* intente a deporre le uova: dopo Messico e Costa Rica, questa spiaggia è infatti il terzo posto nei Caraibi preferito dalle tartarughe verdi che devono partorire. Anche le tartarughe embricate *(Eretmochelys imbricata, tortuga carey)* e le tartarughe caretta caretta *(Caretta caretta, caguma)* depongono qui le uova – altre due delle appena sette specie di tartarughe marine esistenti al mondo. Nel vivaio la Granja de las Tortugas, accanto al porticciolo turistico, ogni anno vengono covate in cassette di sabbia 10.000 uova raccolte sulla costa. Quando dopo due mesi circa la metà dei piccoli riesce a uscire dalle uova, le piccole tartarughe vengono tenute in bacini di acqua di mare pulita per un certo periodo, finché i collaboratori del centro le lasciano libere sulla spiaggia – in corsa per raggiungere il mare.

Le uova vengono misurate

ANIMALI A RISCHIO

Solo da 1 al 3% delle creaturine riuscirà a sopravvivere: le minacce alla loro esistenza cominciano già prima della schiusa a causa dei razziatori di nidi, come granchi, iguane, gatti e uccelli. Gli

uragani devastano le coste di Cayo Largo tra fine agosto e novembre – eventi disastrosi per le tartarughe, animali preistorici che già da 200 milioni di anni scorrazzano per i mari del mondo tornando sempre al luogo in cui sono nati per deporre le uova. Negli oceani le tartarughe finiscono intrappolate nelle reti dei pescatori, inghiottono buste di plastica scambiandole per prelibate meduse e le eliche delle barche a motore squarciano le loro corazze.

Una delle maggiori minacce è comunque la costruzione, sempre in aumento, di hotel lungo le coste. A Cayo Largo sui sentieri nei pressi delle spiagge le luci sono ancora tenute basse e nascoste nei cespugli, in modo che le tartarughine quando escono dal guscio seguano non le luci artificiali, ma il loro istinto di correre verso il mare che le salverà. I nidi sono marcati da paletti in più lingue, in modo che non vengano distrutti inconsapevolmente dai bagnanti sistemando le sdraio.

🐢 GRANJA DE LAS TORTUGAS

Nelle escursioni notturne guidate, organizzate dall'allevamento delle tartarughe (non adatte ai bambini piccoli), non c'è comunque nessuna garanzia che si possano davvero avvistare le tartarughe. Ci si deve proteggere abbondantemente dalle zanzare, aspettarsi lunghe attese e lunghi percorsi in spiaggia ed essere in grado di rimanere in silenzio. Si fotografa solo senza flash.

Chi vuole fare un'esperienza con i propri bambini meno stressante, ma altrettanto bella, può andare di pomeriggio sulla spiaggia dell'hotel e lasciar liberi i piccolini appena usciti dal guscio – pagando una piccola cifra. La cosa migliore da fare è chiedere a Gonzálo o Leonardo, nella stazione d'allevamento, qual è il prossimo appuntamento *(tutti i giorni 8-12, 13-17.30 circa | CUC2 | Granja de los Quelonios, Cayo Largo).*

BUEN PROVECHO
RISO E FAGIOLI
RUM E COCKTAIL

È finita la situazione di crisi del *período especial* degli anni '90, quando "bistecche" a cena poteva significare bucce di pompelmo arrosto e ordinando un'insalata in un hotel si riceveva solo cavolo bianco in scatola proveniente dalla Russia. Nel frattempo sono nati ristoranti di alto livello con una cucina raffinata, anche internazionale.

Hmmm, que rico, que sabrozo: i piatti tipicamente cubani più apprezzati consistono perlopiù di pollo o di maiale *(carne de cerdo)* preparati secondo molte varianti, sempre accompagnati da riso con una salsa ai fagioli (→ p42). Buen provecho (buon appetito)!

Ovviamente, in tavola non devono mai mancare: i platani a fette fritti *(tostones* o *plátanos),* chip croccanti di banane *(chicharritas)* e tuberi come manioca *(yuca),* taro *(malanga),* patate dolci *(boniato)* o zucca *(calabaza)* – il tutto condito con la gustosa salsa *mojo* fatta con olio, succo di limone e aglio.

Molto appetitoso: *pollo con arroz* (riso)

COCKTAIL DA CUBA

Nomi altisonanti per cocktail apprezzati in tutto il mondo: Cuba libre, Mojito (→ 8), Daiquirí, Mulata, Saoco o Cubanito preparati con il rum autenticamente cubano Havana Club. Il liquore marrone chiaro è tipicamente *añejo* (invecchiato) da tre a sette anni e se è pregiato viene servito puro e senza ghiaccio. "Cargado, por favor", vuol dire "con una buona dose di rum, per favore": utile nel caso il vostro Mojito sia un po' annacquato, come a volte succede nel pub turistico Bodeguita del Medio (→ p75).

VARIANTI CULINARIE

Negli hotel, nei ristoranti per turisti e nei *paladares* privati, soprattutto all'Avana e a Santiago, vengono serviti anche piatti più cari: pregiata carne di manzo *(carne de res)*, preparata come carne sfilettata in salsa di pomodoro *(ropa vieja)* o come una specie di ragù *(picadillo* → 43), l'altrettanto rara carne di agnello *(carnero)*, pesce *(pescado)*, gamberi *(camarones)*, qualche volta l'insalata di pesce, *crudo de pescado* (anche *ceviche*) e l'aragosta in salsa di pomodoro *(langosta enchilada* → p42). Nelle gite di gruppo e nelle feste viene spesso servito un maialino da latte *(cerdo asado, lechón a la pulla)* cotto alla griglia. Persino i vegetariani rimarranno soddisfatti dai ricchi buffet *todo incluído (all inclusive)* degli hotel più esclusivi. A Baracoa (→ p163) la cucina ha invece un tocco asiatico.

RISTORANTI PRIVATI

Il panorama dei ristoranti privati sta subendo grossi cambiamenti: quando è stata consentita l'apertura delle prime attività private nel 1993, non era raro ritrovarsi nel salotto di una famiglia, tra il frigorifero scricchiolante e una bicicletta arrugginita. Gradualmente, però, questi ristoranti davvero "familiari" stanno diventando una minoranza. Oggi, è invece possibile sedere nella sala da pranzo di una stupenda villa coloniale, tra lampadari ed eleganti porcellane. Dal 2011 è permesso sviluppare attività di ristorazione private più grandi *(paladares)*, solitamente possibile solo grazie a finanziamenti di parenti in esilio o immigrati all'estero o di un coniuge straniero. Qui vengono serviti piatti più ricercati, di cucina cubana o internazionale, che variano in base a cosa offre il mercato (nero) al momento.

CARNE PROHIBIDA

Questa è l'espressione che i cubani usano per descrivere la carne di manzo *(carne de res)* o quella d'aragosta. E se riuscite ad assaggiare quello che in molti a Cuba non si possono permettere, il motto da seguire è: *"come y caye"* ("mangia e chiudi il becco"). Persino una *hamburguesa* di manzo può essere troppo cara per qualcu-

no, come quella della catena locale di fast food La Pachanga *(L'Avana, Vedado, Calle 28 e/ Calles 21 y 23)* per circa CUC3, per non parlare di un pezzo di carne di manzo da 1 kg che costa CUC50 sia sul mercato nero che al supermercato. Nella maggior parte dei *paladares* i piatti con carne di manzo sono più cari e la materia prima è stata probabilmente acquistata in nero o comunque per vie illegali. Alcuni cubani riescono a trarre vantaggio da un problema personale: per alcune malattie (relative alla pressione) i medici cubani prescrivono carne rossa...

Una piacevole pausa-spuntino presso Güira de Melena

PRODOTTI CASEARI

Esclusivamente nelle imprese statali, dalla rivoluzione ad oggi è stata allevata una nuova razza bovina, il *ganado criollo* (bovino creolo), per garantire il fabbisogno di latticini e carne (quest'ultima soprattutto per gli hotel): si tratta di un incrocio tra una frisona e uno zebù, che produce molto latte e si è adattata al clima tropicale. Da allora, i genitori di bambini sotto l'anno ricevono latte tramite la tessera anno-naria *(libreta → p15)*. Pene pesanti sono previste per il furto di mucche (fino a 3 mesi di galera) e per il macello illegale di un animale (da cinque a dieci anni). La realtà è che l'amatissimo pollo, come molti altri prodotti agricoli, dal 2000 è per la maggior parte importato dagli Stati Uniti – embargo o no.

A proposito: il gestore di un *paladar*, più sveglio e con migliori contatti nel mercato nero o alla Tienda Panamericana, riesce a servire burro per colazione, che può invece mancare sui tavoli di hotel a cinque stelle, dove il manager dell'albergo (magari origi-nario della Spagna) si deve attenere ai limiti imposti dal *bloqueo* (embargo).

Le *chicharrónes*, croccanti bocconcini di cotenna di maiale, si spilluz-zicano da sacchetti di carta. Se siete di fretta e non volete spendere molto, potete comprare per strada un *bocadito con queso* (panino al formaggio) o un *bocadito con jamón* (panino al prosciutto), o an-che una *cajita*: una piccola (e unta) scatola di cartone con un pezzo di carne di maiale accompagnato da riso, fagioli e pomodori, da mangiare camminando. Si trova anche pizza alla cubana che però poco c'entra con la nostra ed è invece una specie di pane spesso un centimetro, con sopra formaggio e salsiccia. Per un hamburger rivol-getevi alla catena locale di fast food El Rápido.

VIAGGIARE FACILE

LE PASSIONI

"Colombi da conquista", scontri fra galli e telenovelas

Chi vuole attaccare discorso con i cubani, deve lasciarsi contagiare dalle loro grandi passioni: il *béisbol*, l'allevamento dei colombi e la più recente telenovela trasmessa in TV sono tutti ottimi argomenti di conversazione – a patto che riusciate a capire lo spagnolo un po' masticato dei cubani. Molto popolari sono anche i combattimenti di galli (illegali) e la boxe.

COMBATTIMENTI DI GALLI

Ai tempi della dominazione spagnola erano una tradizione, dalla rivoluzione in poi sono stati proibiti, ma i combattimenti di galli ancora si svolgono sull'isola, in arene di sabbia o in qualche aia nascosta. Certi spettacoli, definiti *ejercitación de gallos* (esercitazioni di galli) si svolgono anche a beneficio dei turisti. I tanti seguiti combattimenti della domenica non sono affatto così pacifici: in queste *peleas de gallos* il pubblico maschile scommette vociando all'impazzata sul combattente prescelto, i cui artigli sono resi ancora più taglienti con delle punte artificiali: scorre il sangue e così il rum. "Finiscilo" e altre espressioni forti, non adatte a orecchie giovanili,

Pronti all'incontro per una grossa battaglia (di galli)

SPETTACOLI, CORSI, LABORATORI

Combattimenti di galli
- **Finca Fiesta Campesina:** *tutti i giorni 8-17 | ingresso libero | Ctra. Playa Larga (a sud della deviazione dell'autopista a Jagüey Grande, km 142)*
- **Rancho La Guabina:** *tutti i giorni 8-17 | Ctra. Luis Lazo km 9,5 | 12 km a nordovest di Pinar del Río | tramite Ecotur in Pinar | tel 048 79 61 20)*

Boxe
- **Gimnasio de Boxeo Rafael Trejo**: *in genere tutti i giorni 16 e ven 19 | ingresso libero | Calle Cuba 815 e/ Merced y Leonor Pérez | L'Avana, centro storico*

Baseball
- **Estadio de Béisbol Guillermón Moncada** (→ *p182*); **Baseball Estadio Latinoamericano**: *302 Pedro Pérez e/ Patria y Sarabia, L'Avana, Cerro*

Percussioni
Casa del Caribe, Santiago (→ *p46, p181*)

fanno parte del vocabolario dei tifosi sfegatati che vogliono veder sconfitto l'avversario: si parla quasi sempre di puntate forti, a volte fino a CUP50.000. Finché le piume volano e alla fine, molto spesso, anche i pugni...

ALLEVAMENTO DI COLOMBI

Allevare i colombi *(palomas)* è un passatempo coltivato da molti uomini cubani. "Ci sono associazioni e competizioni, ma allevare i colombi è anche un'impresa redditizia", racconta un uomo che a casa sua ne possiede sette, un numero tutto sommato limitato. Ci sono colombe bianche (per la maggior parte animali che vengono sacrificati nei riti della santería), piccioni viaggiatori (con l'anello alla zampa) e "palomas de conquista" (colombi da conquista). Questi ultimi sono esemplari maschi che vengono lasciati liberi dall'allevatore perché "inseguano" colombe femmine, le "catturino" e le riportino nella piccionaia. Se le colombe "ingannate" appartengono a un amico o a un altro allevatore, vengono restituite al proprietario: nelle città di provincia tutti si conoscono e ognuno è in grado di identificare i propri animali.

BOXE

Lo sport più popolare a Cuba: il *boxeo*, pugilato. Dove si mescolano la perfezione tecnica e un'eleganza da ballerini (anche se pesanti un quintale). Qui è stata scritta la storia della boxe: il leggendario Kid Chocolate (Eligio Sardinias Montalvo), il primo campione del mondo cubano nel 1931, e Kid Gavilan, campione del mondo nel 1951 e nel 1954. Senza dimenticare, poi, Teófilo Stevenson (tre volte campione del mondo e vincitore alle Olimpiadi del 1972, 1976 e 1980 nella categoria dei pesi massimi), Benny "Kid" Paret, Florentino Fernández, Julio César La Cruz, José Legra e Sugar Ramos. Nella boxe i cubani sono ai vertici mondiali e vincono regolarmente medaglie d'oro, ad esempio il peso massimo Félix Savón (vincitore ai Giochi Olimpici del 1992, 1996 e 2000). Anche Héctor Vinent è una leggenda vivente (due volte campione del mondo e medaglia d'oro nel 1992 e nel 1996) e oggi allena le giovani leve nel ring all'aperto dell'Avana – a meno che non sia al Malecón, seduto su un vecchio pneumatico mentre galleggia in acqua, nel tentativo di pescare qualche pesce per cena...

BASEBALL

E adesso passiamo allo sport nazionale numero 2: chi si unisce ai tifosi nell'Estadio Latinamericano dell'Avana o nell'Estadio Guillermón Moncada di Santiago fa un'esperienza cubana autentica e assiste a uno sport proprio come dovrebbe essere sempre, senza distrazioni dovute a luccicanti spot pubblicitari o a colorati manifesti. Al loro posto le squadre si affrontano sotto un ritratto di Che Guevara e al motto a lui associato (*Hasta la Victoria Siempre*), mentre diecimila habaneros e santiagueros fischiano e gioiscono agli *home run* degli Industriales dell'Avana o delle Avispas di Santiago.

LE TELENOVELAS

Se di sera le strade della cittadina in cui soggiornate vi sembrano più vuote del solito, è probabile che sia perché in TV danno il corrispettivo cubano di "Un posto al sole". La maggior parte delle telenovelas strappalacrime è prodotta in Brasile o in Messico e si occupa dei soliti temi e stereotipi: pene d'amore, intrighi, vendette, litigi. Grandi tragedie, molte lacrime e strepiti e, da non dimenticare: una matrigna cattiva. Alcune comunque affrontano anche argomenti non usuali, come in "La cara oculta de la luna", una telenovela trasmessa nel 2006 ambientata nel mondo gay di Cuba.

GIOCHI DA TAVOLO E PERCUSSIONI

Cuba vanta anche campioni mondiali negli **scacchi** e nel **domino**: il cubano José Raúl Capablanca vinse nel 1921 il campionato del mondo di scacchi. Oggi il domino ha preso il sopravvento come gioco da tavolo: ovunque si vedono giocatori seduti uno davanti all'altro e dal 2003 i campionati del mondo di domino si tengono ogni due anni all'Avana o a Santiago (a marzo o dicembre).

E i **tamburi** che si sentono ovunque? A ogni passo all'Avana e a Santiago i turisti vengono fermati per strada da tanti che si autodefiniscono "percussionisti"; non tutti però sono in grado di far sì che i loro tamburi "parlino agli dèi". I veri professionisti posseggono fino in fondo l'arte della percussione, che suonino *congas* o *bongos*.

I boxeur cubani non appendono così volentieri i guanti al chiodo

Pianificare il viaggio

All'arrivo

La maggior parte dei turisti che proviene dall'Europa atterra negli aeroporti dell'Avana, Varadero e Holguín (per Guardalavaca), e recentemente anche a Santa Clara (per Cayo Santa María). Gli altri aeroporti dell'isola servono in genere destinazioni canadesi, americane o voli interni.

PERMESSI E VISTI

- I cittadini della UE e gli svizzeri non hanno bisogno del visto per soggiorni fino a un massimo di 30 giorni: basta la *tarjeta de turista*, il permesso di soggiorno che vale appunto 30 giorni. Si ottiene (mostrando il biglietto di ritorno o del proseguimento di viaggio) nelle rappresentanze diplomatiche cubane, prenotando viaggio o soggiorno in un'agenzia di viaggi e all'aeroporto, dalla compagnia aerea: costa €25-35, e una volta a Cuba potrete chiedere un prolungamento di altri 30 giorni.
- È indispensabile un **passaporto** con validità di almeno sei mesi per entrare nel paese. Anche i bambini devono avere un proprio documento con i dati biometrici.
- All'arrivo dovrete mostrare la polizza e l'attestazione del pagamento di un'**assicurazione di viaggio** che comprenda anche il rimpatrio in caso di incidente.

AEREO

José Martí International Airport all'Avana

- **Boyeros,** circa 15 km a sud ovest dell'Avana, Terminal 3 (International), *www.havana.airportcuba.net*
- **Informazioni turistiche:** *tel 07 6 49 56 66 e 07 6 49 41 33*
- Un **taxi** per il centro città costa a seconda del quartiere di destinazione CUC15-25 (con tassametro o da concordare, perché molti taxisti non vogliono metterlo in funzione per non pagare le tasse).
- Non sono consigliabili gli **autobus** pubblici, sempre strapieni.

Juan Gualberto Gómez International Airport a Varadero

- **Carbonera,** circa 30 km a ovest di Varadero, 125 km a est dell'Avana, *www.varadero.airportcuba.net*
- **Informazioni turistiche:** *tel 045 24 70 15*
- Un **taxi** per il centro di Varadero costa CUC25-30 (contrattabili, se non è in funzione il tassametro; serve soprattutto agli ospiti degli hotel alla fine della Península)
- Un bus della **Viazul** *(www.viazul.com)* collega tre volte al giorno l'aeroporto con L'Avana.

Frank País International Airport a Holguín

- Circa 13 km a sud ovest di Holguín, *www.holguin.airportcuba.net*
- **Informazioni turistiche:** *tel 024 46 25 12*
- Un **taxi** per la città costa circa CUC15.

Abel Santamaría a Santa Clara

- Ctra. a Maleza, km 11, **Villa Clara,** circa 115 km a est di Cayo Santa María, *santaclara.airportcuba.net*
- **Informazioni:** *tel 53 42 20 91 38*

Volo di ritorno

- **I viaggiatori indipendenti** dovrebbero farsi confermare per telefono il volo almeno un paio di giorni prima.

In viaggio

Chi vuole spostarsi indipendentemente con un'auto a noleggio farebbe meglio a leggere con attenzione la sezione *mobilità* della pagina relativa a Cuba del sito della Farnesina *(www.viaggiaresi curi.it)*. Negli ultimi tempi il traffico è aumentato, ma la qualità delle strade e delle autostrade non è migliorata di conseguenza. Chi vuole girare l'isola utilizzando gli autobus (affidabili) o la ferrovia (meno affidabile) deve avere molto tempo.

DI CITTÀ IN CITTÀ

Autobus

■ Per le **lunghe percorrenze** scegliete i mezzi della Viazul o della Cubanacán/Transtur, sempre molto puntuali; entrambe le compagnie assicurano bus con un'aria condizionata polare. I collegamenti tra le città e le località balneari sono giornalieri.

■ **Autostazione Viazul:** *Calle 26 y Zoológico, Nuevo Vedado, L'Avana, tel 07 8 81 11 08, 07 8 81 14 13 e 07 8 81 56 52*; autostazione centrale a Vedado: *tel 07 8 70 33 97, www.viazul.com.*

■ Spesso Viazul vende **biglietti** allo stesso prezzo anche se la durata del viaggio è diversa (chiedete se sono disponibili autobus Express). Nelle tratte più frequentate – per/dall'Avana e per l'aeroporto di Varadero – è consigliabile prenotare o comprare i biglietti tempestivamente allo sportello Viazul o in stazione (L'Avana – Airport Varadero CUC10).

■ **Cubanacán/Transtur:** i pullman di queste compagnie fanno servizio su differenti tratte tra le zone turistiche e le città, andando da un hotel all'altro, con guide poliglotte. Visto che vengono direttamente in hotel si risparmia il costo del taxi *(il viaggio verso Santiago de Cuba comprende pasto e film; www.cubanacan.cu, www.cubanacanviajes.cu)*. Prenotazione presso Infotur e nelle agenzie di viaggi, ad esempio all'Hotel Deauville all'Avana *(prezzi simili a quelli di Viazul, prenotazione 1-3 giorni prima)*.

Treno

■ I treni, perlopiù irregolari, non sono raccomandabili, a meno che non abbiate **molto tempo** e **poche pretese.** Solo il confortevole treno turistico **Tren francés** collega in modo relativamente affidabile e a cadenza regolare la tratta L'Avana-Santiago *(circa CUC50-62, 12-17 ore).*

■ Il vitto, i servizi igienici, l'illuminazione, la sicurezza del bagaglio: nei **treni pubblici** sono tutti fattori che possono comportare problemi. Conclusione: portate generi di conforto e bevande, una lampada tascabile e chiudete con lucchetti le valigie, a cui dovrete comunque fare attenzione.

■ **Biglietti per stranieri pagabili in CUC**: li trovate alla stazione La Coubre vicino alla Estación Central del Ferrocarril, vale a dire in direzione del porto sulla Ave. del Puerto all'Avana *(tel 07 8 61 42 69, 07 8 62 10 06)*, da Infotur o in altre agenzie di viaggi all'Avana *(www.infotur.cu)*. A volte non sono corrette neanche le informazioni che ricevete agli sportelli *(anche www.seat61.com/Cuba. htm)*.

■ Portate con voi il **passaporto** e prima dell'ora di partenza prevista fatevi controllare ancora una volta il biglietto allo sportello per stranieri.

■ Ci sono treni turistici a Trinidad *(→ p110)* e Cayo Coco *(→ p138).*

Voli interni

■ **Cubana** *(con prenotazione online | www.cubana.cu)*, ad esempio, vola a un prezzo accettabile da località turistiche all'Avana, sulle isole e nei capoluoghi di provincia. Ci sono operatori che offrono anche gite giornaliere in elicottero o in aerei a elica russi, ad esempio **Aero Caribbean** *(www.caribation.com/aerocarib bean_airline_timetable_schedule. php)* e **Aerogaviota** *(www.aeroga viota.com)* per Baracoa *(2 voli la set-*

timana, *da prenotare con anticipo* → p160) e Cayo Largo (→ p121).

- **Prezzo esemplificativo:** L'Avana-Baracoa CUC126-164.

Taxi

Molti cubani, nel frattempo, si offrono come **autisti** per portarvi con automobili private (con o senza licenza) alle stesse destinazioni servite dagli autobus Viazul. I conducenti si possono ingaggiare anche per gite in giornata o per più giorni *(da circa CUC50-80 al giorno, trattabili, a seconda della regione e della distanza da percorrere)*. Spesso parlano soltanto spagnolo e c'è sempre il rischio di un guasto meccanico.

Camiones

Molti cubani in difficoltà economiche possono permettersi solo questo scomodo mezzo di trasporto *(50 km, circa 2 CUP)*. Per gli stranieri vige il divieto di utilizzarli, anche se i backpacker si servono sempre più spesso di questa modalità di trasporto "avventurosa" ("viaggiare come i cubani...") e diventano quindi concorrenti degli isolani per un posto su questi camion. Facendo ciò impediscono ai cubani di utilizzare l'unico mezzo di trasporto alla loro portata.

Auto a noleggio

- Si deve **prenotare tempestivamente** il noleggio di un'auto: nonostante la prenotazione e il pagamento prima di partire, comunque, può succedere che in loco manchi l'auto *(da CUC50-60, per esempio un'utilitaria per circa 3-6 giorni, dall'Europa facilmente prenotabile nei pacchetti "Flexi-Drive")*.

- Si deve lasciare una **cauzione** intorno ai CUC200-500 *(a seconda della categoria dell'auto, in contanti o con carta di credito)*.

- Il ministero degli Affari Esteri italiano consiglia di stipulare un'**assicurazione aggiuntiva:** quella cubana *(seguro)* prevede una copertura inferiore

per danni provocati ad altri veicoli e liquidata solo dopo un processo. Attenzione: in caso di incidenti mortali o arrecanti lesioni, gli stranieri possono essere sottoposti a lunghe misure restrittive (a volte per mesi) nel paese in attesa del processo *(www.viaggiaresicuri.it)*.

- Il paese è facile da esplorare in modo indipendente. Fare benzina nelle **stazioni di servizio** Servi-Cupet non è difficile: la super *(especial)* costa circa CUC1,40/litro. Non aspettate di essere a secco per fare rifornimento.

- Sulle **strade provinciali** e anche sulle **autostrade** il traffico è composto, oltre che dalle auto, da pedoni, ciclisti, carri tirati da buoi, carrozze a cavalli, bovari che spingono mandrie ecc.

- **Di notte** non si dovrebbe in nessun caso guidare, a causa della mancanza di luci di molti veicoli e del pericolo di incrociare animali. Si dovrebbe **parcheggiare** solo in parcheggi privati (e controllati) o in garage privati *(circa CUC2)*.

- In molte località ci sono pochi o nessun cartello stradale (comprese le strade in uscita dall'Avana). Il modo migliore per non perdere l'**orientamento** sono le cartine *Guía de Carreteras* che le agenzie di noleggio auto forniscono e le *Mapas Turísticos de Cuba* online, che si possono stampare in parte *(www.infotur.cu)*.

- **App delle cartine** che si possono anche consultare offline dopo averle scaricate; sono *maps.me, HERE, Cubaoffline.*

- Potete (e dovete) dare un passaggio agli **autostoppisti**, ma fate attenzione ai furti (purtroppo sempre più frequenti), soprattutto a opera di giovani coppie.

- Vista la **cattiva condizione delle strade** dovreste sempre chiedere in hotel o al proprietario della *casa* cosa dovete aspettarvi. Questo vale soprattutto per i tratti in montagna e lungo la costa: Soroa-Las Terrazas *(collegamento ripristinato nel 2015)*; Baracoa-Moa; Santiago (fino a Uvero riasfaltata)-Marea del Portillo; sulla Sierra del Escambray: Cienfuegos o Trinidad-Topes de Collantes-Santa Clara.

■ Quando ritirate l'auto controllate lo stato di usura dei pneumatici, della ruota di scorta e che ci sia il cric.

■ **Informazioni:** *Transtur Casa Matriz | Calle L n. 2502 e/ Calles 25 y 27, Vedado | tel 07 8 35 00 00 | www.transturcarrental.com.*

■ **Indicazioni stradali:** Spesso le vie sono indicate non con un nome ma con un numero, come Calle 27; nelle piantine della città le *calle* spesso non sono nominate. Gli indirizzi a Cuba utilizzati nella guida sono riportati con queste indicazioni: *e/* significa *entre* (l'isolato tra due vie); *esq.* significa *esquina* (angolo); *y* vuol dire *e* (ad esempio: Calles 6 y 7 = via 6 e via 7, anche solo: 6 y 7); *Ave. 1ra, 3ra* = Avenida primera, tercera ecc. significa prima, terza avenida e così via; *Ctra.* significa Carretera (strada suburbana).

■ Le *autopistas* (autostrade) sono tutto sommato in buone condizioni, ma bisogna fare attenzione alle buche, ai passaggi a livello non segnalati e, sulle strade rialzate delle isole, alle onde.

■ Le **strade suburbane** sono in parte disseminate di buche oppure non sono asfaltate ma ricoperte di ghiaia; tenete conto nel pianificare gli spostamenti che per percorrere 100 km ci vogliono 2 ore.

Norme stradali

■ A Cuba valgono le solite norme internazionali, si viaggia a destra, "PARE" significa STOP, e i cartelli stradali sono ovviamente in spagnolo.

■ Il **tasso alcolemico** per la persona alla guida **è zero** e i passeggeri in stato di intossicazione non possono sedere vicino al conducente.

■ Non è necessaria la **patente di guida internazionale**; l'**età minima** dei guidatori deve essere comunque 21 anni.

■ Il **limite di velocità** sulle autostrade è di 100 km/h, sulle strade statali 80 *(carretera central)*, nell'attraversamento dei luoghi abitati il limite è 50, di fronte alle scuole 40 km/h.

■ In molti incroci si vedono poco i **semafori**, così come i cartelli di stop.

■ Se prendete una **multa**, non pagatela subito al vigile che ve l'ha comminata, ma all'agenzia di noleggio quando restituite l'auto.

■ **Lingua dei segni:** visto che molti veicoli hanno le luci dei freni o delle frecce che non funzionano, fate attenzione ai seguenti segnali dell'automobile che vi precede: se il guidatore sporge il braccio dal finestrino dritto, vuole girare a sinistra, se il braccio è piegato in su, vuole girare a destra (e spesso verrete sorpassati anche a destra). Se mostra un dito puntato verso terra significa che più avanti c'è un controllo di polizia...

Autobus

■ Nelle località turistiche e sulle isole (Cayo Santa María, Cayo Largo e Cayo Coco) i collegamenti sono garantiti più volte al giorno da autobus scoperti, navette e veri e propri *trencitos* (trenini; circa CUC2-5 | all'Avana: CUC5-10).

■ Sightseeing-Bus all'Avana: Habana Bus Tour *(→ p185)*.

Taxi

■ **Cubataxis** *(L'Avana: tel 07 8 55 55 55)* è la compagnia ufficiale; si trova perlopiù nelle città maggiori.

■ Prezzo medio: primo km CUC1, ogni altro km successivo CUC0,75.

Altri mezzi di trasporto

■ **Oldtimer** *(colectivos, taxis particulares)*: queste vecchie auto svolgono un servizio di taxi condiviso su tratte fisse in città; all'Avana ad esempio sulla Línea, La Rampa (= Calle 23) e Ave. Tercera *(da Habana Vieja a Miramar: ogni distretto attraversato costa al massimo 10 CUP; Centro/Capitolio verso Vedado circa CUC0,50).*

- Nelle città trovate a disposizione dei turisti risciò bici-taxi *(CUC1-3)*; all'Avana, Varadero e Santiago i gialli coco-taxi *(prezzo fisso in città CUC3-5).*
- In alcune città si possono anche fare giri in **carrozza** *(circa CUC25/ora).*
- In molti hotel sulla spiaggia le biciclette sono comprese nella tariffa, ma spesso non sono in buone condizioni. Nel frattempo, all'Avana stanno spuntando ovunque degli operatori privati che offrono il noleggio a circa CUC5-15 per 24 ore. **Bike Rental Cuba Havana** a Vedado *(bikerentalhavana.com)* e **Roma Rent Bike** ad Habana Vieja *(rentbikehavana.com)* offrono anche giri guidati, circa CUC25/giorno.

Dormire

Nonostante la situazione sia molto cambiata, quasi nessun hotel che si fregia di 4 o 5 stelle ha servizi all'altezza e che giustifichino il prezzo. Su alcune isole dovreste fare i conti con una frenetica attività edilizia, nell'attuale boom la capacità alberghiera è spinta al massimo e nell'alta stagione invernale si verifica spesso un overbooking. Regna molto più che la solita arte dell'improvvisazione. Di conseguenza anche i viaggiatori dovranno munirsi di tempo, flessibilità, pazienza, tolleranza e una buona porzione di umorismo – oltre a denaro per le mance.

> **Prezzi**
> Una notte in camera doppia
> € meno di CUC40
> €€ CUC40-100
> €€€ più di CUC100

- La **classificazione in stelle** in genere non corrisponde al rapporto secondo standard internazionali tra prezzo e servizi, e ancor meno a livello d'igiene. Il discorso vale anche per catene alberghiere spagnole e italiane e persino negli hotel di lusso. Si deve sempre rammentare che Cuba è un paese con un'economia povera e stipendi bassi.
- I servizi degli **hotel di lusso** rispettano gli standard internazionali (anche nei prezzi), ad esempio Gran Caribe *(www.gran-caribe.com),* insieme alla catena spagnola dei Meliá *(www.meliacuba.com; con qualche riduzione)*, così come le migliori catene straniere, come Iberostar, Royalton, Rio de Oro, Pullman.
- Anche nella categoria lusso, comunque, può capitare di non avere per giorni il burro o internet può non funzionare. **Acqua ed elettricità possono mancare** in qualsiasi categoria; più spesso negli ultimi tempi, a causa della crisi economica.
- Gli alberghi **di fascia media** *(Cubanacán | www.hotelescubanacan.com | Gaviota, www.gaviotahotels.com)* spesso non corrispondono alle attese europee.
- La **categoria più bassa** ha strutture molto semplici e quasi tutti gli ospiti sono cubani *(Islazul | www.islazul.cu).*
- I **prezzi migliori** si spuntano prenotando i pacchetti-vacanza da casa. In alta stagione i **prezzi** salgono di circa il 30%. Nella maggior parte delle località balneari il trattamento è *all inclusive* (gli ospiti hanno un braccialetto di plastica che li identifica come tali).
- I grandi hotel e resort passano regolarmente di proprietà tra una catena e l'altra, talvolta **cambiando nome**.

Hotel cittadini e in palazzi storici

- In città potrete trovare degli alberghi che sono delle piccole gemme – piccoli e ben restaurati **palazzi storici** della classe medio-alta (all'Avana soprattutto del brand Habaguanex:, parte del gruppo Gaviota *www.gavio tahotels.com*) – ma anche moderni **hotel di prima classe,** oppure, nelle fasce di prezzo inferiori, brutti edifici a blocco **prefabbricati** degli anni '70.

■ Gli hotel in edifici coloniali hanno in genere una posizione **centrale** (il che significa molto rumore). Sono più tranquille le camere senza finestre (confrontate le camere prima di accettarle!).

Resort all inclusive

■ Lungo le spiagge e sulle isole predominano gli immensi resort di fascia media *all inclusive (todo incluido)*, che spesso sembrano dei paesoni con più di 1000 camere disseminate in mezzo a giardini e piscine (ad esempio a Cayo Santa María, Cayo Coco/Cayo Guillermo, Guardalavaca, Cayo Largo) e comprendono negozi di souvenir e supermercati *(anche → p117)*.

■ La tendenza va verso un turismo di massa (canadese/statunitense) con costanti attività di animazione e spettacoli pretenziosi. I "professionisti" dell'isola (canadesi) li si riconosce dal thermos da un litro che si portano dietro per l'acqua, il caffè, la birra e i cocktail.

■ Le **camere** hanno aria condizionata, TV, minibar, balcone ecc.

■ I pasti sono perlopiù a buffet. Chi vuole usufruire dei **ristoranti à la carte** dell'albergo deve spesso prenotarsi con una procedura complicata e per un'ora precisa.

Hotel di lusso

■ Chi ha pretese elevate e i mezzi per permettersele, a Cuba dovrebbe prenotare un esclusivo cinque stelle che prevede ogni genere di comfort a cui possiate pensare, compreso il maggiordomo e una piscina privata.

■ Questi hotel top mettono a disposizione in genere diversi ristoranti da gourmet, viene offerto champagne all'arrivo e per la prima colazione e i vini non sono come al solito quelli spagnoli che costano poco.

Hotel di campagna e in località termali

■ Queste oasi spesso fuori mano di fascia medio-bassa – perlopiù gestite da Cubanacán: *www.hotelescuba nacan.com*, e Gaviota: *www.gaviota hotels.com* – sono particolarmente esposte ai danni degli uragani. Possono sempre sorprendervi e vanno affrontate con umorismo: potrebbe essere la miglior vacanza della vostra vita o una sorta di incubo kafkiano.

Prenotazioni

■ La maggior parte delle grosse catene alberghiere, cubane e internazionali, offre un servizio di prenotazione gratuito dall'Italia: **Iberostar** *(800 979 561 | www.iberostar.com);* **Meliá** *(+39 06 97 63 06 98 | www.me liacuba.com);* **Gran Caribe** *(+39 02 66 98 14 63 | www.gran-caribe. com);* **Gaviota** *(+39 02 218 02690 | www.gaviotahotels.com)*

CASAS PARTICULARES

■ I cubani possono chiedere la licenza (a fronte di un bel prelievo fiscale) per affittare **camere private** *(€-€€)* a cubani e stranieri: fino ad ora soprattutto in città ma recentemente anche in località balneari (ad esempio Playas del Este, Varadero, Playa Santa Lucía).

■ Un **simbolo** blu simile a un'ancora appeso alla porta identifica queste strutture *(arrendador inscripto)*.

■ **"Mediatori"** *(jineteros,* anche i taxisti) si aspettano un pagamento (in genere più di CUC5 al giorno) come commissione.

■ L'ospite viene registrato con il numero di passaporto in una specie di **libro degli ospiti** ufficiale.

- Da alcuni anni gli **standard sono migliorati enormemente.** A volte si trovano da affittare anche case nei pressi delle spiagge e persino ville con piscina (*Playas del Este* | €€ | → *p74*) oppure appartamenti in un attico (*L'Avana* | €€ | → *p73*). L'arredamento e i bagni, per non parlare del cibo, sono spesso migliori di quelli dei più cari hotel di proprietà statale. Tutte le *casas* hanno da una a tre camere con bagno piastrellato individuale (acqua calda), aria condizionata e, a richiesta, prima colazione (*CUC3-5 extra*).

- In alcuni appartamenti si arriva a far **conoscenza con la famiglia**, in altre si incappa solo nel personale di servizio.

- Non si deve **essere troppo pignoli** e aspettarsi un ambiente pulitissimo o con mobilio chic; a volte manca la corrente.

- Informazioni: *www.casaparticular. com, www.airbnb.com* e nella rivista cubana di annunci online *Revolico* (*www.revolico.com*).

CAMPISMO

- I bungalow, in genere molto spartani, dei *campismos* (*www.campismo popular.cu*) sono perlopiù (almeno ufficialmente) aperti solo ai cubani.

- Che cosa vi dovrete aspettare: docce fredde, a volte nessuna acqua corrente, nessuna biancheria da letto, spesso mancanza di corrente, nessun ristorante o, se c'è, di pessima qualità: tariffe da circa CUC5 per letto.

- I campismos si stanno aprendo sempre più anche ai turisti, e alcuni offrono standard migliori, con semplici *cabañas* (bungalow).

- Nei mesi estivi e durante le vacanze i *campismos* sono quasi tutti occupati da cubani.

CAMPEGGI

- Non esiste praticamente nessun campeggio per turisti, e men che meno tende a noleggio (*ufficialmente per esempio a Las Terrazas* → *p98*).

- A Cuba il campeggio libero è proibito.

Mangiare e bere

Recentemente la scena gastronomica all'Avana è molto migliorata, anche se Cuba continua a non essere una meta da gourmet. L'offerta culinaria dei buffet degli hotel è molto varia.

> **Prezzi**
> Un piatto principale
> (bevande escluse)
> € meno di CUC10
> €€ CUC10-20
> €€€ più di CUC20

RICETTE TIPICHE

- **Pollo asado o cerdo asado (carne de cerdo)** – Pollo e maiale arrosto sono presenti ovunque (→ *p29*).

- *Ajiaco (caldosa criolla)* – Un tipico stufato creolo preparato con radici come *yuca, malanga* (taro), *boniato* e verdure come mais, zucca, *platano verde* e aglio – e ovviamente possono essere utilizzati molti tipi di carne (pollo, maiale, manzo, carne disidratata). Il tutto viene cotto a lungo in una marmitta, meglio su un fuoco di legna. Chi non si sfama così...

- *Ropa vieja* "vestiti vecchi" – Non lasciatevi spaventare dal nome: la carne di manzo tagliata a listarelle viene cotta in una salsa al pomodoro aromatizzata con foglie d'alloro così a lungo che si disfa – come "stoffa vecchia", appunto. Come contorno vengono serviti *frijoles negros* (fagioli neri) e riso bianco. Furono gli abitanti delle Canarie che emigrarono a Cuba a portare la ricetta.

- **Langosta enchilada** – Quello che i cubani difficilmente possono permettersi per sé viene spesso portato in tavola per gli ospiti o servito nelle *casas particulares* (circa CUC12-15). L'aragosta, tagliata in piccole porzioni, viene cotta a fuoco lento in una salsa di pomodori, aglio, cipolle, aceto e uno spruzzo di tabasco.

- **Tamales** – Queste taschette di mais fanno parte della cucina dei Taínos, gli abitanti originari dell'isola: una polentina di mais, grasso vegetale o lardo, aglio e paprika in polvere riempie, insieme a spezzatino di maiale, piccole taschette fatte con foglie di granoturco, che poi vengono cotte a vapore in acqua salata.Spesso i tamales sono uno spuntino o un antipasto offerto in feste private.

- **Picadillo a la habanera** – La versione cubana del ragù alla bolognese – carne tritata di manzo cotta con cipolle e aglio, pomodori e un po' di vino – viene servita con riso bianco. I veri intenditori la gustano con un uovo al tegamino sopra.

DOLCI

- Viene dagli spagnoli il *flan,* un budino al caramello.
- Con pane vecchio viene preparato il dolce *pudding de pan* con latte, vaniglia e cannella.
- La *nadilla* è una crema di uova e vaniglia con biscotti spezzettati: semplice ma gustosa.
- A volte vengono serviti il gelato *(helado)* o la macedonia di frutta, ma il dessert tipico è il superdolce *guayaba con queso* (marmellata di guava in pezzi con una fetta di formaggio).

BEVANDE

- In genere non c'è molta scelta: oltre all'*agua mineral* (*con gas* se la volete gasata) diversi *jugos,* succhi di frutta locale, come mango o ananas.

- La chiara e dolce acqua di cocco è buonissima se si beve dalla noce appena spaccata, il *guarapo* viene dalla canna da zucchero pressata.

- Trovate bevande in lattina (*refrescos,* birra al malto: *malta*) e la Coca-Cola importata dal Messico, insieme alle locali, e dolci, Tropicola e tu-Kola.

- Le birre locali Cristal, Bucanero e Hatuey sono servite insieme alle Heineken e Becks importate. Negli hotel si trovano vini spagnoli e cileni.

- Si potrebbe dire ironicamente che a Cuba si beve "zucchero con caffè": è infatti nero, forte e terribilmente dolce. Il cubano *cafecito* è parente del nostro espresso e si prepara con caffettiere simili alle moka.

VEGETARIANI E VEGANI

- I vegetariani e i vegani non se la passano bene a Cuba, anche se ultimamente in località turistiche come L'Avana e Viñales sono sempre di più i locali privati che offrono menu senza carne *(→ p30)* con prodotti propri a coltivazione bio. A causa della crisi recente, comunque, anche negli hotel sono ricomparse le verdure in conserva e la frutta in lattina al posto di insalata e dessert.

RISTORANTI

- Negli hotel *(→ p40)* si organizzano regolarmente serate a tema, come la *noche cubana,* che prevedono cucina locale e musica. La maggior parte ha comunque un ristorante à la carte e uno specializzato in grigliate.

- I semplici **chioschi** e le **tavole calde** hanno un assortimento ridotto. Molto spesso si paga in CUP, *moneda nacional.*

- Nella maggior parte dei ristoranti turistici viene offerta sempre e solo la stessa serie di menu, con i più classici piatti della *comida criolla,* la cucina creola (→ *p42*).

- Nei **paladares** privati (→ *p30*) si servono anche piatti più costosi.
- Purtroppo continuano a essere offerti ai turisti piatti che utilizzano carne di **tartarughe di mare** e di altre specie in via di estinzione.

Fare acquisti

Lo shopping non è mai stata una delle ragioni per venire a Cuba. Tuttavia, i souvenir qui sono veramente originali e fatti a mano (nel paese, non in Asia). Sono sempre di più i cubani che devono vivere con i proventi del lavoro artigianale.

NEGOZI

- In quasi ogni hotel le catene statali di souvenir **Artex** e **Caracol** hanno un loro punto vendita di manufatti, t-shirt, bikini e rum.
- I grandi hotel di lusso, per esempio all'Avana, comprendono **gallerie di negozi** con l'aria condizionata con boutique di moda, gioiellerie, gallerie d'arte e profumerie.
- Nelle località turistiche si moltiplicano i **bazar per turisti**, come nei vecchi magazzini del porto all'Avana (→ *p77*) o nei mercati all'aperto; spesso c'è un'intera via con manufatti regionali.
- **Artisti di strada e gallerie d'arte** – In quasi tutte le località turistiche trovate gallerie d'arte piene di dipinti e sculture naïf con motivi afro-religiosi. Oltre a ciò ci sono delle *comunidades artísticas* dove gli artisti vivono e lavorano (ad esempio El Verraco nei pressi di Santiago → *p181*).

PRODOTTI TIPICI

- Alcuni tipici souvenir sono: t-shirt, portachiavi con il ritratto del Che,

cd musicali (dalla *salsa* al *bolero*), cappelli di paglia, rum e sigarette, bigiotteria, strumenti musicali come le *maracas*, ceramiche, a volte libri antiquari, giocattoli fatti con le lattine della tu-Kola, colorate statuine di cartapesta e bamboline della santería (*orisha*), maschere, oggetti in legno scolpito, lavori all'uncinetto, scatole del domino ecc.

- Un regalino caratteristico è la tradizionale camicia maschile nota come **guayabera** che viene indossata nelle occasioni ufficiali.
- **Souvenir** molto ricercati sono i sigari, il rum e il caffè cubano, che vengono venduti con un prezzo ufficiale e il sigillo di garanzia in negozi appositi o direttamente in fabbrica; otterrete un buon prezzo nei negozi duty free all'aeroporto *(per le norme doganali → p199).*

CONSIGLI E CAUTELE

- Nelle vie di negozi con **Tiendas Panamericanas,** nei grandi magazzini dove si paga in CUC (ad esempio Calle Neptuno all'Avana), normalmente viene chiesto anche ai turisti di lasciare la borsa al *guarda bolsa* (guardaroba) all'ingresso: visto che ci sono sempre code interminabili, è consigliabile recarsi nei grandi magazzini senza portare borse.
- Non si dovrebbe mai comprare per strada una scatola di "autentici" sigari Cohíbas da un *jinetero* (procacciatore d'affari) sconosciuto per CUC50 – invece di pagarne CUC400 in negozio (→ *p20*). Lo stesso vale per il rum, che spesso viene annacquato o falsamente etichettato.
- Nei mercati si aspettano che contrattiate. Nei negozi i prezzi sono fissi.
- Per motivi ecologici bisognerebbe evitare di comprare corallo colorato o nero come portacenere, oppure collane fatte con i gusci della chiocciola *Polymita picta* e altri souvenir

realizzati con parti animali (piume, pelle di coccodrillo, gusci di tartaruga ecc.) in accordo con la Convenzione di Washington sul commercio internazionale delle specie di fauna e flora selvatiche minacciate di estinzione (CITES). In ogni caso le dogane europee possono comminare multe pesanti (→ p199).

Divertirsi

RIVISTE E SITI WEB

- Rivista online sull'Avana: *What's on Havana,* www.lahabana.com
- Oltre che all'Avana finora non esiste un rivista per turisti in inglese con consigli e annunci.
- Un'altra buona risorsa informativa per concerti e spettacoli è il cartellone online al sito *suenacubano.com/cartelera*

FESTE ED EVENTI

Quasi ogni città ha feste e festival, che siano cortei politici o sfilate carnevalesche, celebrazioni d'anniversario della fondazione della città o concorsi culturali, festival di musica e danza: da rumba e salsa al rap e alla danza classica. Qui di seguito alcuni tra i festival più importanti, non solo locali.

- **Febbraio:** Festival del Habano *(Habano Cigar Festival all'Avana, www.habanos.com)*, Fiera internazionale all'Avana, Fortaleza la Cabaña.
- **Maggio-giugno:** Ernest Hemingway Cup per pesca alla lenza alla Marina Hemingway.
- **Luglio:** Carnaval e Fiesta del Caribe (Fuego) a Santiago (→ p182); Fiesta del Fuego a Santiago (percussioni)
- **Settembre:** festa con pellegrinaggio in onore della divinità della santería Yemayá all'Avana-Regla (→ p24).
- **Ottobre:** Si commemora la morte di Che Guevara (8 ottobre 1967) a

Santa Clara. A ottobre-novembre si svolge al Gran Teatro Alicia Alonso (→ p69) dell'Avana un festival di danza classica *(www.festivalballethabana.cu).*
- **Novembre:** Per partecipare al festival "Baila en Cuba" dell'Avana *salseras y salseros* arrivano da tutto il mondo (→ p23).
- **Dicembre:** Festival Internacional del Nuevo Cine Latinoamericano nei cinema dell'Avana (perlopiù a Vedado, *www.habanafilmfestival. com);* le *parrandas* simil-carnevalesche si svolgono in molte città il 24 dicembre, ad esempio a Remedios (→ p123); Festival Jazz Plaza Internacional all'Avana *(www.jazzcuba. com)*

DANZA, MUSICA E VITA NOTTURNA

- Ogni città ha il suo teatro provinciale; tra i migliori teatri del paese si segnalano il **Gran Teatro de La Habana "Alicia Alonso"** (→ p69, anche balletto) e il **Teatro Nacional** (→ p78) così come la compagnia di ballo di Camagüey (→ p150, tutti gli spettacoli in spagnolo).
- Grande pubblico attirano gli spettacoli di rivista Tropicana all'Avana (→ p56), Matanzas (→ p114, al momento chiuso per ristrutturazione) e Santiago (→ p181).
- Ogni città ha la sua **Casa de la Trova** con musica live di ottima qualità da ballare con i cubani, ad esempio a Trinidad (→ p129), Santiago (→ p157) e Baracoa (→ p162). Nelle molte **Casas de la Música** vanno per la maggiore la *salsa* e i concerti rock.
- Si può anche **ballare** gratis negli innumerevoli bar e leggendari nightclub o discoteche (spesso negli hotel con spettacoli propri). La maggior parte dei resort offre lezioni di danza.
- **Percussioni:** si possono ascoltare esperti percussionisti al "Sábado de

la Rumba" del Conjunto Folklórico Nacional *(sab 15-17 | CUC5 | Calle 4 n. 103, Calzada, L'Avana, Vedado)*. Anche festival *(→ p45)*.

SPORT E ATTIVITÀ

- **Trekking**: potete raggiungere i siti rivoluzionari con escursioni guidate alla Baia dei Porci *(→ p121)* e sulla Sierra Maestra *(→ p194)*.

- Alcuni parchi nazionali e riserve naturali sono buone destinazioni per **passeggiate** (perlopiù con guida), ad esempio la Península de Zapata (Guamá *→ p120)*, la Sierra Maestra *(→ p164)*, il Parque Nacional Alejandro de Humboldt e El Yunque vicino a Baracoa *(→ p182)*, Las Terrazas *(→ p187)* e la Sierra del Escambray *(→ p191)* così come Soroa (Sierra del Rosario *→ p91)*, La Güira *(→ p93)* e Guanahacabibes *(→ p97)*.

- Si possono **esplorare grotte** vicino a Varadero *(→ p112)*, Matanzas *(→ p115)* e Viñales *(→ p190)*.

- **Giri in barca a vela** o barche da noleggiare con skipper partono da molti porti turistici.

- **Sport acquatici**: i grandi resort sulla spiaggia o i porticcioli turistici offrono uscite di snorkelling – meglio con attrezzatura propria – e gite in canoa; molti alberghi hanno anche scuole di sub.

- Per i fanatici del mondo sottomarino ci sono 500 **siti di immersione** *(www. cuba-divers.de)*, tra cui quelli sulla Isla de la Juventud *(→ p97)*, a María La Gorda (Guanahacabibes *→ p97)*, Cayo Largo *(→ p130)* e ai Jardines de la Reína (la barca-hotel a Ciego de Avila *→ p146)* sulla costa meridionale. Su quella settentrionale: Varadero, Cayo Levisa, Cayo Coco e Playa Santa Lucía *(→ p143, compreso dar da mangiare agli squali e immersioni in relitti)*.

- I *cenote* (grotte piene d'acqua) sono collegati al mare da una specie di tunnel sotterraneo: un'esperienza di diving molto particolare (Varadero, Cueva Saturno *→ p112* e anche Playa Larga *→ p121)*.

- **Kitesurf** o windsurf: si possono prendere lezioni a Varadero e sulle isole come Cayo Guillermo/Cayo Coco *(→ p150)* e Cayo Santa María.

- I **ciclisti** trovano semplici tratti pianeggianti così come impegnative montagne. Per chi vuole far sul serio è indispensabile portar con sé il proprio mezzo (la maggior parte delle compagnie lo considera come un bagaglio). Da poco all'Avana si possono di nuovo noleggiare bici *(→ p40)*. Non esiste una cartina specifica per il ciclismo: quelle migliori sono le carte della Michelin (2015), o la *Guía de Carreteras (→ p189)* o le app per cellulare *(→ p38)*.

- Da poco anche i turisti possono ufficialmente guidare una motocicletta o salirci come passeggero. Dal 2012 Edelweiss Bike Travel offre **tour in Harley-Davidson** piuttosto cari *(www.edelweissbike.com)*.

- **Arrampicata**: nella valle di Viñales ci sono molte vie, ufficiali e meno *(www.cubaescalada.org, www.cuba climbing.com → p89)*.

- La **maratona** dell'Avana attira ogni anno a novembre corridori da tutto il mondo *(www.havanamarathon.net)*.

L'Avana e dintorni

 **Vita locale**

Sul "balcone dell'Avana"

Passeggiate lungo il **Malecón** *(→ p66)* sgranocchiando noccioline, ascoltando i sassofonisti suonare e ammirando il colorato mix di attività in corso, non proprio socialiste.

Vivere come uno scrittore

Seguite le orme di **Ernest Hemingway** pernottando all'Hotel Ambos Mundos *(→ p73)*.

Ballare insieme

Alla **Casa de la Música** *(→ p78)* proverete sulla vostra pelle l'emozione di un concerto con i migliori musicisti di *salsa* della città: un'esperienza che fa ribollire il sangue nelle vene.

Per orientarsi

Che si seguano le orme dei rivoluzionari o di autori di fama mondiale come Ernest Hemingway e Graham Greene, o addirittura quelle di boss mafiosi o semplicemente il ritmo travolgente della *salsa*... La Habana, un gioiello Unesco, e i suoi 2,3 milioni di *habaneros* incantano ogni visitatore che entra in contatto con tanta unicità ed eccentricità.

Con la sua cinta muraria secolare e i palazzi coloniali, gli spettacoli di danza-cabaret e una delle passeggiate lungomare più belle del mondo, la metropoli cubana offre un'incredibile varietà: dallo sfarzo alle rovine, dagli hotel di gran lusso ai desolati negozietti, dalle ville ai grattacieli. Nella città vecchia (Habana Vieja), L'Avana sembra un museo a cielo aperto – spesso fin troppo ostentato. Chi vuole scoprire

Il classico macchinone ben lucidato, Habana Vieja

l'Avana "vera" deve allontanarsi dalle attrazioni turistiche e perdersi tra i vicoletti – per esempio quelli aldilà del Capitolio nel quartiere Centro Habana, dove non è raro che antichi palazzi crollino sotto il peso dei secoli. Più ci si spinge verso ovest, piùviene in evidenza la precarietà della vita quotidiana di molti cubani. Dopo tre o quattro chilometri si giunge alla moderna Vedado: nell'università, negli hotel impregnati di storia o nell'enorme Plaza de la Revolución si percepisce la storia più recente di Cuba.

TOP 10
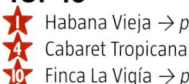
Da non perdere!

Mete su misura

Fortaleza de San Carlos de la Cabaña **11**

Castillo de San Salvador de La Punta

Canal de Entrada

Malecón **13**

Parque de los Mártires

Parque de los Enamorados

Máximo Gómez

Avenida Antonio Maceo (Malecón)

Cárcel

Av. del Puerto (San Pedro)

0 200 m
0 200 yd

Parque Céspedes

Tacón

Refugio

Consulado

Plaza 13 de Marzo

Colón

Paseo de Martí (Prado)

Museo de la Revolución **14** M

Av. de las Misiones

Cuarteles

Parque Luz Caballero

Trocadero

Chacón

Castillo de la Real Fuerza

Bernal

Compostela

Habana

Memorial Granma

Pl. de la Catedral

Palacio de los Condes de Bayona

Aguila

Amistad

Crespo

Industria

Empedrado

Palacio de Bellas Artes M

Museo de Arte Colonial M

Pl. de Armas

Palacio de los Capitanes Generales

HABANA VIEJA

Museo de Automóvil M

Mercaderes

Neptuno

Parque Central

O'Reilly

Obispo

Lonja del Comercio

Oficios

San Miguel

San Rafael

Obrapía

Casa de África M

Pl. de S. Francisco

Gran Teatro de La Habana »Alicia Alonso« **15**

Agramonte (Monserrate)

Avenida de Bélgica (Zulueta)

Villegas

Aguacate

Compostela

Habana

Lamparilla

Amargura

Aguiar

Edificio Gomez Vila

Aguila

Capitolio **12**

Industria

Brasil (Teniente Rey)

Cristo

Pl. Vieja M

Cuba

Museo del Ron Havana Club M

Barcelona

San Ignacio

Muralla

Oficios

Dragones

Muralla

Sol

Convento de Santa Clara

Muelle de la Luz

Fuente de la India

Avenida de Bélgica (Egido)

Aguacate

Compostela

Luz

Av. Simón Bolívar (Reina)

Cárdenas

Cienfuegos

Convento y Iglesia de Belén

Playas del Este **19**

La Habana del Este

Cojimar

Alamar

Celimar

Castillo de los Tres Reyes

18

Casablanca

Vedado

Habana Vieja

Regla

Guanabacoa

Santa Fe

Miramar

José Martí Memorial

Cementerio Cristóbal Colón **17** **16**

Plaza de la Revolución

LA HABANA

A1

0 5 km
0 3 mi

Tropicana Cabaret

Cerro

Diez de Octubre

San Miguel del Padrón

Finca La Vigía **10**

Arroyo Naranjo

San Francisco de Paula

In tre giorni

Macchina d'epoca o carrozza a cavalli, cinta muraria, musei dedicati agli eroi nazionali o gallerie, nightclub o chiese coloniali – all'Avana si ha davvero l'imbarazzo della scelta. Ecco qualche suggerimento.

Giorno 1
Mattino

La ⭐ **Habana Vieja** *(→ p52)* è un luogo perfetto dove gironzolare in lungo e in largo sull'acciottolato per un paio d'ore: lungo le vie si susseguono palazzi coloniali che ospitano musei, mostre d'arte, caffè, ristoranti e cocktail bar.

Pomeriggio

Chi ama andare a caccia di souvenir può bighellonare lungo la via dello shopping degli *habaneros*, la Calle Obispo, e le adiacenti Obrapía e Mercaderes, piene di negozietti di sigari, chicchi di caffè freschi, cioccolatini, rum e profumi – fragranti aromi ad ogni passo.

Sera

Prendete un bici-taxi fino al **⑬ Malecón** *(→ p66)*: trovate un posto per sedervi sul lungomare e respirate a pieni polmoni la fresca brezza serale.

Giorno 2
Mattino

Fate una passeggiata lungo il **Paseo del Prado** *(→ p184)*, dal **Capitolio** *(→ p62)* fino all'ingresso del porto, e poi prendete un taxi fino all'altro lato della baia, al **⑪ Parque Histórico Morro-Cabaña** *(→ p60)*: da ognuna delle due fortezze si gode di una fantastica vista sull'Avana e si può anche pranzare.

Pomeriggio

Prima di dirigervi verso il quartiere più moderno di Vedado/Plaza recatevi a visitare il **Museo de la Revolución** *(→ p69)*, che vi insegnerà tutto quello che c'è da sapere

sugli eroi nazionali e le lotte di liberazione degli ultimi cento-cinquant'anni. Dopo la visita capirete meglio anche il motto degli eroi del popolo riportato sul **16 José Martí Memorial** (→ p70): "Le barricate fatte di idee valgono di più di quelle fatte di pietra".

Successivamente, una passeggiata per il monumentale **17 Cementerio Cristóbal Colón** (→ p71), il più vasto cimitero dell'America Latina, garantisce momenti di pace e meditazione sulla passata grandezza.

Sera

E per finire la giornata in grande stile, che ne dite di assistere a un balletto presso il **15 Gran Teatro de La Habana "Alicia Alonso"** (→ p69)?

Giorno 3

Mattino

Per gli appassionati di Hemingway, allontanarsi dalla Avana per fare una gita a **San Francisco de Paula** (12 km a sud est) è un must, anche se presso la ⭐ **Finca La Vigía** (→ p58, che si può vedere solo da fuori!) c'è sempre molta gente: fate prima una passeggiata nel giardino, dove si può anche ammirare lo yacht *Pilar*. Per pranzo potete fermarvi nel villaggio di pescatori di **18 Cojímar** (→ p71), a est dell'Avana, presso il ristorante La Terraza de Cojímar, dove pranzò anche il premio Nobel in persona.

Pomeriggio

È il momento di riprendersi da tutto lo stress del sightseeing cittadino: alle **19 Playas del Este** (→ p72) potrete tuffarvi nelle onde pur rimanendo vicino alla città – il punto più suggestivo è quello di Santa María del Mar, quello più adatto alla famiglie è Guanabo.

Sera

Almeno una volta dovreste concedervi una serata al leggendario ⭐ **Cabaret Tropicana** (→ p56): tra costumi stravaganti, stivali a mezza coscia, candelabri, boa di piume, gambe di lunghezze smisurate e ritmi trascinanti, potrete anche cenare.

⭐ Habana Vieja

Fondata nel 1519 come San Cristóbal de La Habana, oggi è una delle più belle città del mondo. La città vecchia (Habana Vieja) dal 1982 è Patrimonio dell'Umanità Unesco e include circa 900 edifici storici protetti, compresi alcuni palazzi cittadini affacciati su piazze porticate, risalenti all'epoca dei governatori spagnoli e dei magnati dello zucchero. Inoltre, intere strade sono state ripulite e risistemate: una messa in scena per i turisti praticamente perfetta...

Dalla **Plaza de Armas** si apre il groviglio di strade dell'Avana, dove vale la pena vagare per un po' senza meta. Ma prima ammirate questa piazza, che, fondata nel 1582, è la più antica della città, e date uno sguardo al **Castillo de la Real Fuerza**: una fortezza costruita nel 1558-78, un tempo abitazione del governatore, e uno dei baluardi difensivi più antichi dell'America Latina. Oggi il palazzo ospita il museo marittimo, una galle-

Onnipresente, anche nella città vecchia: il nome di Fidel Castro

ria e un caffè sul tetto con una splendida vista sulla piazza e i palazzi cittadini del XVIII secolo. Un altro monumento d'interesse nella piazza è la piccola **cappella El Templete** neoclassica, costruita per ricordare il luogo in cui venne celebrata la prima messa dopo la fondazione della città, nel novembre 1519. Durante i festeggiamenti annuali che rievocano la fondazione dell'Avana, gli *habaneros* girano tre volte attorno alla sacra pianta di ceiba e alla colonna di fronte alla cappella: un'usanza che si dice aiuti a esaudire ogni desiderio.

Lo splendido edificio sulla destra era un tempo la dimora del Conte Santovenia, famoso per amare i divertimenti: trasformato in hotel nel 1867, il **Palacio del Conde Santovenia** (risalente a fine XVIII secolo) fu uno dei primi alberghi dell'Avana e oggi è sede del lussuoso Santa Isabel. Al centro della "piazza d'armi" si trova la statua dell'eroe nazionale **Carlos Manuel de Céspedes** (1819-74 → *p175*).

AMORE IN BRONZO

Il Castillo de la Real Fuerza offre anche la miglior vista sulla **Giraldilla**, famosa banderuola a forma di gracile figura di donna, posta in cima a una delle torri difensive a cupola della fortezza (l'originale si trova nel Museo Civico): questa statua in bronzo risalente al 1631 si dice rappresenti la consorte del governatore Hernando

NOMI DELLE STRADE

Diverse strade dell'Avana hanno nomi "nuovi", tra cui:
San Pedro = Ave. del Puerto
Paseo del Prado (abbreviato: Prado) = Paseo de Martí
Egido = Ave. de Bélgica (lato sud)
Monserrate = Ave. de las Misiones (lato nord), Ave. de Bélgica (lato sud)

de Soto, la quale, secondo la storia, attese invano dalla torre difensiva il ritorno del marito viaggiatore, scomparso in Florida. Oggi la banderuola è uno dei simboli dell'Avana, ritratta sullo stemma della città e anche su alcune bottiglie di rum.

PALAZZI SFARZOSI

Di fronte si trova il **Palacio de los Capitanes Generales** (1776-91): un museo civico con un magnifico cortile interno, 48 stanze, saloni sontuosamente arredati pieni di armi e bandiere risalenti alla guerra d'indipendenza, e tesori coloniali, come porcellane, bicchieri di cristallo (uno di quelli di Boemia fu un regalo di Alexander von Humboldt), lampadari e dipinti.

Seguendo le stradine sul lato nord della piazza, giungerete alla **Catedral de La Habana**, chiesa barocca del XVIII secolo con due curiosi campanili, diversi l'uno dall'altro. All'interno si trova un altare maggiore in marmo sormontato da un bell'affresco del pittore italiano Giuseppe Perovani. Dal 1796 al 1898 qui venne custodito il corpo di Cristoforo Colombo, prima di essere spostato a Siviglia alla fine del dominio coloniale. C'è sempre qualcosa da fare nella **Plaza de la Catedral**, circondata da portici, gallerie e luoghi turistici; ma per fortuna il **Museo de Arte Colonial**, di fronte alla cattedrale, offre un po' di pace dopo la musica ad alto volume della piazza: espone opere d'artigianato, porcellane e mobili antichi

LA CITTÀ VECCHIA IN LUNGO E IN LARGO

Proseguendo sulla **Calle San Ignacio** in direzione sud per un paio di isolati, oltrepasserete la **Calle Obispo,** l'animata strada dello shopping degli *habaneros*, e giungerete alla Calle Obrapía, al cui civico 157 si trova la **Casa África** *(→ p26),* con un'appassionante mostra sulla religione afrocubana. Tre isolanti più avanti, Calle San Ignacio sbocca sulla piazza più bella e recentemente restaurata dell'Avana: la **Plaza Vieja** (XVI secolo). Qui troverete un mix di palazzi signorili, hotel liberty, gallerie d'arte e ristoranti – tuttavia si incontrano sempre meno *habaneros*, mentre molti negozi di marca si stanno trasferendo qui.

La Catedral de La Habana con i suoi campanili asimmetrici

All'interno dell'**Edificio Gómez Vila,** posto nell'angolo nordorientale della piazza e riconoscibile dalla sua bizzarra torre sul tetto, si trova una **Cámara Oscura** che mostra una proiezione a 360 gradi in tempo reale della Habana Vieja vista dall'alto.

VERSO IL PORTO

Ad appena un isolato di distanza sulla vostra destra (verso est), troverete la grande **Plaza de San Francisco de Asis** con la sua bella fontana con statue di leoni in marmo. Questa piazza, posta di fronte al porto e agli attracchi delle crociere, è dominata dalla **Iglesia y Convento de San Francisco de Asis** (1608), con il suo campanile alto quasi 40 m, e dal solenne palazzo del **Lonja del Comercio,** la vecchia Borsa, oggi diventata sede di molte aziende estere.

Proseguite in direzione sud sulla strada lungo il porto, la **Avenida del Puerto** (= San Pedro). All'angolo con Calle Sol troverete il **Museo del Ron Havana Club** che fornisce una interessante panoramica sul mondo della produzione del rum: dai campi di canna da zucchero all'epoca dello schiavismo al processo di distillazione, fino alla degustazione nel bar annesso.

Plaza Vieja, il cuore della vita cittadina a L'Avana

Infine, andate a curiosare 1 km più a sud, nell'**Almacénes de San José:** questo mercato artigianale presso il porto offre un'ampia gamma di souvenir, da pezzi d'arte a oggetti molto pacchiani. Bus di turisti fanno fermata qui e i prezzi riflettono la sua fama: è quindi inutile contrattare.

VIAGGIARE FACILE

Molti **negozietti** divertenti contornano la zona tra le strade di Obispo, Mercaderes, Oficios e Obrapía: presso Habana 1791 (*Mercaderes 156, esq. Obrapía, lun-sab 10-19, dom 10-13*) potrete apprendere molto sulla produzione di profumo ai tempi degli spagnoli e creare una vostra personale fragranza. Chi invece ha sempre desiderato un bel ventaglio (perfetto anche per ripararsi dal sole) deve andare alla "Casa del Abanico", dove ce ne sono di tutte le forme, misure e colori (*lun-sab 9-18, dom 11-14 | a partire da CUC5 | Obrapía 107 e/ Mercaderes y Oficios*).

Scena di vita nella capitale

UNA PAUSA

Nella Plaza Vieja, presso il **Caffè El Escorial** *(tutti i giorni 9-22 | Mercaderes 317, esq. Muralla | tel 07 8 68 35 45 | €€)* potrete assaggiare le loro specialità: torte e bevande tutte realizzate con il caffè, calde e fredde, tra cui 17 tipi diversi di grappa al caffè.

Infotur

📷 **219 F3** ✉ *Obispo esq. San Ignacio* ☎ *07 8 63 68 84*
📷 **219 E3** ✉ *Obispo 524 e/ Bernaza y Villegas*
☎ *07 8 66 33 33; altri uffici: www.infotur.cu*

Castillo de la Real Fuerza
📷 **219 F4** ✉ *Plaza de Armas* ☎ *07 8 64 44 89-90* 🕐 *mar-dom 9.30-17* 💰 *CUC3*

Palacio de los Capitanes Generales (Museo de la Ciudad)
📷 **219 F4** ✉ *Plaza de Armas esq. Tacón 1* 🕐 *mar-dom 9.30-17* 💰 *CUC3*

Catedral de La Habana
📷 **219 E4** ✉ *Plaza de la Catedral* 🕐 *tutti i giorni 10-15* 💰 *campanile CUC1*

Museo de Arte Colonial
📷 **219 E3** ✉ *Plaza de la Catedral* ☎ *07 8 62 64 40* 🕐 *mar-dom 9.30-17* 💰 *CUC2*

Cámara Oscura
📷 **219 F3** ✉ *Edificio Gómez Vila, Plaza Vieja esq. Mercaderes* ☎ *07 8 66 44 61*
🕐 *tutti i giorni 9-17, proiezione di 10 minuti* 💰 *CUC2*

Iglesia y Convento de San Francisco de Asis
📷 **219 F3** ✉ *Plaza de San Francisco de Asis*
🕐 *Museo tutti i giorni 9-17.30* 💰 *Salita alla torre CUC1*

SICUREZZA

La stazione a sud di Habana Vieja è attualmente in ristrutturazione; la zona circostante (come in quasi tutte le aree attorno alle stazioni nel resto del mondo) non è molto sicura. Di notte è meglio non passarci a piedi! → p202

Museo del Ron Havana Club
📷 **219 F3** ✉ *Ave. del Puerto 262 esq. Sol*
☎ *07 8 61 80 51, havana-club.com*
🕐 *tutti i giorni 9-17.30, bar tutti i giorni 9.30-24* 💰 *CUC7 drink incluso*

Almacénes de San José
📷 **219 F2** ✉ *Ave. Desamparados esq. Cuba* 🕐 *tutti i giorni 9-19*

⭐4 Cabaret Tropicana

Questo "paradiso sotto le stelle" venne inaugurato nel 1939 a Villa Mina come locale notturno all'aperto. Qui si sono esibite celebrità internazionali e vere leggende viventi: Josephine Baker vi fece ondeggiare il suo "gonnellino di banane" e Nat King Cole cantò in spagnolo. Nei "Roaring Fifties" (i ruggenti anni '50) l'Avana era considerata il covo dei vizi dei Caraibi. Turisti statunitensi volavano con jet speciali da Miami per una "notte calda" nella capitale cubana, scommettendo somme da favola in lotterie truccate e sui tavoli da poker.

La fama del Tropicana era nota anche tra i boss mafiosi americani, che già durante il Proibizionismo degli anni '20 spesso avevano dislocato i loro affari a Cuba. I profitti del gioco d'azzardo illegale attirarono all'Avana esponenti della malavita quali Al Capone, "Lucky" Luciano e Meyer Lansky.

LA GALLINA DALLE UOVA D'ORO DEI CARAIBI

Anche **Hollywood** si trasferiva su yacht privati all'Avana e finiva al Tropicana. Gary Cooper, Errol Flynn e Frank Sinatra furono solo alcuni delle migliaia di ospiti che l'anfiteatro ospitava ogni sera traendone tanti profitti: 100 dollari americani a persona, il rum che scorreva a fiumi, le vincite del casinò o dell'ippodromo interno. Negli **spettacoli** le donne erano sempre meno vestite ed erano note come "las bailarinas más audaces del mundo". Meyer Lansky, il boss dei boss, diventò persino consigliere personale del dittatore Batista, anch'egli sfruttatore di quella gallina dalle uova d'oro che era il Tropicana. Infatti, i membri del governo erano ospiti abituali della sala, dietro porte blindate ben nascoste....

Ballerine poco vestite e boa di piume sgargianti: un'esplosione di colori

L'ORDINE SOCIALISTA

Con il gennaio 1959 si chiuse un'epoca: quella di champagne e cocaina, roulette ed esponenti della malavita (spesso armati fino ai denti). Dopo la **vittoria del fronte rivoluzionario**, gli abitanti dell'Avana presero d'assalto quest'oasi del lusso e distrussero le slot machine. Fidel Castro e i suoi *compañeros* promossero un'idea di ordine e giustizia sociale: il casinò divenne quindi una mensa per impiegati – dove le calze a rete e i corsetti erano comunque ammessi. Nel corso degli anni '60 e '70 le ballerine tornarono a esibirsi su questo palcoscenico per i loro connazionali: il partito regalava

AMORE TRAGICO

Il film *Havana* (USA 1990, regia di Sydney Pollack) racconta una drammatica storia d'amore ambientata negli ultimi giorni del regime di Batista. Robert Redford, un giocatore d'azzardo americano che gravita tra boss mafiosi e scagnozzi del dittatore, s'innamora della bella moglie (Lena Olin) di un capo ribelle e alla fine contribuisce al successo della rivoluzione.

l'ingresso agli "eroi del lavoro" e alle coppie di giovani sposi cubani (oggi invece tutti devono pagare il costoso biglietto d'entrata). Come **manifesto scintillante** del "comunismo tropicale" alla compagnia del Tropicana fu concesso di girare il mondo: le sue ballerine si esibirono a Monte Carlo, a Broadway a New York, a Berlino.

UNO SGUARDO DIETRO LE QUINTE

Dietro al palco, ragazze in giarrettiere e bikini luccicanti scorrazzano su tacchi a spillo mentre i loro boa di piume svolazzano nell'aria. Una danzatrice si sfila gli stivali argentati, mentre una bellissima donna mezza nuda si sistema sulla testa un candelabro con candele finte – la parte più pesante del suo costume. Nel centro della stanza siedono operatori tecnici e della scenografia. Mentre sul palco del Tropicana i corpi sinuosi delle ballerine incantano gli spettatori con i loro movimenti, i televisori dietro le quinte trasmettono soap opera colombiane.

Il repertorio include molti stili diversi e travolgenti che spaziano dalla rumba alla *salsa* e al cha-cha-cha: elementi folcloristici si mescolano alla danza classica e ad altre forme artistiche, nonché a imponenti copricapi con pelli di tigre africana.

Talvolta, anche se sempre più raramente, si esibiscono qui anche **musicisti divenuti icone del periodo di splendore del bolero** e alcuni grandi nomi del Buena Vista Social Club, di cui molti (come Omara Portuondo, nata nel 1930) hanno iniziato le loro carriere proprio su questo palco.

🏠 208 C5 ✉ *Línea del Ferrocarill y 72, Marianao* ☎ *07 2 67 17 17 -19, www.cabaret-tropicana.com* 🕐 *tutti i giorni a partire dalle 20.30, spettacolo alle 22* 💰 *ingresso tramite tour organizzati (incluso trasporto, cena e rum) circa CUC75-110*

La cosa migliore è prenotare un posto per lo spettacolo con anticipo presso il vostro hotel. Per scattare foto e girare video bisogna pagare un supplemento. Quando piove l'esibizione sul palco all'aperto viene cancellata. Controllate il conto appena lo ricevete. Arrivare per tempo garantisce un (buon) posto a sedere: ultimamente l'afflusso è molto alto e si rischia un overbooking.

VIAGGIARE FACILE

⑩Finca La Vigía

Una vera meta di pellegrinaggio per tutti gli amanti di Hemingway è la tenuta del premio Nobel a sud est dell'Avana: qui nell'arco di vent'anni l'autore scrisse alcuni dei suoi capolavori, tra cui *Per chi suona la campana, Il vecchio e il mare* e *Isole nella corrente*. È come un'oasi, un luogo intriso di storia, dove la star del cinema Ava Gardner faceva il bagno nuda in piscina e dove, come in un vero viaggio nel tempo, ci si dovrebbe giungere con una classica automobile all'americana.

Su un'altura dietro il piccolo paese di San Francisco de Paula (12 km a sud est dell'Avana), si trova una **villa coloniale** intonacata di bianco, circondata da un grosso parco, bellissimo e rigoglioso, con alberi tropicali come mango, palme e bambù, e una piscina.

L'amore per la lettura e quello per la caccia

Fu Martha Gellhorn, la terza moglie dell'autore, a scoprire questa casa costruita nel 1887, e si dice che l'abbia poi acquistata per appena 18.500 dollari americani.

Fu così che dal 1939 al 1960 Ernest Hemingway (1899-1961) visse nella Finca Vigía, prima con Martha e poi con Mary e con circa 50 gatti. Qui scrisse i suoi romanzi più riusciti e ricevette ospiti famosi, tra cui attori come Ingrid Bergman, Gary Cooper (protagonista della versione cinematografica di *Per chi suona la campana)* e Spencer Tracy (protagonista de *Il vecchio e il mare,* girato a Cojímar → p71), ma anche intellettuali, tra cui il filosofo Jean-Paul Sartre.

A CASA DI HEMINGWAY

Vi sembrerà che il padrone di casa sia uscito solo un attimo! Infatti poco è cambiato da quando lo scrittore abitava qui. Da fuori i visitatori possono guardare dentro le stanze attraverso le finestre, normalmente chiuse per combattere l'umidità: gli occhiali dalla montatura di metallo appoggiati sullo scrittoio, la macchina da scrivere accanto, persino la bottiglia per versare un drink vicino al divano. Sugli scaffali del-

VIAGGIARE FACILE

Per preservarla, la villa di Hemingway si può visitare solo da fuori e capita che davanti alle finestre si crei un po' di "traffico", quando non vere e proprie code, che però si risolvono piuttosto facilmente nel corso della giornata. È tuttavia consigliabile arrivare al mattino presto o aspettare che i vari gruppi di turisti risalgano sui loro bus prima di avvicinarsi. Con l'incremento del turismo americano è difficile che il numero dei visitatori diminuisca in futuro.

le molte librerie si trovano circa 9000 volumi (anche in camera da letto e in bagno, di fianco al water!) e vecchie copie della rivista americana *Life*. Alle pareti si notano dipinti di valore e un piatto da parete realizzato da Picasso, una foto del premio Nobel con Fidel Castro, corna di antilope e una testa di bufalo, trofei di una battuta di caccia in Kenya a cui Hemingway partecipò negli anni '30, e maschere africane che creano un'atmosfera esotica.

Troverete anche foto di famiglia e il celebre timbro da lettera con la scritta: "I never write letters – E. Hemingway". Il *Pilar*, lo yacht di 12 m con cui l'autore girava i Caraibi e si spostava dalla costa settentrionale cubana alla Florida, fa bella mostra di sé in giardino.

Si può invece accedere all'**ufficio** nella torre, un altro edificio parte della proprietà, dove si trova la Corona, macchina da scrivere del "Papa", e da cui si gode una splendida vista fino all'Avana. Oggi qui trovate mostre di artisti cubani, foto sulla vita di Ernest Hemingways e sulle riprese cinematografiche de *Il vecchio e il mare*.

UNA PAUSA

Normalmente nel "tour cubano su Hemingway" viene inclusa nel programma anche la baia di Cojímar *(→ p71)*: a chi trova troppo turistico il locale in cui pare mangiasse l'autore, **La Terraza de Cojímar** (*tutti i giorni 10.30-23 | Real 161 e Candeleria, Cojímar | €€*), consigliamo la **Bodega las Brisas** (*tutti i giorni 10-22 | Real 132 esq. Rio, Cojímar | €*), un ristorante gestito da una famiglia del posto con molto pesce a prezzi ragionevoli.

🗺 **208 C5** ✉ *Calle Vigía, San Francisco de Paula (12 km a sud est dell'Avana)* ☎ *07 6 92 01 76* 🕐 *lun-sab 10-17, chiuso dom e quando piove* 📷 *CUC5 (fotografare incluso, ma video con supplemento di CUC50)*

Il salone, con trofei di caccia e mobili art déco

⑪ Parque Histórico Morro-Cabaña

Due impressionanti costruzioni difensive all'ingresso del porto di Habana del Este e un grande sito Unesco: il Parque Histórico Morro-Cabaña comprende l'enorme Fortaleza de San Carlos de la Cabaña e il precedente Castillo de los Tres Santos Reyes Magos del Morro.

Progettato dall'italiano Battista Antonelli alla fine del XVI secolo, il tortuoso **Castillo de los Tres Santos Reyes Magos del Morro** (abbreviato con Fortaleza del Morro o El Morro) si trova abbarbicato in cima a un promontorio direttamente affacciato sul mare. Da qui, i governatori coloniali spagnoli chiudevano l'ingresso al porto durante la notte, con una singola catena di ferro che veniva collegata alla fortezza sulla sponda opposta, La Punta (→ p66). Tale sistema difensivo si dimostrò, però, insufficiente: nel 1762, durante la Guerra dei sette anni, gli inglesi con 44 imbarcazioni e 300 cannoni, riuscirono a conquistare l'Avana, che tra il XVII e il XVIII secolo era la città più ricca ed estesa del nuovo mondo, con decine di migliaia di abitanti. Dopo l'assedio, durante i negoziati di pace di Parigi del 1763 (col Trattato di Fontainebleau) la Spagna ottenne la restituzione del gioiello più prezioso dell'impero coloniale in cambio della Florida.

Gli spagnoli non persero tempo e nello stesso anno il re Carlo III (1716-88) commissionò la **Fortaleza de San Carlos de la Cabaña:** un'enorme struttura difensiva che, occupando quasi 10 ettari di terreno, all'epoca era la più grande fortezza dell'intero continente americano. Un costo di costruzione di 14 milioni di pesos spagnoli, 11 anni di lavoro continuo e il risultato: tutto fuorché una "cabaña" (capan-

Le fortificazioni d'ingresso al porto de L'Avana

na)! Ma ne valse la pena: il forte era considerato così inespugnabile che non venne mai attaccato.

LE FORTEZZE OGGI

El Morro è una fortificazione molto visitata, piuttosto facile da esplorare, che offre fantastiche viste sul mare e ospita un museo marittimo. Con i suoi fossati e mura alte fino a 12 m, e una lunghezza complessiva di 700 m, La Cabaña è sicuramente più impegnativa ma molto suggestiva. Qui si può passeggiare su stradine acciottolate tra edifici già restaurati, come la cappella, fino ai bastioni con roccaforti merlate e 120 cannoni. Potrete mangiare in quelle che un tempo erano le celle e le **stanze con soffitti a volta medievali** o ammirare nel **Museo** le armi utilizzate nelle guerre del Medioevo, dagli arieti alle armature. Usata come prigione da Batista e Machado, una parte ancora oggi funziona come caserma militare. Anche **Che Guevara** istituì qui nel 1960 la sua *comandancia*: nell'ala della fortezza oggi nota come **Casa del Che**, si trova un piccolo museo con scrivanie, radio, macchina fotografica e armi dei famosi *guerrilleros*. Una vicenda spesso tralasciata dalle guide turistiche ufficiali cubane: qui nel 1959-60 vennero anche eseguite le esecuzioni decise dal tribunale rivoluzionario o dal "Consiglio di guerra supremo" e centinaia di sostenitori (presunti) di Batista vennero fucilati sotto il comando di Che Guevara.

UNA PAUSA

In entrambe le fortificazioni ci sono dei bei locali: **Los Doce Apóstoles** *(tutti i giorni 11-24 | El Morro | tel 07 8 63 82 95 | €€)* con spettacolari panorami sull'Avana e **La Divina Pastora** *(tutti i giorni 12-23 | Ave. Monumental Complejo Morro-Cabaña | sotto San Carlos de la Cabaña | tel 07 8 60 83 41 e 07 93 78 07-06 | €€)*, dove vengono organizzati anche spettacoli folcloristici la sera.

📷 219 F5

Fortaleza de San Carlos de la Cabaña
✉ *Loma Cabaña, Bahía de la Habana* ☎ *07 8 62 40 95* 🕐 *tutti i giorni 10-22*
💰 *CUC6, con la cerimonia del cañonazo CUC8, ingresso alle 20 e colpo di cannone alle 21, due ristoranti*

Castillo de los Tres Santos Reyes Magos del Morro
🕐 *tutti i giorni 10-19* 💰 *CUC6, incluso ingresso al museo marittimo*

Casa del Che *(→ p10)*

Fino al 1850 il *cañonazo de las nueve* segnalava la chiusura della porta della città. Oggi il colpo di cannone a salve è diventato protagonista di uno spettacolo serale di 15 minuti nella fortezza di San Carlos de la Cabaña, che include anche carrozze a cavalli, suonatori, lampioni e artiglieri in costume. Dopo la cerimonia inizia una *fiesta* all'aperto con musica dal vivo e danza *(tutti i giorni circa 21.30 | CUC5)*. Per chi preferisce la musica reggaetón è meglio andare al El Polvorín, l'antica polveriera della fortezza El Morro *(tutti i giorni 23-4 | presso il ristorante Los Doce Apóstoles)*.

VIAGGIARE FACILE

⑫ Capitolio

L'imponente Capitolio de la Habana si erge in cima a una enorme scalinata e da quasi dieci anni è sottoposto a un meticoloso restauro – per cancellare le tracce lasciate dai molti pipistrelli che per anni l'hanno abitato. I lavori, gestiti da gruppi internazionali, non si sono ancora conclusi del tutto ma da marzo 2018 il Capitolio ha finalmente riaperto le sue magnifiche sale ai visitatori. Certo, la riapertura non è solo pensata per il turismo, ma ha una sicura valenza politica.

L'edificio colonnato (1926-29), con una cupola alta circa 62 m, fu progettato dagli architetti cubani Evelio Govantes e Félix Cabarrocas e, assicurano le guide turistiche dell'isola, non fu concepito come copia del Campidoglio di Washington. L'imponente costruzione in pietra calcarea arenaria di colore chiaro ospitò sotto il regime di Batista, fino al 1959, la **sede della Camera dei deputati e del Senato**, mentre dopo la rivoluzione vennero inaugurate qui **l'Accademia delle scienze, il Ministero dell'ambiente** e la **Biblioteca nazionale della scienza e della tecnologia**. Dopo anni di lavori di restauro – in parte appaltati anche a studi europei – la Asamblea Nacional del Poder Popular, il parlamento cubano, prevede di trasferirsi a breve nell'ala destra dell'ex Camera dei deputati.

UNA STATUA MONUMENTALE

L'atrio d'ingresso è dominato da una statua placcata d'oro: *La República*. Con un'altezza di 14 m, questa figura di donna dovrebbe essere la terza statua al chiuso più grande del mondo. Fu realizzata dallo scultore italiano Angelo Zanelli negli anni '20 a Roma e poi trasportata qui, nonostante l'impressionante peso di 40 tonnellate.

DALLA SALA D'INGRESSO ALLA BIBLIOTECA

Salite i 55 gradini della scalinata, fiancheggiata da due sculture che rappresentano il Lavoro e la Giustizia, e ammirate le tre alte **porte in bronzo** che segnano l'ingresso: i rilievi che le adornano raffigurano la storia di Cuba, a partire dallo scopritore delle Americhe Cristoforo Colombo (1492) e dal *cacique* Hatuey – che si oppose alla conquista e venne ucciso dagli spagnoli del 1512 – passando per eroi nazionali come José Martí (1853-95 → p70) e il primo presidente di Cuba Tomás Estrada Palma (dal 1835 al 1908), fino al dittatore Gerardo Machado (1871-1939), che commissionò la costruzione del Capitolio. La faccia in bronzo di quest'ultimo venne graffiata da alcuni studenti e rimane tuttora in quello stato.

Entrando nell'**atrio d'ingresso** vi troverete esattamente sotto la cupola, dove è anche segnato il "kilómetro cero" di Cuba (→ p64).

Nei **patios** (che danno luce e aria ai locali) cattureranno la vostra attenzione i lampadari in bronzo appesi al soffitto – ognuno dei quali pesa 50 tonnellate! Continuando il percorso raggiungerete le dieci **Sale per le udienze,** decorate secondo lo stile rinascimentale italiano. Nell'ala destra dell'edificio trovate la piccola **sala del Parlamento** semicircolare, dove i politici cubani si riunivano fino al 1959: le colonne in marmo, gli affreschi e il soffitto decorato da un magnifico mosaico conferiscono a questa sala un carattere particolare.

Anche l'antica **biblioteca** è sontuosa – inutile dire che chi studia qui lo fa seduto in pesanti poltrone di pelle. Lo spazio risulta particolarmente suggestivo al pomeriggio, quando i raggi del sole si posano sui libri che riempiono gli scaffali e illuminano quella che altrimenti sarebbe una stanza piuttosto polverosa.

UNA PAUSA

Per un piccolo spuntino potete dirigervi al **Prado y Ánimas** *(tutti i giorni 9-22 | Prado esq. Ánimas | €)*, un piccolo *béisbol-bar-caffè* con snack e alle pareti molte foto di giocatori di baseball. In alternativa fate un salto al piccolo bar nell'**Edificio Bacardí** *(→ p75)*.

🏛 219 D3 ✉ *Paseo del Prado 422 e/ San José y Dragones (vicino a Parque Central)*
🕐 *richiedere gli orari d'apertura aggiornati all'ufficio informazioni*

Tutta la maestosità del palazzo nel Salón de Pasos Perdidos con soffitto a cassettoni e pavimenti in marmo

Capitolio

Il legame che i cubani hanno con questo simbolo dell'Avana è piuttosto ambiguo: il monumento rappresenta infatti la dipendenza quasi coloniale che l'isola caraibica soffrì per un certo periodo nei confronti degli Stati Uniti. Fu infatti il dittatore Gerardo Machado, che godeva dell'appoggio americano, a costruire il Capitolio nel 1929 come sede del Senato e della Camera dei deputati.

Automobili d'epoca attendono fuori dal Capitolio i loro passeggeri

❶ **Cupola:** sotto il centro dell'imponente cupola, alta 90 m, si trova il "chilometro zero" di Cuba, ovvero il punto da cui vengono misurate tutte le distanze nell'isola. Questo punto è segnato da un diamante incastonato nel pavimento, che si dice fosse appartenuto all'ultimo zar russo e poi venduto da un mercante a Cuba. Quella che vedete è però una copia, il diamante originale da 24 carati è custodito nel Banco Central de Cuba dell'Avana.

❷ **Atrio d'ingresso:** attraversando le porte in bronzo, i visitatori del Capitolio entrano nell'atrio coronato dalla grossa cupola, nella quale si trova una delle statue al coperto più grandi del mondo (→ p62).

La sala dell'assemblea

3 **Scalinata:** un'imponente scalinata, fiancheggiata in cima da due alte sculture, conduce all'entrata del Capitolio.

4 **Parlamento:** in posizione speculare rispetto alla sala del Senato, dal lato opposto dell'edificio, si trova la Camera dei deputati.

5 **Biblioteca:** anche la biblioteca, proprio come le ex sale governative, può essere visitata. Le librerie in mogano misurano fino a 8 m d'altezza e una vertiginosa passerella con balaustra permette di raggiungere gli scaffali più alti. La biblioteca comprende quasi 3000 volumi dedicati alla scienza e alla tecnologia.

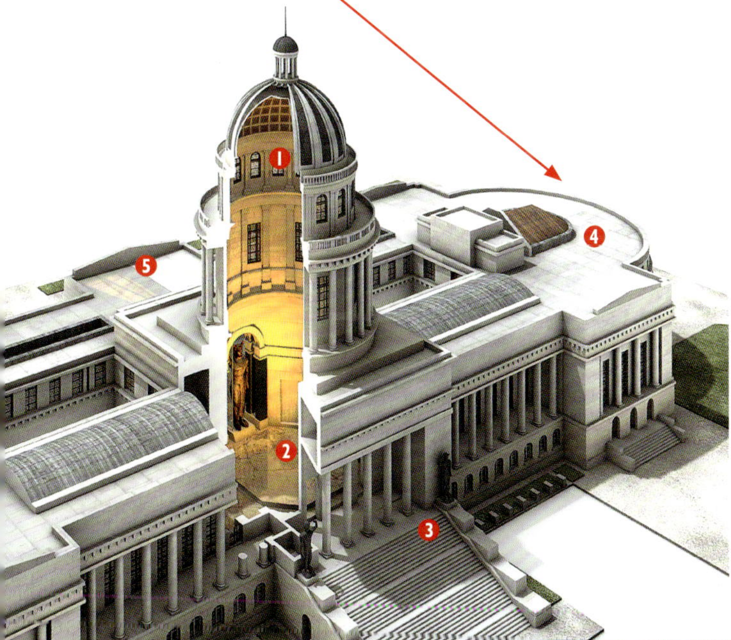

©BAEDEKER

Arte e politica dal tetto del Gran Teatro

⓭ Malecón

Lo scrittore cubano Alejo Carpentier (1904-80) chiamò il Malecón dell'Avana "il balcone sul mare": una delle più belle passeggiate lungomare del mondo, seppur un po' malandata, che collega l'ingresso del porto alla città vecchia e prosegue fino ai moderni distretti commerciali di Vedado e Miramar – lungo la strada passerete di fronte a portici dall'intonaco sgretolato, ville in stile art déco, grattacieli e alberghi leggendari.

Anche il Malecón verrà gradualmente ristrutturato grazie a finanziamenti dell'Unesco e di nazioni come la Spagna e la Germania – una battaglia in corso da più di un secolo contro l'inesorabile erosione dovuta a forze naturali, come le onde che vi si scagliano quotidianamente e la brezza salata.

Ciononostante, la **Avenida Antonio Maceo** (il nome ufficiale della strada a più corsie), costruita nel 1901, continua a percorrere oltre sette chilometri dalle rovine del **Castillo de San Salvador de La Punta** a est, fino alla piccola torretta del **Castillo de La Chorrera** a ovest, in corrispondenza della foce del Rio Almendares e dove inizia il distretto di Miramar.

Di giorno i bambini fanno il bagno tra il molo e gli scogli, di sera la fresca brezza marina attira gli *habaneros*, che qui si lasciano andare: le gambe spensieratamente a penzoloni e l'animo leggero, specialmente nel weekend. La passeggiata è un pullulare di coppiette che si tengono per mano, pescatori, *maniseras* (venditrici di arachidi), musicisti con maracas, conga e sassofono, birre e bottiglie di rum che passano di mano in mano, e purtroppo anche qualche borseggiatore alla ricerca di turisti.

EDIFICI PRESTIGIOSI

Alcuni degli edifici più appariscenti dell'Avana si ergono a lato del Malecón, soprattutto a **Vedado,** il moderno distretto commerciale con uffici, hotel, cinema e bistrot: per esempio, l'alto e massiccio edificio dell'Hospital Hermanos Ameijeiras e l'altrettanto imponente **Edificio FOCSA**, il palazzo residenziale più alto del paese (1950), che occupa due isolati lungo il Malecón.

L'enorme **Hotel Nacional** troneggia in cima a una collina a Vedado e ben si vede in lontananza: l'hotel costruito negli anni '30 con due maestose torri in stile art déco è quasi una perfetta copia del The Breakers di Palm Beach (Florida) – in questo albergo dell'Avana, negli anni '50, alloggiarono politici internazionali e star hollywoodiane, tra cui Winston Churchill, Ava Gardner, Marlene Dietrich, Fred Astaire, Clark Gable e Frank Sinatra, senza contare i boss mafiosi "Lucky" Luciano e Meyer Lansky.

VIAGGIARE FACILE

Nello snackbar dell'**Edificio FOCSA** si gustano cocktail fatti a regola d'arte insieme al più bel panorama dell'Avana. Sullo stesso piano potrete anche cenare alla francese nel ristorante della capitale famoso per essere quello più in alto di tutti: **La Torre** *(tutti i giorni 12-24 | piano 36°, Calles 17 y M, Vedado | tel 07 8 32 73 06 | €€-€€€).*

Insieme all'**Hotel Riviera** (all'angolo con Paseo), costruito nel 1956-57 da Meyer Lansky, il Nacional fu protagonista dell'"epoca mafiosa" di Cuba – con tanto di gioco d'azzardo e prostituzione. Poco dietro all'hotel, l'**Habana Libre** con i suoi 26 piani spicca su "La Rampa", il nome con cui gli abitanti chiamano Calle 23, una vivace strada di negozi. Il grattacielo era un tempo l'Hilton, dove Fidel Castro e la sua cerchia stabilirono il loro primo quartier generale dopo l'ingresso trionfale nella capitale l'8 gennaio 1959.

Vicino a Calzada, dall'agosto 2015, dopo 54 anni, sventola di nuovo la bandiera a stelle e strisce di fronte all'ambasciata americana, riaperta dall'ex ministro degli esteri John Kerry.

Un centinaio di metri più avanti in direzione ovest, dietro all'Hotel Nacional e all'angolo con Línea, si trova il **Monumento a las Víctimas del Maine** (1926) dell'architetto e scultore Félix Cabarrocas, che ricorda l'esplosione per cause ancora ignote della nave da guerra militare USS *Maine*, in cui morirono 336 marinai, nel 1898,

Un tour in Chevy sul Malécon

cioè durante la seconda guerra d'indipendenza cubana contro gli spagnoli. La guerra si concluse con l'inizio del protettorato americano a Cuba.

Praticamente al fondo del Malecón, vicino a Ave. de los Presidentes, spiccano le sculture dei grandi eroi nazionali e combattenti per la liberazione, General Antonio Maceo (1845-96, presso il Parque Maceo) e General Calixto García (1839-98): i monumenti ricordano il loro impegno e la loro lotta contro il dominio coloniale.

Il Malecón nella luce del tramonto

UNA PAUSA

Nell'atrio d'ingresso dell'Hotel Riviera *(Paseo y Malecón, Vedado | tel 078 36 40 51 | €€-€€€)* ci si può godere una bevanda fresca con vista sulla piscina al **Lobby Bar**.

🗺 **208 C5, 218-219 A4-D4**

Cubatur
🗺 **208 C5**
✉ *Hotel Habana Libre, Calle L e/ 23 y 25, Vedado; con cambio Cadeca, uffici di viaggio, macchina a noleggio, caffè*
☎ *07 8 33 35 69, www.cubatur.cu*

Mete su misura

14 Museo de la Revolución

In base alle proprie affiliazioni politiche, lo spirito con cui si affronta questo sontuoso palazzo, in stile neoclassico e sormontato da una cupola (1913-17), varia non poco: c'è chi lo giudica un museo di propaganda e chi, invece, lo considera un luogo chiave per ricordare gli eroi della rivoluzione. Gli spazi espositivi (spesso con descrizioni solo in spagnolo) affrontano temi che variano dallo sterminio delle popolazioni indigene, allo schiavismo, alle guerre di liberazione contro il dominio coloniale e culminano con la celebre rivoluzione (secondo piano). In realtà, vale la pena visitare il palazzo anche solo per le maestose sale con arredi in stile Tiffany, come il Salone degli specchi (primo piano). Ovviamente il museo rende omaggio ai leader della rivoluzione: con articoli di giornale, dipinti, statue in cera a grandezza naturale (Camilo Cienfuegos, 1932-59), una camicia macchiata di sangue (appartenuta a Che Guevara) o con il sigaro preferito di Fidel Castro. All'esterno, nel Memorial Granma, sono in esposizione jeep, carri armati e altri veicoli bellici, ma soprattutto l'originale yacht *Granma*: un oggetto storicamente fondamentale poiché nel 1956 trasportò 82 ribelli (tra cui Fidel Castro e Che Guevara) dal Messico alla costa sud est cubana, dove ebbe inizio la rivoluzione.

---

 219 E4

✉ *Refugio 1 e/ Agramonte y Ave. Bélgica (= Monserrate), Centro*

☎ *07 8 62 24 63*

🕐 *tutti i giorni 9.30-17*

💰 *CUC8 (incluso ingresso "Pabellón Memorial Granma", foto e video, CUC10 con guida)*

Allegoria della Fama nel Museo de la Revolución

15 Gran Teatro de la Habana "Alicia Alonso"

Il più antico teatro di Cuba fu originariamente realizzato nel 1838 col nome di Teatro Tacón e venne poi ricostruito nel 1914 nello stile neobarocco che ancora lo caratterizza. Dopo tre anni di estensive opere di restauro, il teatro brilla nuovamente come esempio di "classicismo

L'Avana e dintorni

All'Avana un'auto classica si noleggia da privati

🎫 Balletto circa CUC30, altrimenti a partire da CUC10, prenotare per tempo

16 José Martí Memorial

Visitando il monumento commemorativo dedicato al famoso eroe nazionale vi troverete in un altro fantastico punto panoramico: l'obelisco alto 140 m costruito, già sotto Battista, in onore di Martí (1853-95), offre una vista spettacolare sulla Plaza de la Revolución – mentre sopra di voi volano i tipici avvoltoi collorosso *(Aura tiñosa)*. Martí viene ricordato in tutto il continente come il primo promotore della battaglia per la liberazione di Cuba e dell'unità dei popoli dell'America Latina. La mostra al pianterreno ripercorre la sua vita tramite foto, medaglie, documenti e il suo scritto più famoso, *La Edad de Oro*. Durante il suo esilio in Spagna e negli Stati Uniti il poeta e avvocato si manteneva facendo la guida turistica. Morì in battaglia nel 1895 durante la seconda guerra d'indipendenza in Dos Ríos, vicino a Bayamo.

🗺 208 C5 ✉ Ave. Paseo, Plaza de la Revolución, Vedado/Plaza ☎ 07 8 82 09 06 🕐 lun-sab 9.30-16.30 🎫 CUC6 incluso ascensore sulla piattaforma

socialista", con il suo sontuoso palazzo con torrette e cupole, balconi, innumerevoli sculture e angeli danzanti in cima alle torrette ad angolo. I quattro gruppi di figure sulla facciata rappresentano la Musica, il Teatro, l'Educazione e la Carità. All'interno, l'elegante scalinata curva merita di essere vista. La sala più grande del teatro, decorata con marmo e bronzo e un enorme lampadario, può ospitare fino a 1500 spettatori su quattro livelli. Tra i grandi nomi che si sono esibiti qui ci sono Enrico Caruso, Sarah Bernhardt, Anna Pavlova e Fanny Elssler, ma anche pianisti come Artur Rubinstein e Sergej Rachmaninov. Oggi il teatro ospita il Ballet Nacional de Cuba, la cui direttrice Alicia Alonso, ormai anziana (nata nel 1921), è una leggenda vivente. Nota come la "Prima Ballerina Assoluta", e sicuramente considerata una delle più grandi ballerine dell'America Latina, dal 2016 dà il nome al teatro, precedentemente intitolato a Federico García Lorca.

🗺 219 D3 ✉ Prado 458, Parque Central, Centro, www.balletcuba.cult.cu ☎ 07 8 61 30 77-78 🕐 Visite guidate: lun-sab 9-17, dom fino alle 13 🎫 CUC2

🔟7 Cementerio Cristóbal Colón

Questo cimitero del 1870 è una enorme "città dei morti" con stupende tombe monumentali e catacombe, sotto gli occhi di migliaia di angeli e altre figure in marmo: quasi un milione di persone sono sepolte qui, tra cui importanti personaggi come lo scrittore Alejo Carpentier (subito a sinistra dell'entrata, in una tomba poco appariscente), il generale Máximo Gómez, la *guerrillera*, nonché compagna di Fidel Castro, Celia Sánchez, la scultrice Rita Longa e i membri del leggendario Buena Vista Social Club Ibrahim Ferrer (cantante) e Rubén González (pianista). La tomba più visitata e sempre coperta di fiori è quella de "La Milagrosa": qualche anno dopo la sepoltura si dice che Amelia Goyri e il suo bambino, morti entrambi durante il parto, vennero riesumati e che il corpo della donna fosse miracolosamente intatto (segno di santità). Da allora la tomba è diventata meta di pellegrinaggio e devozione. Impressionanti sono anche il mausoleo dei rivoluzionari delle forze armate e la tomba dei vigili del fuoco che morirono durante un incendio nel 1890.

🏛 208 C5 ✉ *Calzada de Zapata esq. Calle 12, Vedado/Plaza* ☎ *07 8 32 10 50* 🕐 *tutti i giorni 8-17* 💰 *Turisti: CUC5*

🔟8 Cojímar

I visitatori vagano in questo paese di pescatori, a est dell'Avana, seguendo le orme di Ernest Hemingway. Alla foce del fiume di Cojímar, infatti, era ormeggiata la *Pilar*, la barca con cui l'autore durante gli anni '40 navigò i mari – per praticare pesca d'altura e alla ricerca di sottomarini tedeschi. Fu sempre qui che nel 1955 venne girata la versione cinematografica, con Spencer Tracy nel ruolo principale, del romanzo *Il vecchio e il mare,* per cui Hemingway ricevette il premio Nobel per la letteratura nel 1954. Dal 1962 nella baia si trova un busto di Hemingway e il locale La Terraza de Cojímar *(→ p59),* citato nel romanzo come "Terrace", oggi serve a turisti Daiquirì e un cocktail chiamato "Papa Hemingway": mix agrodolce con rum, succo di lime, pompelmo, maraschino e gelato. La persona più famosa del paese è stata per molto tempo Gregorio Fuentes, che fu a lungo il barcaiolo della *Pilar* e che si dice abbia ispirato "il vecchio" – è morto nel 2002 all'età di 104 anni.

Case color pastello nella città di pescatori di Cojímar, a est dell'Avana

Mégano, la bella cittadina di Santa María del Mar (con hotel modesti) e le graziose Boca Ciega e Guanabo (con moltissime *casas particulares,* anche in ville vicine alla spiaggia), e le più distanti Jibacoa (con hotel e *Campismo,* 60 km dall'Avana) e Tropico. Qui potrete mischiarvi con la gente del posto e godervi una vacanza autenticamente cubana a prezzi ragionevoli e all'insegna di cavalcate e giri in kayak, di grigliate di pesce e cocktail in bicchieri di plastica, di partite a domino e beach volley, all'insegna dei ritmi della *salsa* e del reggaetón – un'atmosfera molto diversa da quella delle spiagge turistiche della costa meridionale.

🗺 208 C5 ✉ Via Blanca, direzione Playas del Este, 10 km sud dell'Avana

⑲ Playas del Este

Le Playas del Este offrono un assaggio di tipica vita da spiaggia alla cubana: nei weekend estivi questo litorale è superaffollato e molto "sonoro". La "vasca da bagno degli *habaneros*" si estende per circa 9 km e comprende molte zone balneari, non tutte proprio da cartolina: Bacuranao, Tarará, El

---

🗺 208 C5

Infotur
✉ Hotel Tropicoco e Las Terrazas in Ave. de las Terrazas e/ 10 y 11 in Santa María del Mar ☎ 07 7 97 12 61
🕐 tutti i giorni 8.30-20.30
✉ Via Blanca, 18 km sud dell'Avana

"Habana Bus Tour"
🚌 Linea T3 🕐 tutti i giorni circa 9-18 da Parque Central

Il buon umore regna alle Playas del Este

Dove...
dormire

Prezzi
Una notte in camera doppia:
€ meno di CUC40
€€ CUC40-100
€€€ più di CUC100

Ambos Mundos €€€

Se volete seguire le orme di Ernest Hemingway, pernottate in questo hotel ricco di tradizione, con 52 belle camere e una terrazza sul tetto con bar e musica dal vivo. La stanza n. 511 dove soggiornò e scrisse Hemingway è ora un piccolo museo aperto al pubblico.

📷 219 F4 ✉ Obispo 153 esq. Mercaderes, Habana Vieja
☎ 07 8 60 95 30, www.gaviotahotels. com 📷 Visita alla stanza di Hemingway CUC2 🕐 tutti i giorni 9-17

Apartamento Escorial €

In pieno centro: sopra il caffè con lo stesso nome, Rubén affitta un appartamento ben arredato, con soggiorno, camera, bagno e cucina (e anche telefono, cassaforte, TV a schermo piatto). Viene offerta anche la prima colazione e dal balcone del palazzo coloniale del 1890 si può godere di una notevole vista sulla più bella ma anche la più vivace Plaza dell'Avana – il che ha i suoi svantaggi!

📷 219 F3 ✉ Mercaderes 315-317 (app. 4), Plaza Vieja, Habana Vieja ☎ 05 2 89 69 65, ruben.monzon@nauta.cu

Casa Colonial €

La professoressa di musica Prisca offre una *casita* molto piccola ma pulita, nel cortile della sua villa in stile coloniale, con un ingresso separato. In alternativa vengono affittate anche due stanze nella bella casa principale, risalente al XVIII secolo. Adatto anche a famiglie e piccoli gruppi. Prisca viene a prendere i suoi ospiti all'aeroporto.

📷 208 C5 ✉ Calle B 707 e/ Calle 29 y Zapata, Vedado ☎ 07 8 31 27 83, jluis@infomed.sld.cu

Casa Rolando €
Renta de Ernesto €

Non vi spaventate se il rustico ascensore va su un po' a rilento, a Cuba è perfettamente normale: Rolando affitta un moderno appartamento con balcone al quinto piano mentre Ernesto ne offre uno con due camere climatizzate (oltre a cucina e salotto) al nono, che regala una fantastica vista sulla città.

📷 219 D3 ✉ Aguila 314 e/ Neptuno y Concordia (vicino a Casa de la Música), Centro ☎ Rolando: 07 8 67 74 71, cell 05 2 94 05 45, www.casarolando.com ☎ Ernesto: 07 8 78 62 64, cell 05 2 89 49 14, ernesto2413@nauta.cu

Casa Sara €

L'appartamento al terzo piano con cucina, in un palazzo storico direttamente sul (rumoroso) Malecón, guadagna molti punti grazie al suo balcone con vista mare; la camera da letto e il piccolo bagno piastrellato sono semplici.

📷 218 A4 ✉ Malecón 155 e/ Calle 25 y Principe, Vedado ☎ 07 8 73 76 67, casasara.feelcuba.com

H10 Panorama Habana €€€

Una sistemazione a quattro stelle sull'oceano: questo hotel in stile anni '70 con vetri a specchio spicca per la sua ottima posizione, offre un'enorme piscina, grosse camere abitabili, di cui alcune con wifi (tra il settimo-decimo piano), e un ufficio di cambio Cadeca.

📷 208 C5
✉ Calle 70 esq. Ave. 3ra, Miramar ☎ 07 2 04 01 00, www.hotelh10habana panorama.com

Habana Libre €€€

Le 282 camere climatizzate di questo hotel della catena Tryp sono arredate in modo accogliente. Gli ospiti apprezzano soprattutto la vista dalle stanze con grosse porte a vetri.

🏨 208 C5 ✉ *Calle L e / 23 y 25, Vedado* ☎ *07 8 34 61 00, www.melia.com*

Los Frailes €€€

Un altro gioiello del periodo coloniale pieno di fascino storico. Vi deve piacere: il personale indossa il saio poiché le mura appartenevano un tempo a un monastero. Tutto è all'insegna del legno: dalle pesanti porte, ai soffitti a travi da cui pendono bei lampadari, fino ai mobili dei bagni. Solo 22 delle sue stanze non hanno finestre (sul patio) o balconi sull'animata area pedonale, e sono per questo più buie ma anche più fresche.

🏨 219 F3 ✉ *Teniente Rey 8 e/ Mercaderes y Oficios, Habana Vieja* ☎ *07 8 62 93 83, www.gaviotahotels.com*

Meliá Cohiba €€€

Da anni uno degli hotel di lusso più noti, il Meliá Cohiba è però un po' fuori mano e non molto bello a vedersi. Molti ospiti però apprezzano la prima colazione a buffet e la stabile connessione wi-fi (soprattutto nella lobby). Inoltre ci sono una grande area piscina, una navetta per raggiungere il centro e l'amato club Habana Café con spettacoli di danza.

🏨 208 C5 ✉ *Paseo e/ Ave. 1ra y 3ra, Vedado* ☎ *07 833 3636 www.meliacuba.com*

Nacional de Cuba €€€

Questo palazzo con le sue 460 stanze fa sentire con forza il peso della tradizione. Si erge fiero sul cocuzzolo di una collina nella zona di Vedado e offre impressionanti viste dall'alto sulla città e il mare. Se pensate di fermarvi qui a lungo, scegliete la suite.

🏨 218 A4 ✉ *Calles O y 21, Vedado* ☎ *07 8 36 35 64, www.hotelnacionaldecuba.com*

Palacio O'Farrill €€-€€€

Vi piacerebbe fare un viaggio nel tempo? In questo palazzo coloniale, arredato con mobili d'epoca, ci si sente in una storia romantica d'altri tempi: 38 lussuose camere con alte porte a doppia anta e tanta atmosfera, anche se un po' rumoroso (nel cuore della città vecchia!). Il portico con cupola in vetri vi invoglierà a soffermarvi qui un po' più a lungo.

🏨 219 E4 ✉ *Cuba 102 esq. Chacón, Habana Vieja* ☎ *07 8 60 50 80 www.gaviotahotels.com*

Residencia Habana 612 €€€

Un albergo aperto nel 2015 in un antico edificio che combina il fascino storico alla atmosfera rilassata di un ostello, con personale molto gentile. Offre solo 12 stanze arredate in modo moderno e semplice (alcune un po' più buie perché senza finestra, altre con balcone). Qui si sta tra cubani, e questo significa che inizia ad essere tranquillo ben dopo la mezzanotte...

🏨 219 E3 ✉ *Habana 612 e/ Teniente Rey y Muralla, Habana Vieja* ☎ *07 8 66 50 35, www.gaviotahotels.com*

Saratoga €€€

Fatevi un regalo pernottando qui, anche se sarà l'ultimo della vacanza. Questo hotel di lusso del 1879, nel cuore della città, va prenotato con anticipo ma il bellissimo patio con il locale Mezzanine, protetto da una struttura in vetro, e la piscina sul tetto con area bar valgono l'attesa. In fondo, in una delle 96 camere, eleganti e confortevoli, ha recentemente dormito persino Beyoncé – quelle con vista sul Capitolio sono un po' più rumorose rispetto a quelle affacciate sul cortile interno.

🏨 219 D3 ✉ *Prado 603 esq. Dragones, Habana Vieja* ☎ *07 8 68 10 00 www.hotel-saratoga.com*

Vista al Prado €

Frederico e Yamelis, una coppia di avvocati che parla inglese, offrono due ampie camere con aria condizionata e balcone, vicino al Malecón: fantastica posizione centrale, buona prima colazione e molti consigli utili dai simpatici proprietari.

🏠 **219 D4** ✉ *Carcel 156 e/ Prado y San Lazaro (Apto. 3), Centro* ☎ *07 8 61 78 17, cel 05 2 64 69 17, llanesrenta@yahoo.es*

Dove...
mangiare
e bere

Prezzi
Un piatto principale (bevande escluse):
€ meno di CUC10
€€ CUC10-20
€€€ più di CUC20

IL CENTRO DELL'AVANA

Café Arcángel €

Questo piccolo bar a conduzione familiare, dall'arredamento un po' pacchiano, offre fantastiche prime colazioni con molti tipi di caffè (incluso quello turco), succhi di frutta e croissant, ma serve anche baguette, torte, panini e cocktail, preparati al meglio durante l'happy hour.

🏠 **219 D3** ✉ *Concordia 57 e/ Galiano y Aguila, Centro* ☎ *05 2 68 54 51 www.cafearcangel.com* 🕐 *lun-sab 8.15-23, dom fino alle 13, happy hour 16.30 18.30*

Castropol €€

Gli ospiti pranzano e cenano su una terrazza con stupenda vista mare. Il locale offre sia ricette cubane che piatti internazionali: carne, pesce e anche pizza.

🏠 **219 D4** ✉ *Malecón 107 e/ Genios y Crespo, Centro* ☎ *07 8 61 48 64* 🕐 *tutti i giorni 11-23*

Croissanteria Dulcería Bianchini €

A due passi da Plaza Vieja, verso sud, vi aspetta una piccola pasticceria con deliziose torte, dolcini, croissant, cioccolato di Baracoa e un delizioso cappuccino. Un locale così amato che ha già aperto una seconda filiale nel centro storico.

🏠 **219 F3** *und E4* ✉ *Sol 12 e/ Oficios y San Pedro, seconda filiale Plaza de la Catedral, Centro* ☎ *www.dulceria-bianchini.com* 🕐 *tutti i giorni 9-21*

Edificio Bacardí €

Dopo anni di lavori di restauro, questo edificio degli anni '30, un tempo quartier generale dell'impero del rum della famiglia Bacardí e oggi sede di uffici di aziende internazionali, è diventato il più bel palazzo in stile art déco dell'Avana. Il *mirador* (la torre panoramica) è coronata dal noto pipistrello, logo della azienda. Il bar al secondo piano è perfetto per uno spuntino.

🏠 **219 E4** ✉ *Ave. de las Misiones 261 e/ Empedrado y San Juan de Díos, Centro* 🕐 *tutti i giorni 10-17 circa*

👥 Helad'oro €

Questa gelateria cubano-francese, con cialde fatte in casa e stravaganti gusti come mojito e guava, è molto amata. In realtà, l'intera strada è ora piena di nuovi (e stravaganti) negozi, ambiziosi cocktail bar e locali gestiti da giovani *habaneros*, come il Café de los Artistas (n. 22).

🏠 **219 E4** ✉ *Aguiar 206 e/ Empedrado y Tejadillo, Habana Vieja* ☎ *05 4 02 71 23* 🕐 *tutti i giorni 11-22*

La Bodeguita del Medio €€-€€€

I commenti degli ospiti adornano le pareti, le fotografie invitano ad avvicinare lo sguardo – il posto giusto ad Habana Vieja per indugiare in un cocktail. Del resto, questo locale, che oggi attira molti turisti, un tempo era il pub preferito di Ernest Hemingway.

🏠 **219 E4** ✉ *Empedrado 207, Habana Vieja* ☎ *07 8 67 13 74-75* 🕐 *tutti i giorni 11-24*

La Guarida €€€

Nel 2016 Madonna ha festeggiato qui il suo compleanno (ballando sui tavoli, si dice). Noto per essere comparso nel film *Fragola e cioccolato,* questo *paladar* (ristorante di proprietà privata) è da decenni uno dei ristoranti più esclusivi (e cari) della capitale: sta a voi giudicare se le ricette originali che l'hanno reso famoso sono ancora all'altezza (spoiler: lo sono!). Prenotate con anticipo!

🏠 218 C3 ✉ *Concordia 418 e/ Gervasio y Escobar, Centro* ☎ *07 8 66 90 47, www.laguarida.com* 🕐 *tutti i giorni 12-16, 19-24*

Siá Kará Cafè €-€€

Locale di tendenza su due piani con grandi lampadari, busti e dipinti. Offre ricette di pesce e cucina casalinga cubana; talvolta suona un pianista.

🏠 219 D3 ✉ *Indústria 502 esq. Barcelona (dietro al Capitolio), Centro* ☎ *07 8 67 40 84,* 🕐 *tutti i giorni 13-24*

QUARTIERI PERIFERICI

Café California €-€€

Perfetto per vegetariani! Questo piccolo e rustico *paladar* di cubani, che da San Francisco sono tornati in patria, unisce elementi della cucina locale a snack "California style": fish-tacos, hummus, veggie-hamburger, panini cubani e molte verdure fritte. Il tutto accompagnato da musica dal vivo (lun, mer, sab dalle 19) e un servizio gentile e attento, all'americana.

🏠 208 C5 ✉ *Calle 19 e/ Calles N y O, Vedado* ☎ *05 4 13 90 01 e 05 4 63 09 81, www.californiacafehabana.com* 🕐 *lun-sab 8-23*

El Tocororo/Sakura €€€

Un classico. Da anni si trova un tavolo solo su prenotazione – nonostante l'incremento dei prezzi in questo locale di punta statale. Soprattutto turisti cenano qui, a base di ricette cubane e piatti internazionali creativi, ascoltando il pianoforte e serviti da personale molto professionale. Di fianco c'è un locale di sushi (Sakura).

🏠 208 C5 ✉ *Calle 18 n. 302 y 3ra, Miramar* ☎ *07 2 04 22 09* 🕐 *tutti i giorni 12-24, bar 17-3*

Habana Blues €-€€

Questo ristorante inaugurato nel 2016 è già molto popolare tra gli *habaneros* – talvolta cenano qui anche star della televisione cubana! Arredamento molto grazioso, porzioni generose (provate gli antipasti fritti), servizio impeccabile, spettacoli, pantomime... Dei prezzi non vale neanche la pena di parlare, ci si può permettere persino l'aragosta! Scommessa: prevediamo che questo locale diventerà il nuovo "La Guarida" (molto di moda), quindi conviene prenotare ora!

🏠 208 C5 ✉ *Calle H 405 e/ Calles 17 y 19, Vedado* ☎ *07 8 35 65 45* 🕐 *tutti i giorni 12-23 circa*

Mi Jardín €-€€

Da anni questo ristorante serve al meglio delizioso cibo messicano-cubano su una terrazza piena di verde e all'interno di una villa privata. Personale gentile e anche servizio di consegna a domicilio.

🏠 208 C5 ✉ *Calle 66 n. 517 e/ 5ta B y 7ma, Miramar/Playa* ☎ *07 2 03 46 27* 🕐 *tutti i giorni 12-24*

Opera €-€€

In questa antica villa con dipinti e grandiosi lampadari vengono servite ricette italiane. Non vi preoccupate: il cuoco di questo nuovo *paladar* è "autenticamente" italiano e propone ravioli (fatti in casa), gnocchi e carpaccio.

🏠 208 C5 ✉ *Calle 5 n. 204 e/ Calles E y F, Vedado* ☎ *07 831 22 55, www. operahabana.com* 🕐 *mer-lun 19-23*

Vista Mar €€-€€€

Un *paladar* con piscina: al tramonto, in una terrazza che guarda il mare, gli ospiti gustano squisiti frutti di mare e raffinate ricette internazionali accompagnate da un ottimo servizio e prezzi un po' elevati.

📷 **208 C5** ✉ *Ave. 1ra 2206 e/ Calles 22 y 24, Miramar* ☎ *07 2 03 83 28* 🕐 *lun-sab 11-24*

Dove... fare acquisti

All'Avana, come in altre città cubane, lo shopping si concentra principalmente sull'acquisto e la vendita di souvenir. I negozi per turisti offrono i classici: maglietta col Che, maracas, rum, sigari e caffè (→ p44).

BULEVARS

Nel quartiere Centro, i tre *bulevars* **San Rafael, Neptuno** e **Avenida de Italia** sono strade di negozi ancora (per ora) in perfetto stile socialista, con spacci per cubani (che accettano solo la *moneta nacional*), parrucchieri e economiche *cafeterias*, ma si iniziano ad intravedere i primi **negozi di marca,** appartenenti a catene come Adidas, Puma e Nike. In Habana Vieja, è piacevole passeggiare tra **Calle Obispo, O'Reilly, Obrapía** e **Mercaderes** dove ci sono negozietti originali. Un consiglio: sui *bulevars* è più comodo girare senza borsa. In parte, perché alcuni negozi ancora richiedono di lasciare le proprie borse e zaini all'ingresso, ma anche in modo da evitare di dover preoccuparsi di potenziali borseggiatori.

CENTRI COMMERCIALI

Sparsi per la città troverete diverse sedi di **Tiendas Panamericanas** (→ p44), negozi che commerciano solo in CUC e che vendono di tutto, da bevande a cosmetici. Le **Galerías de Paseo** (*lun-sab 9-18, dom 9-13 | Paseo esq. Malecón, di fronte al Hotel Meliá Cohíba, Vedado*) comprendono un grosso centro commerciale

in vetro con supermercato, boutique, profumerie, gelaterie, *cafeterias* e il miglior jazz club della città. Nel moderno grande magazzino **Plaza Carlos III** (*lun-sab 10-18 | Tercero; Ave. Salvador Allende e/ Retiro y Arbol Seco | tel 07 8 73 65 56 | www.carlostercero.ca*) potrete invece trovare negozi di ottica, mobili, giocattoli e vestiti eleganti – ovviamente in CUC.

NEGOZI DI SOUVENIR

Praticamente ogni hotel ospita un **negozio di souvenir: Artex** e **Caracol** sono catene diffuse in tutto il paese. Nel patio del bel palazzo coloniale **Palacio de la Artesanía** (*tutti i giorni 9-19 | Cuba esq. Tacón, Habana Vieja*), troverete in vendita classici souvenir, come rum, sigari, magliette e tazze raffiguranti il Che, e bigiotteria alla moda.

Per la città si trovano anche **mercatini di prodotti artigianali e altri ricordini:** presso La Rampa esq. Calle M (vicino all'Hotel Habana Libre → *p68*), sul Malecón, a El Morro e La Cabaña. Se acquistate qualcosa presso una galleria d'arte, dovete conservare la ricevuta per mostrarla alla dogana al momento della partenza.

Dove... divertirsi

Il numero di matinée, spettacoli serali, concerti, animati nightclub e altri eventi all'Avana è quasi incalcolabile. Trovate informazioni sugli appuntamenti in programma sulla sezione *What's On Havana* (www.lahabana.com) e *Cartelera* del giornale online *suenacubano.com*.

TEATRO

Il **Gran Teatro de la Habana "Alicia Alonso"** (→ *pp45, 69*) propone spettacoli di danza classica, mentre il **Teatro Nacional** de Cuba *(biglietti tutti i giorni 9-17 e pri-ma dello spettacolo da CUC10 | Paseo y 39, Plaza de la Revolución | tel 07 878 55 90 | www.teatronacional.cu)* mette in scena pièce teatrali internazionali (in spagnolo), e organizza corsi di danza moderna, meditazione e yoga.

SPETTACOLI DI CABARET

C'è davvero di tutto: da esibizioni medriocri del Buena Vista Social Club con incluso un giro su una macchina d'epoca ai famosissimi spettacoli di cabaret, come quelli del **Tropicana** *(→ p56)* o quelli più convenienti del **Cabaret Parisién** *(tutti i giorni 22 e 24 nell'Hotel Nacional | circa CUC30-65 | tel 07 836 3564 | 07 836 3567 | www.hotelnacionaldecuba.com | → p66)*, dove la cena è inclusa nel prezzo. Altri spettacoli sono organizzati nel Salón Rojo dell'Hotel Capri *(Calle 21 e/ N y O, Vedado | tel 537 833 37 47)*, nella Copa Room dell'Hotel Riviera *(→ p67)*, nel El Turquino dell'Habana Libre *(→ p67)* e nel Habana Café del Meliá Cohiba a Vedado *(Paseo tra Ave. 1 e 3 → p74)*.

VITA NOTTURNA/BALLO/ CONCERTI

Nella **Casa de la Música** a Miramar *(tutti i giorni a partire dalle 22, fino all'1, concerti pomeridiani a partire dalle 17 | ingresso circa CUC5-10 pomeriggio, CUC10-25 notte | Calle 20 esq. Calle 35 | tel 07 2 04 04 47)* vengono organizzati concerti di *salsa*, mentre nell'annesso piano-bar El Diablo Tún Tún si tengono concerti di musicisti di *trova*.

Nuovo ma già di tendenza: la **Fábrica de Arte** *(gio-dom 20-3 | circa CUC2-10 in base all'evento | FAC, Calle 26 esq. 11 | Vedado, tel 8 38 22 60 | www.fac.cu)* è la meta serale più all'avanguardia dell'Avana con un cinema, un teatro e un bar-ristorante *(€)*, dove si organizzano concerti (anche di gruppi internazionali), mostre, installazioni video, spettacoli di danza (da quella moderna al

flamenco) e performance di dj – ma c'è chi critica il fatto che ci siano più stranieri che gente del posto...

Al contrario, il **Centro Cultural "El Sauce"** *(mar-sab 21-1 | a partire da CUC5 inclusa consumazione | Ave. 9na n. 12015 e/ Calles 120 y 130, vicino al Palacio de Convenciones | distretto di Cubanacán-Playa | tel 07 2 04 64 28)* è meno affollato e un po' fuori mano ma organizza concerti di musica cubana autentica non per turisti – dal duo musicale cubano Buena Fé al musicista di *salsa* Isaac Delgado, da mostre a disco dance pomeridiana e spettacoli per bambini la domenica.

Il posto migliore dove ascoltare jazz, bolero e son cubano è il famoso **El Gato Tuerto** *(tutti i giorni, musica dalle 20 | circa CUC5, ristorante €€ | Calle O n. 14 e/ Calles 17 y 19, Vedado | tel 07 836 01 12)*.

Il **Café Teatro Bertolt Brecht** *(mar, gio e ven a partire dalle 22 | circa CUC5 | Calle 13 n. 259 esq. Calle I, Vedado | tel 07 8 32 93 59)* organizza concerti di musica pop.

Nella **Casa de la Amistad** *(a partire dalle 21 | circa CUC5 | Ave. Paseo 406 e/ Calles 17 y 19, Vedado | tel 07 8 30 31 14-15)*, recentemente restaurata, si balla nel bel giardino di una villa signorile: domenica sulle note del rock, sabato al ritmo di gruppi di *salsa* e il martedì seguendo i passi del "chan chan" con *música tradicional*.

CIRCO

Fondato nel 1968, **Circuba**, il circo nazionale, incanta adulti e bambini con pagliacci, artisti, giocolieri, maghi e cani che ballano la rumba. Il tendone a strisce gialle e lilla, dove si esibisce il circo quando non è in tour, è sempre nello stesso posto *(sab-dom alle 16 e 19, dom alle 11 | spettacolo per bambini, ingresso CUC10, bambini sotto i 12 anni CUC5 | presso Carpa Trompoloco, 5ta. Ave. y 112, Miramar-Playa | tel 07 2 06 56 08 | www.circona cionaldecuba.cu)*.

L'Ovest

 **Vita locale**

In sella

È possibile esplorare i magnifici paesaggi in
groppa a un cavallo in molte località della parte
occidentale dell'isola, come **Viñales** *(→ p86)*.

Fare il bagno sotto un arcobaleno...

...è un'esperienza da provare almeno una volta
nella vita. Sperimentatelo anche voi presso le
Cascate di Soroa *(→ p91)*.

Curarsi alla maniera cubana

Immergetevi nei bagni termali del **centro di cura**
(→ p93) di San Diego de los Baños, un luogo di
gusto kafkiano e impronta socialista.

Per orientarsi

Che lo facciate a piedi, in bici o in groppa a un cavallo, nella parte occidentale di Cuba potrete esplorare la vera campagna, con le sue carrozze a cavalli, i carri trainati da buoi e le coltivazioni di tabacco. La valle di Viñales con le sue colline calcaree è uno dei luoghi più pittoreschi del mondo!

Nell'Ovest il tempo scorre in modo decisamente più lento. I cowboys *(guajiros)* salutano inclinando i loro cappelli di paglia sfrangiati, le capanne dei contadini *(bohíos)* sono semplici, le sedie a dondolo davanti alle verande sempre in movimento. Dalla provincia di Pinar del Río viene uno dei tesori di Cuba, conosciuto in tutto il mondo: il tabacco di Vuelta Abajo *(→ p18),* forse il migliore del pianeta.

Iglesia Sagrado Corazón de Jesu a Viñales

I sentieri nel paesaggio naturale quasi fatato della Valle de Viñales *(→ p84),* patrimonio dell'Unesco, vi aspettano: bizzarre colline calcaree, i *mogotes,* spuntano dal terreno color ruggine, scoscese e coperte di piante, sono percorse al loro interno da grotte sotterranee. Tra queste si intravedono immancabilmente i *secaderos,* capanne dove viene lasciato il tabacco a seccare. Fa parte della riserva della biosfera Unesco anche la Sierra del Rosario, con il paese collinare Las Terrazas *(→ p88)* e il borgo Soroa *(→ p91).* Qui potrete fare il bagno in ruscelli e cascate, ammirare le orchidee e ascoltare gli uccelli. Sull'isolata penisola-parco naturale di Guanahacabibes *(→ p97)* e sulla piccola isola di Cayo Levisa *(→ p96)* fantastici centri immersioni attendono chi sta cercando un relax alla Robinson Crusoe.

La Boca

Playa el Morrillo
San Juan de Dios
Cabañas
Bauta
Guanajay
San Antonio de los Baños

Cayo Levisa **24**
Palma Rubia
Bahía Honda
Las Terrazas **20**
A4

Puerto Esperanza
La Mulata
Soroa **21**
Artemisa
Guanímar

La Palma
Parque Nacional La Güira
San Cristóbal
Las Mangas
Playa Guanímar

San Andrés
Santa Cruz de los Pinos
San Diego de los Baños **22**
Jelena
Cayería los Cayamas

Parque Nacional Viñales
Viñales
Entronque de Herradura
Los Palacios
Pinar de la Deseada

le de Viñales **2**
Consolación del Sur
A4
Herradura
Sierra Maestra
El Pinar

Cabeza
Cubanacán
Puerta de Golpe

Sumidero
23 **Pinar del Río**
0   30 km
0   20 mi

Santa Felicia
Llanura de Alguivá del Sur
Alonso de Rojas
Golfo

San Juan y Martínez
San Luis
La Coloma
de Batabanó

Punta de Cartas

Cortés

Cayos de San Felipe

Punta de los Barcos
Nueva Gerona
Chacón

La Demajagua
Júcaro

Punta Francés
27
Isla de la Juventúd
La Fé
La Reforma

Siguanea
Cayo Piedra
Punta del Este

Parque Nacional Marino de Punta Francés – Punta Pedernales
Caleta Grande

Vita di campagna a Cuba: proprio come un tempo

In tre giorni

L'Ovest merita sicuramente più di una gita in giornata. Programmate almeno tre giorni per esplorare questo paesaggio alla *Jurassic Park*, dove si trovano diversi patrimoni naturali protetti dall'Unesco che entusiasmeranno chi ama passeggiare nella natura o fare immersioni.

Giorno 1
Mattino
Dall'Avana l'*autopista* prosegue verso ovest fino a **Pinar del Río** *(→ p96)* e **Viñales** *(→ p86)*. Dopo i primi 52,5 km, fate una prima deviazione e dirigetevi a ⓴ **Las Terrazas** *(→ p88)*, da cui si può ammirare la catena montuosa Sierra del Rosario, patrimonio Unesco. 30 km a sud ovest si trova anche il borgo di ㉑ **Soroa** *(→ p91)*, i cui dintorni, sempre parte della riserva naturale, includono cascate e giardini botanici.

Pomeriggio
Agli amanti della natura, giunti a Las Terrazas, consigliamo una passeggiata tra le colline, magari seguita da un **bagno** presso i Baños del San Juan. I vacanzieri più avventurosi possono provare il **canopy tour** *(→ p86)*, per ammirare la zona e il lago dall'alto (appesi agli alberi!).

Sera
Las Terrazas, una piccola **colonia di artisti** con laboratori di artigiani e atelier sul lago, offre anche qualche locale e caffè *(→ p100)*.

Giorno 2
Mattino
Proseguite sull'autostrada seguendo le piantagioni di canna da zucchero e i campi verdi e vi troverete a fianco delle **impressionanti coltivazioni di tabacco di Vuelta Abajo**. Alle porte della cittadina di ㉓ **Pinar del Río** *(→ p96)* svoltate verso nord in direzione ⭐ **Valle de Viñales** *(→ p84)* e continuate per 28 km nel bel paesaggio naturale caratterizzato dai *mogotes*, colline calcaree che sembrano gobbe spuntate dal terreno.

Pomeriggio
Fate una gita alla scoperta di una delle **grotte** della zona *(→ p86)*, un **giro in bicicletta** *(→ p189)* e/o una passeggiata nella natura *(→ p86)* e getterete uno sguardo sulla Cuba rurale, affascinante nella sua tranquillità e lentezza.

Sera
Innanzitutto fate due passi nel paesino pieno di portici di **Viñales** *(→ p86)*. Che ne dite ora di concludere la giornata **ballando** in uno dei centri culturali *(→ p102)* o unendovi ai gruppi che danzano lungo la strada principale?

Giorno 3
Mattino

Senza dubbio, la migliore **vista** sulla valle si gode dal parcheggio davanti all'Hotel **Los Jazmines** *(→ p87)*. La cosa migliore sarebbe passare di qui verso le 6 del mattino, quando la foschia aleggia tra le palme e i campi di tabacco e ancora non ci sono folle di turisti. Se volete fare un bagno andate a esplorare **25** **Cayo Jutías** *(→ p97)*, l'isolotto sulla costa settentrionale, 55 km a nord ovest.

Pomeriggio

Chi ha fretta, da Viñales può riprendere l'autostrada passando per Pinar del Río e tornare all'**Avana** *(→ p47)* in due ore. Se avete più tempo prendete invece la **Carretera del Norte** (circa 180 km, fate il pieno prima di partire!) che passa per La Palma e Cabañas e regala una splendida vista su un mare blu e valli piene di palme. La costa settentrionale vi ha affascinato e volete fare una deviazione? Due volte al giorno parte un traghetto per l'isola **24** **Cayo Levisa** *(→ p96)*, con un complesso di bungalow.

⭐2 Valle de Viñales

Questa valle e il suo paesino da cartolina sono una meta imperdibile del vostro viaggio a Cuba. È infatti una delle regioni più affascinanti dell'isola, con un ricco scenario paesaggistico, dichiarato patrimonio Unesco, formato da verdissime coltivazioni di tabacco e dalle colline della Sierra de los Órganos: i *mogotes*, ricoperti di vegetazione che si ergono quasi verticali dal terreno – come il dorso di antichi mammut.

Mogotes: le colline carsiche plasmano il paesaggio della Valle de Viñales

A differenza di quello che ci si aspetterebbe, visto il rigoglioso paesaggio, la pittoresca Valle de Viñales è classificata come patrimonio culturale dell'umanità anziché naturale: viaggerete attraverso un paesaggio antichissimo, in cui vengono impiegate le stesse tecniche agricole da secoli, in modo quasi arcaico.

Nelle colline calcaree scoprirete le caverne, antiche a 150 milioni di anni, dove un tempo viveva la popolazione indigena, i Guanahatabey, nonché gli schiavi scappati dai loro padroni *(cimarrónes)*; ma troverete anche una pianta fossile vivente, risalente al Cretaceo e sopravvissuta anch'essa per quasi 150 milioni di anni: la "palma corcho", una rara palma nana nativa di Cuba *(Microcycas Calocoma)*.

COME SE IL TEMPO SI FOSSE FERMATO...

I contadini di oggi, come i loro antenati, usano aratri in legno trainati da buoi ("non hanno bisogno di benzina o pezzi di ricambio") per lavorare il fertile terreno, su cui a volte camminano scalzi. I *guajiros,* gli agricoltori, percorrono le strade di campagna di questa regione, pressoché ferma nel tempo, con machete e cappelli di paglia sfrangiati. La maggior parte vive in modo autosufficiente grazie alla coltivazione di *malanga* e *yuca* (tuberi simili a patate), di banane, mais, fagioli o caffè su un picco-lo terreno di proprietà. Qui è tipica l'immagine di una casetta contadina, il *bohío,* con due sedie a dondolo in veranda e con pannelli solari sul retro che accumulano energia. Il panorama agricolo cubano è più moderno di quello che si penserebbe. E anche ecologico: nei campi non vengono impiegati né fertilizzanti né pesticidi chi-mici (e dove li prenderebbero?), ma concimi organici quali letame e vermi. Inoltre molti dei lavori agricoli sono ancora del tutto manuali. Da gennaio a marzo si vedo-no al lavoro i *vegueros,* i coltivatori di tabacco, mentre durante il raccolto le donne cuciono le foglie due a due, che poi appendono per farle seccare per sette settima-ne nelle *casas de tabaco* o *secaderos* (→ p18).

INCONTRI QUOTIDIANI NEL PARCO NAZIONALE

Il **Parco nazionale della Valle de Viñales** si estende per 150 km² e ben si presta a giri in bicicletta *(→ p189),* passeggiate, gite a cavallo, scalate e speleologia. Inoltre ci sono circa 70 specie di uccelli da avvistare, tra cui il *carpintero* (picchio) e l'uccello nazionale di Cuba, il *tocororo.*

Un modo eccellente per iniziare l'esplorazione della zona è un'**escursione a piedi** non troppo impegnativa lungo il **sentiero Palmerito,** che s'imbocca appena un cen-tinaio di metri a est dell'Hotel Ermita a Viñales e prosegue per 8 km fino al campeg-gio Dos Hermanas: in circa cinque ore passerete davanti a palme reali e alla mon-tagna carsica Coco Solo, costeggerete il Río Palmerito (passando anche per la grotta Palmerito con una piscina naturale nera come la pece) e giungerete alla stretta valle di Palmerito (chiamata anche Valle de Guasasa), delimitata dalle im-ponenti colline Del Valle (402 m) e Dos Hermanas da un lato e dalla Sierra Viñales, alta 413 m, dall'altro. Lungo il sentiero incontrerete scene di vita quotidiana rurale, case contadine, frutteti, campi di ortaggi, e una fattoria per la produzione di tabac-co aperta ai visitatori. Alla fine della passeggiata vi troverete di fronte al **Mural de la Prehistoria:** un dipinto coloratissimo (e un po' pacchiano), che occupa uno spa-zio di 120 per 160 m di una parete di roccia, dietro a un locale per escursionisti, e che rappresenta l'evoluzione del mogote Pita e ha come protago-nisti dinosauri e Guanahatabey. Il pittore Leovigil-do González Morillo, allievo del messicano Diego Rivera, lo ha realizzato nei primi anni '60: vera-mente "(r)evolucionario".

Il **punto panoramico** con la vista migliore sulla valle e sui mogotes è sicuramente il parcheggio *mirador* presso l'Hotel Los Jazmines, 23 km a sud del Mural.

MAGICHE GROTTE

La valle si contraddistingue per le sue numerose grotte. Si possono prenotare gite in giornata dall'Avana per visitare le due principali (e più turi-stiche), **Cueva de Viñales** e **Cueva del Indio** (→ p189) – un tour della seconda include anche un breve giro in barca lungo il Río San Vicente.

GITE A PIEDI

Vengono organizzati tour tutti i giorni, in base alla ri-chiesta *(9.30, 14.30 | 3-15 km | 3-6 ore, circa CUC10-15).* Tra i percorsi più amati quello nella Valle de Palmerito *(8 km | circa 5 ore, in parte anche per gite a cavallo)* o quello più a nord nella Valle Ancón con cascate *(3,5 km | circa 3,5 ore).* Bello ma impegnativo è il sentiero "Del Infierno al Paraíso" *(7 km | circa 6 ore).* Ulteriori informazioni presso Infotur → p87.

L'Hotel Los Jazmines, vicino al paese di Viñales, offre un'ampia vista sulla valle

Molto più emozionante, ma anche più faticosa, è la visita della **Gran Caverna de Santo Tomás:** lungo ben 46 chilometri, questo complesso di grotte è il più imponente di Cuba e la seconda caverna più grande del Centro America. La Gran Caverna, composta di sette livelli, fu scoperta ed esplorata nel 1954 dal più famoso speleologo cubano, Antonio Nuñez Jiménez. L'escursione, che vi farà sudare non poco, prevede di camminare lungo uno stretto tunnel, con un casco e pila in testa, attraversare tre piccoli spazi e costeggiare ruscelli sotterranei, stalattiti e stalagmiti plasmate tra due e sei milioni di anni fa dal Río Santo Tomás.

C'è ben poco da vedere nel villaggio di **Viñales** (circa 5000 abitanti), fondato nel XIX secolo, che consiste solo di tre strade parallele! Il pittoresco cuore del paese con una chiesa barocca di 150 anni e le belle casette porticate poste intorno alla piccola piazzetta centrale sono entrambi patrimonio nazionale. I visitatori possono anche farsi un'idea della flora cubana nel **Jardín Botánico** a conduzione privata**:** nel vasto giardino crescono alberi da frutto e tropicali, tra cui l'*almácigo* (pianta di pistacchio) e il *mamey zapote*, eleganti orchidee, stelle di natale e cactus. Durante la visita, la guida vi spiegherà le proprietà medicinali di alcune piante come l'aloe vera, il chili e il caffè.

VIAGGIARE FACILE

La valle sito Unesco dalla prospettiva degli uccelli: finalmente dal 2015 a Viñales c'è una zip-line lunga ben 1 km. Il **Canopy El Fortín** corre tra otto piattaforme a 35 m d'altezza, sopra coltivazioni di tabacco e paesaggi autentici. Caschi, imbragature e moschettoni sono prodotti da una ditta francese *(tutti i giorni 8-12, 13-17 | CUC15-25 a persona, disponibile anche per bambini dai 4 anni | Ctra. a Pons, circa 5 km a est di Viñales).*

HOP-ON, HOP-OFF

Il "Viñales Bus Tour" prevede un giro di due ore
per le attrazioni della zona, in un piccolo bus na-
vetta in partenza dalla
piazza della chiesa, sulla
strada principale. Sono
previste undici fermate, di
cui alcune presso le grotte
più importanti, e collegamenti con i tre hotel principali della zona. Si può
salire e scendere a piacere
*(tutti i giorni dalle 9 alle
17.30, CUC5 a persona).*

UNA PAUSA

Al **Mural de la Prehistoria** *(tutti i giorni 9-16 | €€),*
un ristorante per turisti, viene servita una deliziosa
carne di maiale cotta su griglia a legna e cocktail.

🏠 207 D4

Cubanacán/Infotur

✉ *Salvador Cisneros 63 e 63 B (sulla strada
principale, di fronte alla chiesa)* ☎ *048 79 63 93;
Infotur: 048 79 62 63, www.infotur.cu* 🕐 *tutti i
giorni 8-20.30, informazioni, giri in autobus,
noleggio auto, escursioni e internet*

Parque Nacional de Viñales
(Centro Visitantes)

✉ *Ctra. de Viñales km 23, vicino all'Hotel Los
Jazmines* ☎ *048 79 61 43-44, pnvinales.
webcindario.com (in spagnolo)* 🕐 *tutti i giorni
8-20, centro visitatori con una piccola mostra e un
modellino della regione, informazioni su sentieri e guide obbligatorie*

Mural de la Prehistoria

✉ *Ctra. a Pons km 4* ☎ *048 79 33 94* 🕐 *tutti i giorni 8-18, ristorante 9-16* 📷 *CUC1
(CUC.3 bevande incluse), cavalcate circa CUC5*

Gli agricoltori della zona vivono soprattutto
della coltivazione del tabacco

Mirador Los Jazmines

✉ *Ctra. de Viñales km 23, con
mercato di souvenir* 🕐 *tutti i
giorni 9-18*

Cueva de Viñales
(→ p102, p189)

Cueva del Indio *(→ p189)*

Gran Caverna
de Santo Tomás

✉ *c/o Escuela Nacional de
Espeleogia in Granja Moncada,
circa 16 km a sud ovest di
Viñales* ☎ *048 79 31 45* 🕐 *tutti i giorni 9-16* 📷 *CUC10 ; è possibile prenotare una
passeggiata (circa 2 ore) anche presso il centro visitatori*

Jardín Botánico

✉ *Salvador Cisneros (di fronte al distributore di benzina)*
☎ *048 79 62 74*
🕐 *tutti i giorni 8-17.30*
📷 *entrata libera ma offerta gradita, include un piccolo ristorante*

20 Las Terrazas

Una gita nella prima riserva della biosfera Unesco di Cuba, fondata nel 1984, e alla scoperta dell'epoca schiavista: Las Terrazas, villaggio contadino modello e "colonia di artisti", vi aspetta. Con barche a remi, sentieri che attraversano la pineta, scroscianti cascate e storiche piantagioni di caffè.

Spiazzi per essiccare i chicchi di caffè

La **Reserva de la Biósfera Sierra del Rosario**, insieme al villaggio di Soroa *(→ p91)* occupa un'area di circa 250 km²: i boschi della Sierra del Rosario, decimati in passato da opere di disboscamento e grossi incendi, da una decina d'anni sono stati rimboscati con conifere, cedri, alberi di teak e mogano. Nel XIX secolo, la zona ospitava anche più di 50 **piantagioni di caffè**, di cui una, la **Cafetal Buenavista**, è diventata oggi monumento nazionale e attira molti visitatori: è possibile visitare le rovine delle baracche dove vivevano gli schiavi così come la rustica casa padronale, recentemente restaurata e utilizzata come museo e ristorante per turisti. Dall'inizio del XIX secolo, Buenavista apparteneva a un colono francese di Haiti, il quale, come molti altri proprietari terrieri di quella zona, fuggì a Cuba a causa della rivolta degli schiavi. La piantagione è collocata a nord est rispetto alla "Comunidad Las Terrazas", il villaggio fondato nel 1971, mentre a sud ovest, più lontana, si trova quella di **Hacienda Union**, solo parzialmente restaurata.

"GUAJIRO NATURAL"

Circa 1200 persone vivono nel paese e intorno al lago in case prefabbricate, e tra questi ci sono anche parecchi **artisti**, più o meno conosciuti, che occupano piccole casette e atelier direttamente sull'acqua. Vivono qui per esempio l'artista cubano Léster Campa, le cui opere ispirate alla natura della zona sono state esposte anche in gallerie di New York, e Henry Alomá, i cui dipinti surreali ed eccentrici hanno da tempo attirato l'attenzione sulla scena artistica cubana. I suoi lavori racchiudono infatti, sempre qualcosa di misterioso e inquietante, come alberi sradicati e legati o una libellula a forma di pugnale.

Tuttavia, c'è un abitante che in particolare è diventato un vero idolo a Cuba: **Polo Montañéz** (1955-2002). Di rado un musicista tradizionale è riuscito a incar-

---

VIAGGIARE FACILE

Un altro incredibile percorso di zip-line, lungo ben 1,6 km, vicino a Las Terrazas. Scivolate come Tarzan attraverso la pineta e sopra il Lago de San Juan, passando attraverso 6 stazioni poste fino a 80 m d'altezza: un divertimento "arioso" *(tutti i giorni 9-12, 13-16 | CUC25 | Canopy Tour, prenotazioni presso Hotel La Moka → p98 | www.lasterrazas.cu).*

Las Terrazas

TOUR D'ARRAMPICATA

Nella valle di Viñales ci sono circa 300 vie d'arrampicata, anche se non ancora ufficialmente riconosciute. I percorsi hanno nomi promettenti, come "venerdì 13" (il nostro 17), "lama di rasoio" o "Cuba libre". Chi volesse arrampicare insieme a Yarobys Garcia *(tel 05 3 71 56 14 | email: escalada-encuba@gmail.com | www.cubaescalada. org | www.cubaclimbing.com)* e i suoi amici, farebbe meglio a portare con sé la propria attrezzatura – gli organizzatori incoraggiano, se possibile, a lasciarla al centro come donazione dopo l'escursione...

nare così perfettamente lo spirito cubano nelle sue canzoni. Il segreto è una combinazione di vita contadina semplice, canzoni d'amore poetiche e una melodia su cui si può ballare. Il cantante era un boscaiolo, un vero *guajiro natural* (il titolo di una delle sue canzoni di gran successo), e per i suoi meriti gli fu "concesso" di vivere direttamente sul lago, anche se godette di questo privilegio solo per un anno: morì nel 2002 a 47 anni in un incidente automobilistico e da allora la sua casa, con dischi d'oro, oggetti personali e la sua chitarra, è diventata una meta di pellegrinaggio, non solo per cubani.

UNA PAUSA

Nella **Casa del Campesino** *(tutti i giorni 12-16 | strada di montagna per Soroa | tel 048 57 86 00 | €€)* nel 2002 pranzarono due figure di spicco della storia del mondo e della letteratura: Fidel Castro e l'autore americano Arthur Miller. Oggi, gli ospiti gustano qui sostanziosi piatti della cucina casalinga, di tradizione creola.

📌 207 F4

Complejo Turístico Las Terrazas (Hotel La Moka → *p98*)
✉ *Autopista L'Avana - Pinar del Río km 52,5, diramazione lunga circa 30 km, Candelaria* ☎ *048 57 86 00-02, www.lasterrazas.cu (in spagnolo)* 📷 *CUC2-10,*

L'idilliaco Lago de San Juan all'interno della valle

![La Sierra del Rosario: dichiarata riserva della biosfera dall'Unesco](immagine)

La Sierra del Rosario: dichiarata riserva della biosfera dall'Unesco

circa 3 km dopo la diramazione i turisti in visita per la giornata pagano un biglietto d'ingresso alla sbarra, con voucher per il pranzo CUC10 a persona

Centro de Información al Visitante Las Terrazas

✉ *Rancho Curujey, presso il Lago El Palmar, circa 1,5 km a nord del paese di Las Terrazas (→ p187)* ☎ *048 57 85 55-57 e 048 57 87 00* 🕐 *tutti i giorni 8-17, bar fino alle 18; escursioni a piedi, locale all'aperto, noleggio ciambelle gonfiabili e kayak*

Cafetal Buenavista/Hacienda Union

Cafetal Buenavista: ✉ *circa 2 km a nord ovest del paese di Las Terrazas (→ p100); Hacienda Union:* ✉ *strada di montagna in direzione Soroa, vicino alla Casa del Campesino (→ pp89, 187)*

Casa de Polo Montañez

✉ *Comunidad Las Terrazas, centro, presso il Lago de San Juan, vicino ci sono gli atelier di Léster Campa, e-mail: lester@cubarte.cult.cu, e di Henry Alomá, henryaloma.com* 🕐 *Casa Polo: mar-dom 9-17*

VIAGGIARE FACILE

La zona offre stupende **camminate** *(→ pp102, 187 | informazioni all'Hotel La Moka → p98)* verso limpidi ruscelli, piccole cascate e bagni sulfurei. Ad esempio, diversi percorsi partono dai Baños del San Juan, dove si può fare il bagno, andare a pesca e pernottare in spartane *cabañas*. Gli appassionati di storia apprezzeranno il sentiero che corre per 9 km nella vicina Valle del San Juan, "El Placer de caminar", e che porta alle rovine non restaurate di Santa Susana e Santa Mariana. Ancora oggi la zona di Las Terrazas è usata come terreno per esercitazioni militari – proprio come dopo la rivoluzione del 1965, quando Che Guevara e i suoi *compañeros* giunsero alla Loma El Taburete per prepararsi alla loro missione in Congo. Un monumento commemora la loro permanenza qui.

21 Soroa

"Arco Iris de Cuba", l'arcobaleno di Cuba – così gli abitanti dell'isola chiamano con entusiasmo l'idilliaca area intorno a Soroa, anch'essa parte della riserva della biosfera Unesco, con i suoi boschi di conifere e abeti rossi e le sue valli di palme. Qui potrete ammirare la raccolta di orchidee più grande del paese e sguazzare in una cascata, nella luce del mattino, sotto un arcobaleno.

UN PARADISO PER CICLISTI

Ad eccezione della spettacolare pista di montagna (molto impegnativa) tra Soroa e San Diego de los Baños (→ pp93, 189), con le sue strade in piano e in collina, l'Ovest offre splendidi percorsi per ciclisti, più o meno allenati. C'è meno traffico e c'è chi va in bicicletta persino sulla corsia d'emergenza dell'autostrada. Il miglior momento per pedalare nella zona è da metà novembre a metà maggio.

La lunga **Cordillera Guaniguanico,** di cui fa parte anche la **Sierra del Rosario**, qui raggiunge la sua massima altezza: la catena di colline che circonda il villaggio di **Soroa** raggiunge i 700 m e si apre sulla valle percorsa dal Río Manantiales. Qui le palme reali sono alte come una casa. Per godere della vista migliore, dal parcheggio delle **cascate di El Salto** (km 7) fate una passeggiata di un'oretta, 2 km circa, sul **Loma del Mogote** alto quasi 400 m – se preferite ci si può arrivare anche a cavallo. Giungerete così al **Mirador de Venus**, da dove la vista si apre su un panorama fantastico, dalle colline verdi alla costa settentrionale, intensamente blu. Anche una camminata sul monte di fronte, il **Loma El Fuerte** presso Castillo de las Nubes (km 8), offre una vista fantastica.

SOTTO LA CASCATA

La maggior parte dei turisti che arriva a Soroa visita solo il **Salto de Soroa (o "Salto de Arco Iris")**, alto quasi 22 m, e la sua piscina naturale. Per arrivarci, dal risto-

La cascata "El Salto", una semplice meraviglia

rante con lo stesso nome, si imbocca un sentiero lungo 500 m che segue il corso del fiume, con tratti di scale scivolose. Giunti alla Poza del Amor potrete rinfrescarvi (portate il costume) sotto la cascata, che merita il suo nome se si arriva presto: la luce del mattino che la illumina crea un arcobaleno (arco iris) sopra la piscina. Un'altra chicca sono i semplici **"baños romanos"**, presso il parcheggio del ristorante, dove vi attendono massaggi e impacchi di fango.

LO SPLENDORE DEI FIORI

Un'altra importante attrazione di Soroa è il **Jardín Botánico & Orquideario**, fondato nel 1943, che merita senz'altro una visita, soprattutto nei periodi di fioritura, a marzo-aprile e a novembre-dicembre. Seguendo il sentiero attraverso il giardino, che si estende su 35.000 km², si possono ammirare più di 700 tipi di orchidee, di cui ben un terzo sono specie endemiche e alcune profumano di vaniglia o cioccolato... In generale, ci sono circa 25.000 varietà di piante tra cui spiccano i fiori rosso fuoco degli ibisco e degli "alberi di fuoco" e quelli delle magnolie, nonché gli enormi "alberi del pane". Da marzo-aprile fino alla fine dell'estate le orchidee sono in esposizione nella serra.

UNA PAUSA

Il ristorante per turisti **Salto de Soroa** (*tutti i giorni 11.30-16 | Ctra. de Soroa km 7 | tel 048 52 35 56 | €-€€*) è un buon posto dove rifocillarsi dopo il bagno sotto la cascata o la salita al *mirador*, spesso con accompagnamento musicale, anche se le porzioni dei piatti di cucina cubana non sono abbondanti.

🏠 207 F4

Salto de Soroa/Mirador de Venus

✉ *Ctra. de Soroa km 7, Candelaria, centro informazioni*
Ristorante Salto de Soroa: 🕐 *tutti i giorni 8-17* 💰 *CUC3 ;*
Mirador de Venus: ✉ *sul Loma del Mogote, cavalli a disposizione presso il ristorante Salto de Soroa* 💰 *CUC5 all'ora;*
"Baños romanos" 🕐 *tutti i giorni 9-16* 💰 *trattamenti circa CUC5-20*

Loma El Fuerte (Castillo de las Nubes)

✉ *Ctra. de Soroa km 8 (deviazione di 1,5 km dal Hotel Villas Soroa su una strada molto ripida e dissestata), Candelaria*

Jardín Botánico & Orquideario

✉ *Ctra. de Soroa km 7, Candelaria, con tavola calda* ☎ *048 57 87 00*
🕐 *tutti i giorni 8.30-16.30* 💰 *CUC3*

Le palme reali svettano nel cielo cubano fino a 40 m d'altezza

Mete su misura

Cueva de los Portales, il nascondiglio in pietra di Che Guevara

22 San Diego de los Baños

In mezzo alla **Sierra de Güira** sorge un assonnato luogo di cura con *balneario* (centro benessere), che con le sue caverne sotterranee si presterebbe come location per un film post-apocalittico. La zona divenne famosa nel mondo durante la Crisi di Cuba dell'ottobre 1962 (→ p12), quando, all'acme della guerra fredda, Che Guevara e altri membri del governo si ritirarono a **Cueva de los Portales**, 15 km nord ovest da qui, per timore di un attacco nucleare. La grotta presso Caíguanabo dal 1987 ospita un museo all'aria aperta, che include il "refettorio", la cucina e l'ufficio con il telefono usato da Guevara. L'adiacente Parque Nacional de La Güira, su una superficie di 20 km² circa, è attraversato da due sentieri (2-8 km).
🗺 **214 B1**

Balneario
✉ *Calle 23 Final (davanti all'Hotel Mirador → p99)* ☎ *048 54 88 12 oppure 048 78 81 80* 🕐 *lun-sab 8-16* 📷 *Trattamenti: massaggi di 30 min CUC10, impacchi di fango a partire da CUC12, bagni termali a partire da CUC5*

Cueva de los Portales
✉ *circa 15 km nord ovest da San Diego de los Baños* 🕐 *tutti i giorni 10-16* 📷 *CUC3 (visite guidate da prenotare presso l'Hotel Mirador)*

Un export di successo: i sigari

I veri sigari cubani, detti *puros habanos*, sono ambiti in tutto il mondo. Sull'isola ne vengono prodotti più di 150 milioni l'anno e il loro commercio è gestito esclusivamente dall'azienda statale Habanos S.A., che domina circa il 30% del mercato mondiale dei sigari di fascia alta.

Il formato di un sigaro si stabilisce in base alla sua lunghezza e al suo calibro (diametro). La prima viene espressa in pollici o in millimetri, mentre il secondo in termini di 1/64 di pollice: se un sigaro ha un calibro 43 significa che ha un diametro di 43/64 di pollice. Le differenze di queste componenti determinano un gran numero di varianti possibili: esistono infatti più di 60 diversi formati di sigari cubani. Prendendo in considerazione solo i più comuni, si può ancora scegliere tra 20 tipi: di cui i Gran Corona sono i più lunghi (235 mm/calibro 47), i Pyramide (156/52) i più spessi e i Panetela (114/26) i più sottili.
Ogni sigaro, sia che venga arrotolato a mano o a macchina, include tre componenti.

Pianta della varietà Corojo, usata per la fascia e la sottofascia del sigaro

Un sigaro cubano di qualità può essere un vero piacere

❶ Ripieno: la "miscela" del ripieno (*tripa*) è il segreto che sta dietro al gusto del sigaro, una vera e propria arte. Per questo vengono utilizzati diversi tipi di foglie della pianta di Criollo: quelle superiori sono più oleose e hanno un'aroma più forte, quelle intermedie sono più delicate, mentre quelle inferiori non hanno quasi gusto ma sono più combustibili. I sigari fatti a mano si differenziano da quelli a macchina poiché utilizzano solo foglie intere anziché tabacco spezzettato.

❷ Sottofascia: il *capote* è formato da uno strato sottile di foglie resistenti della pianta di Corojo, che mantengono compatto il ripieno.

❸ Fascia: la *capa* è il biglietto da visita di ogni sigaro. È formata da foglie spesse (anch'esse di Corojo), scelte per lucentezza e colore, ovviamente varia in base alla marca.

©BAEDEKER

❹ Libra de pie
❺ Uno y medio
❻ Centro ligero
❼ Centro fino
❽ Centro gordo
❾ Semi coronas
❿ Coronas

Cayo Levisa: per un giorno come Robinson Crusoe

Parque Nacional de La Güira

✉ circa 5 km nord ovest da San Diego de los Baños 🕐 tutti i giorni circa 8-18 📷 ingresso libero, tour guidati da prenotare all'Hotel Mirador 📷 da CUC5

23 Pinar del Río

Il capoluogo di provincia (190.000 abitanti) fu fondato nel XVII secolo sulle sponde del Río Guamá – dove la **zona di coltivazione di tabacco migliore al mondo** attira oggi gli *aficionados*. Una visita alla piccola **Fábrica de Tabacos Francisco Donatien** è particolarmente indicata per i fumatori di sigari (→ p18). Le strade nel centro della cittadina sono ben decorate da **palazzi di epoca coloniale**; tra cui il bianco **Palacio Guasch** su Calle Martí, fatto costruire nel 1909-14 dal dottore Francisco Guasch, gran viaggiatore, in una combinazione architettonica di elementi barocchi e art déco (oggi ospita il **Museo di storia naturale**).

📐 214 B1

Cubatur

✉ Martí 51 esq. Rosario ☎ 048 77 84 05, www.cubatur.cu 🕐 tutti i giorni 9-16

Fábrica de Tabacos Francisco Donatien

✉ Maceo (Oeste) 157 esq. Ajete ☎ 048 77 30 69 🕐 lun-ven 10-12, 13-16 (negozio anche sab-dom dalle 9) 📷 CUC5 ; proibito fotografare

Palacio Guasch (Museo de Ciencias Naturales Sandalio de Noda)

✉ Martí (Este) 202 esq. Pinares
☎ 048 77 94 83
🕐 lun-sab 9-17 e dom 9-13 📷 CUC2

24 Cayo Levisa

Dopo un viaggio in barca di 20 minuti dalla cittadina costiera di Palma Rubia raggiungerete Cayo Levisa. L'isola fa parte dell'**Archipiélago de los Colorados** e invoglia a oziare nel pittoresco (e caro) complesso di bungalow, Villa Cayo Levisa. Proseguendo in direzione est, si trovano gli isolotti **Mégano** e **Cayo Paraíso** nonché una barriera corallina, che attira gli amanti dello snorkelling grazie a escursioni in giornata dall'Avana o da Viñales. Chi preferisce stare per conto suo può davvero rilassarsi sulla spiaggia lunga circa 3 km o avventurarsi in uno dei 23 centri immersioni lungo la costa.

📐 214 B1 ✉ 20 min di traghetto da Puerto Palma Rubia (circa 55 km nord est da Viñales) 🕐 traghetti tutti i giorni 10 e 18 (andata), 9 e 17 (ritorno), disponibili anche barche-taxi 📷 biglietto andata-ritorno: CUC15 ; barca-taxi CUC10 per persona; gite in giornata da Viñales circa CUC35 (pranzo incluso), prenotazioni presso tutti gli hotel di Viñales o uffici turistici. Prenotare l'hotel in anticipo per soggiorni più lunghi!

25 Cayo Jutías

Una diga di circa 5 km raggiunge la piccola Cayo Jutías disabitata, parte dell'**Archipiélago de los Colorados**. Sulla spiaggia (6 km) si prende il sole, si va in pedalò e si fa snorkelling. Nessun centro immersione.

214 B1 ✉ *circa 55 km nord ovest da Viñales* 🕐 *tutti i giorni 8-18, locale dell'isola: 9-17; portare il passaporto!*

📷 *gite in giornata, tra cui uscite per sub da Viñales circa CUC35 (pranzo incluso), prenotazioni presso tutti gli hotel di Viñales o uffici turistici*

26 Parque Nacional Guanahacabibes

In questa penisola disabitata (1200 km²), dal 1987 tutelata dall'Unesco come **riserva della biosfera**, tra i cactus e le piante di uva di mare, d'inverno *(nov-marzo)* arrivano migliaia di **uccelli migratori** – almeno 172 specie diverse –, da giugno-luglio a settembre **tartarughe marine** *(tortugas)* depongono le uova sulla spiaggia deserta, e durante tutto l'anno scorrazzano cinghia-

☎ *048 75 03 65-66* 🕐 *tutti i giorni 9-16* 📷 *circa CUC10 a persona (tour di 5 ore); portare il passaporto!*

27 Isla de la Juventud

L'isola più grande di Cuba (2200 km² e circa 80.000 abitanti) è una meta ambita tra i sub: presso **Punta Cabo Francés Marine National Park** vi attendono 56 **centri immersione** e acque con 500 specie di pesci tropicali, relitti, forre, spettacolari grotte sottomarine e labirinti. A febbraio si svolge il **concorso internazionale di foto subacquea** "Fotosub". L'isola è anche conosciuta per l'imponente carcere degli anni '20, con cinque blocchi a torre: nel **Presidio Modelo** Fidel Castro rimase per quasi due anni dopo il fallimento dell'assalto alla caserma Moncada del 1953 a Santiago. L'ala dell'infermeria dove fu detenuto pare quasi confortevole. Nel 1955, Castro e i suoi *compañeros* beneficiarono di un'amnistia e andarono in esilio *(→ p10)*.

li, capromIdl *(jutias)*, zebù, iguane, serpenti e coccodrilli di mare. Alla **Estación Ecológica** le guide organizzano ecotour nei *cenotes* e a **La Bajada**, vicino all'ingresso, si trova un piccolo museo di storia naturale. *214 B1*

Parque Nacional de Guanahacabibes (Estación Ecológica)

✉ *La Bajada, Sandino, circa 130 km sud ovest da Pinar del Río*

214 B1

Ecotur

✉ *C. 24 esq. 47, Nueva Gerona*
☎ *046 32 71 0*
www.ecoturcuba.tur.cu 🕐 *lun-sab 8-17*

Presidio Modelo

✉ *circa 5 km est da Nueva Gerona*
🕐 *lun-sab 8-16, dom 8-12* 📷 *CUC5 tour con guida*

Dove...
dormire

Prezzi
Una notte in camera doppia:
€ meno di CUC40
€€ CUC40-100
€€€ più di CUC100

CAYO LEVISA

Villa Cayo Levisa €€€

Sulla bella spiaggia si trovano su due file le *cabañas* in legno, confortevoli e ben arredate ma troppo care (visto che sono un po' rovinate), mentre le nuove case sono in migliori condizioni. Spesso ci sono interruzioni d'acqua corrente, per esempio all'indomani di un uragano quando i bungalow molte volte hanno bisogno di riparazioni. Il piccolo ristorante, come spesso negli hotel statali, non è per i buongustai. Quello sulla spiaggia è decisamente meglio ma bisogna prenotare.

🏨 207 E4 ✉ Cayo Levisa, Palma Rubia
☎ 048 75 65 01
www.hotelescubanacan.com

GUANAHACABIBES

Villa María La Gorda/
Villa Cabo San Antonio €€

Due gemme sulla spiaggia (grazie alla posizione!), ma purtroppo da anni un po' trascurate: sulla spiaggia più bella si trova il complesso di media qualità, e bisognoso di ristrutturazione, María La Gorda, che comprende una scuola d'immersione, 20 *cabañas* e 35 camere; questa località però è così lontana sulla penisola che il viaggio vale la pena solo per i sommozzatori (nella zona non ci sono neanche *casas* private). Sfortunatamente, la seconda sistemazione, l'isolata Villa Cabo de San Antonio con case in legno sulle stupende Playa Las Tumbas e Marina, non è in migliori condizioni...
Villa María Gorda: 🏨 206 B2
✉ *Playa María La Gorda, Sandino, circa 140 km sud ovest da Pinar del Río*
☎ *048 77 30 72-75; Villa Cabo San Antonio:* 🏨 206 A2 ✉ *Cabo San Antonio* ☎ *048 75 76 54-58; per entrambi gli hotel www.gaviotahotels.com*

ISLA DE LA JUVENTUD

El Colony €€

Questo hotel, amato dai sub, offre un buon rapporto qualità prezzo: l'isolato complesso fu costruito negli anni '50 ma è stato ben restaurato e comprende 77 camere e 24 *cabañas* (migliori) distribuite lungo la bella spiaggia di palme. Troverete anche una piscina, un ristorante, un bar e un vicino centro immersioni.

🏨 207 F1
✉ Ctra. de Siguanea km 42, Dársena
☎ 046 39 81 81, www.gran-caribe.com

LAS TERRAZAS

La Moka €-€€€

Il primo eco-hotel di Cuba (nel frattempo un po' démodé) si trova parecchio al di sopra del lago di San Juan nel mezzo del bosco: un albero cresce nell'atrio, le accoglienti camere (le 16 migliori nella nuova ala!) hanno fantastiche viste panoramiche dalle grosse finestre (persino in bagno) e a disposizione ci sono anche un ristorante, una piscina, un campo da tennis e wi-fi (le casseforti è meglio non usarle...). Nella zona, in alternativa ci sono anche case private (€) sul lago ben decorate e un campeggio (€).

🏨 207 F4
✉ Complejo Turístico Las Terrazas (→ p89), Candelaria
☎ 048 57 86 00-02
www.lasterrazas.cu (in spagnolo)

PINAR DEL RÍO

La Guabina €

Per chi ama la natura, i cavalli e l'isolamento: questo agriturismo e allevamento di cavalli si trova in un bel contesto, affacciato su un lago (da scoprire con una barca a remi al tramonto). Offre otto *cabañas* e un ristorante di cucina cubana. Sarete circondati da molti animali (per spettacoli di rodeo e combattimenti fra galli per gruppi) e potrete fare gite a cavallo, passeggiate e giri in barca a remi.

🏠 207 D3 ✉ *Ctra. Luis Lazo km 9,5 (12 km nord ovest da Pinar del Río)* ☎ *048 75 76 16 e 048 75 38 44 (anche per ecotur a Pinar del Río:* ☎ *048 79 61 20)*

Vueltabajo €€

Il bellissimo hotel coloniale con 24 camere ben attrezzate nel vivace centro è l'unica casa da raccomandare nella zona. Le camere sul retro sono più tranquille.

🏠 207 D3 ✉ *Martí 103* ☎ *048 75 93 81, www.islazul.cu*

SAN DIEGO DE LOS BAÑOS

Mirador de San Diego €

L'unico piccolo hotel della cittadina offre una piscina, un ristorante e 45 semplici camere con aria condizionata; quelle sulla piscina possono essere un po' rumorose nel weekend. In alternativa nel paese ci sono delle *casas particulares,* per esempio nella Villa Julio y Cary di fronte al centro benessere.

🏠 207 E4 ✉ *Calle 23 Final* ☎ *048 77 83 38, www.islazul.cu*

SOROA

Hospedaje El Alto €

Un *casa* tranquilla, quasi rurale, con anatre, galline e maiali. Da Mireya e la sua famiglia gli ospiti possono mangiare ottima cucina casalinga cubana.

🏠 207 F4 ✉ *Ctra. de Soroa km 5,5, Candelaria* ☎ *05 2 25 26 63*

Los Sauces €

Una premiata oasi verde, vicino all'ingresso del paese (a pochi chilometri dalla cascata): Jorge e sua moglie Ana offrono una pensione gestita in modo adeguato nel mezzo di un giardino quasi professionale con fiori, cactus giganti e alberi da frutto. Le quattro casette sono attrezzate con bagno, sedie a dondolo in veranda o balcone e nel giardino c'è anche una dépendance con un dondolo dove viene servito il cibo. È necessario prenotare per tempo!

🏠 207 F4 ✉ *Ctra. de Soroa km 3, Candelaria* ☎ *05 2 28 93 72 e 05 2 73 82 77, e-mail: lossauces@nauta.cu*

Villas Soroa €-€€

L'unico hotel all'interno del paese è situato in una bella posizione ma non è adatto a chi è schizzinoso o in cerca di tranquillità (specialmente nel weekend i cubani in vena di festa assediano la piscina). Non tutti i semplici bungalow, disposti in file vicino al limite del bosco, sono in buone condizioni: la cosa migliore è chiedere di vederne uno prima di decidere se fermarsi.

🏠 207 F4 ✉ *Ctra. de Soroa km 8, Candelaria* ☎ *048 52 35 34-56, www.hotelescubanacan.com*

VIÑALES

Casa Catalina "Mirando al Valle" €

Uno dei panorami migliori da una pensione privata: Casa Catalina si trova sopra il paese e già dalla prima colazione, servita nella terrazza sul tetto, godrete di un fantastico panorama su Viñales. Le tre camere sono semplici ma complete di zanzariere (viste le molte zanzare), e bagno piastrellato privato. La docente universitaria e suo figlio si prendono davvero cura dei loro ospiti.

🏠 207 D4 ✉ *Calle Segunda 8, distretto El Progreso* ☎ *05 3 48 69 55 71 e-mail: catalina.padron@nauta.cu*

Los Jazmines €€

I 16 bungalows della proprietà e le 78 camere nell'albergo rosa, ben situato, vanno prenotate con anticipo. Le camere con balcone nel blocco moderno sono più tranquille di quelle che guardano la piscina e il ristorante (dove non si mangia bene come altrove!).

🏠 207 D4 ✉ Ctra. de Viñales km 23 ☎ 048 79 62 05, www. hotelescubanacan.com

Villa Rancho San Vicente €€

Un paradiso nella giungla: sparse per il grande giardino trovate casette in legno e in pietra di nuova costruzione (a ovest della strada) e alcune un po' più vecchie (a est). I bungalow di uno e due piani sono arredati in modo piuttosto semplice, ma sono immersi in una natura rigogliosa. Le due grosse piscine sono perfette per rilassarsi e i "baños medicinales", nella parte orientale della tenuta, offrono massaggi e bagni sulfurei e di fango.

🏠 207 D4
✉ Ctra. de Puerto
Esperanza km 33 ☎ 048 79 62 01, www.hotelescubanacan.com

Dove...
mangiare
e bere

ISLA DE LA JUVENTUD

El Caney €

In questo *paladar* vicino alla spiaggia viene servita *comida criolla* (cucina creola) autoctona: pollo, maiale e delizioso pesce, accompagnati da fagioli e riso.

🏠 207 F1
✉ Calle 3ra 401 e/ 4 y 6, Bezirk Delio Chacón, Nueva Gerona ☎ 046 32 55 47
🕐 tutti i giorni 11-23

Prezzi
Un piatto principale
(bevande escluse):
€ meno di CUC10
€€ CUC10-20
€€€ più di CUC20

LAS TERRAZAS

Café de María €

Questo locale all'interno del paese porta il nome della proprietaria, da poco mancata, e serve diversi tipi di caffè, tra cui uno con cioccolato e gelato (una vera bomba calorica). Dalla sua piccola terrazza potrete godere della vista su Las Terrazas, assaporando deliziosi dolci fatti in casa e usando il wi-fi. Ovviamente, è anche possibile comprare un po' di caffè cubano da portarsi a casa.

🏠 207 F4 ✉ Comunidad Las Terrazas
🕐 tutti i giorni 9-22

Cafetal Buenavista €-€€

Nella casa ben restaurata, in un'antica *Hacienda* di caffè del XIX secolo, pranzano soprattutto i turisti dei viaggi organizzati – vengono servite ricette di pollo della cucina creola autoctona. Naturalmente c'è un accompagnamento musicale.

🏠 207 F4
✉ Comunidad Las Terrazas ☎ 048 57 86 00 🕐 tutti i giorni 11.30-15

Romero/Fonda de Mercedes €

In questa casa privata, all'interno del paese, vengono serviti piatti originali, vegetariani e bio: i prodotti utilizzati vengono dalla loro coltivazione biologica. A pochi passi da Romero, Mercedes, "la migliore cuoca del posto", si prende cura dei suoi ospiti presso la Fonda de Mercedes: qui si mangia cucina tipica fatta in casa, su una bella veranda. Anche qui, come quasi dovunque a Las Terrazas, se c'è un gruppo di turisti c'è anche musica. Per finire, gelato al *guayaba* (guava).

⌖ **207 F4** ✉ *Comunidad Las Terrazas*
☎ *048 57 87 00 (Romero) e 048 57 86 47 (Mercedes)* 🕙 *entrambi, tutti i giorni 9-21*

PINAR DEL RIO

El Mesón €
Questo *paladar* amato da tutti nella strada principale è da anni un luogo frequentato sia dalla gente del posto che dalla maggior parte dei turisti di passaggio. In questa casa coloniale dal 1995 viene preparata *comida criolla*, cibo economico come pollo, agnello, maiale e pesce alla griglia, e l'indimenticabile budino al caramello.
⌖ **207 D3**
✉ *Martí 205 esq. Pinares*
☎ *048 75 28 67* 🕙 *lun-sab 12-22*

SAN DIEGO DE LOS BAÑOS

La Parrillada €
Nel ristorante dell'hotel si mangia sorprendentemente bene: ci sono soprattutto ricette alla griglia cubane e in stile barbecue, le porzioni sono generose, il prezzo conveniente e il servizio veloce. A volte la sera si cena accompagnati da musica dal vivo.
⌖ **207 E4** ✉ *Calle 23 Final (nella parte posteriore dell'Hotel Mirador → p99)*
☎ *048 77 83 38* 🕙 *tutti i giorni 12-24*

VIÑALES

Balcón del Valle €-€€
Questo *paladar*, rustico ma molto amato, si trova vicino all'Hotel Jazmines e al centro visitatori; offre ai suoi ospiti fantastiche viste panoramiche e sostanziose ricette cubane (come i classici *ropa vieja* o *camarones, tostones*, ecc.). Il momento migliore per godersi la veranda a palafitte è al tramonto, magari con un Mojito in mano. Anche se, a differenza di altri posti, viene aggiunto al conto il 10% per il servizio, i prezzi sono ragionevoli.

⌖ **207 D4** ✉ *Ctra. de Viñales km 23*
☎ *05 2 23 89 69* 🕙 *tutti i giorni 8-22*

Casa del Veguero €€
Un ristorante per turisti all'aperto dove si può non solo mangiare cibo cubano ma anche fare acquisti, con souvenir, sigari e rum. Ovviamente non può mancare la musica dal vivo!
⌖ **207 D4** ✉ *Ctra. de Viñales km 25*
☎ *048 79 70 80* 🕙 *tutti i giorni 9-17*

Finca Agroecologica
El Paraíso €
Alla fine della visita al Jardín Botánico di Viñales potrete godervi la cucina vegetariana di questa *finca* molto apprezzata: gli ingredienti sono prodotti in loco e i piatti vengono serviti amorevolmente con erbe e fiori.
⌖ **207 D4** ☎ *Ctra. al Cementerio km 1*
☎ *cel 05 8 18 85 81, tutti i giorni 12-22*

La Cueva €
Il piccolo ristorante a conduzione familiare (da non confondere con la Cueva del Indio) è anche frequentato da cubani. Quasi si nasconde, un po' lontano dalla strada di campagna, nel mezzo del verde ai piedi dei *mogotes*: nel tradizionale *ranchón* all'aperto vengono servite anche aragoste e piatti vegetariani.
⌖ **207 D4**
✉ *Ctra. de Puerto Esperanza km 28,5 (stradina di campagna vicino a Cueva del Indio)* ☎ *05 2 54 92 69* 🕙 *tutti i giorni circa 10-21*

Las Magnolias €
Nel piccolissimo *hostal* (*3 camere, €*) di fronte alla Cueva del Indio, si può mangiare sul prato. Ci sono classici piatti alla griglia come *pollo* e *cerdo* (maiale), accompagnati da *arroz y morrón* (riso e peperone), a volte senza musica.
⌖ **207 D4**
✉ *Ctra. de Puerto Esperanza km 32 (di fronte alla Cueva del Indio)* ☎ *048 79 62 80* 🕙 *tutti i giorni circa 10-16*

Dove... fare acquisti

La regione è una zona di coltivazioni, non proprio ideale per gli amanti dello shopping e i cacciatori di souvenir.

SOUVENIR

Presso la fabbrica di tabacco e il negozio di fronte a Pinar del Río (→ p96) è possibile acquistare impeccabili **sigari** , ma anche la zona intorno a Vega Robaina ha molto da offrire (→ p19).

Un'altra specialità della regione è il **liquore e brandy Guayabita**, prodotto con il frutto amaro *guayaba* (guava). Presso la Fábrica de Bebidas Casa Garay viene servito anche il dolce "Guayabita del Pinar" *(lun-ven 9-16 | Isabel Rubio 189 e/ Fernández y País, Pinar del Río | tel 048 75 29 66).*

ARTE E DANZA

Un dinamico centro culturale in campagna: al El Patio de Pelegrín *(Calle 26 No. 15-13 A, Puerta de Golpe | 11 km a est di Pinar del Río | tel 048 78 82 24)* Mario Pelegrín Pozo organizza lezioni creative per i bambini del paese. C'è anche una galleria d'arte e un caffè letterario con un piccolo palco.

Dove... divertirsi

Viñales è l'unico posto della zona con un po' di vita notturna, mentre il resto della regione è piuttosto tranquillo.

Il **Teatro José Jacinto Milanés**, ristrutturato di recente, è una gemma coloniale costruita nel 1845 in stile rinascimentale italiano, con un portale dal-

le alte colonne *(tutti i giorni 9-17, spettacoli mar-sab 20, dom 17 | CUC5 | Martí 60 e/ Colón y Isabel Rubio, Pinar del Río | tel 048 75 38 71).*

Turisti e cubani si incontrano ai concerti e alle serate di danza organizzate dal **Centro Cultural Polo Montañéz** *(tutti i giorni 10-24 circa, più tardi nei fine settimana, a partire dalle 21 musica dal vivo e spettacoli di danza, anche serate di salsa | Salvador Cisneros 76 | tel 048 79 61 64 | €)* e dal **Centro Cultural "Patio del Decimista",** ma anche presso Los Viñaleros *(tutti i giorni 9-24 | concerti a partire dalle 17 o 21 | circa CUC1-5 | Salvador Cisneros 112 A e 122 | tel (Patio) 048 79 60 14 | €).* In alternativa c'è una "**discoteca nella grotta**" presso la Cueva de Viñales (→ p189 | gio-dom a partire dalle 22 | altri concerti fino a circa CUC25).

Più in alto si trova il **Rumayor** *(mar-dom 12-22 | spettacolo ven-dom dalle 23 | circa CUC5 | Ctra. Viñales km 1 | tel 048 76 30 51 | €),* un ristorante-cabaret alla periferia di Pinar del Río, dove vengono organizzati spettacoli di danza afrocubana.

Ad aprile, i Viñaleros festeggiano il loro **Carnaval** con costumi colorati e molta musica.

L' **Isla de la Juventud** è una **località per immersioni** riconosciuta internazionalmente, con hotel per sub e la possibilità di organizzare in giornata esplorazioni sottomarine e snorkelling a Cayo Levisa.

A Viñales, Las Terrazas e Soroa si possono fare molte passeggiate (→ p85). Las Terrazas offre diversi **sentieri,** lunghi da 3 a 20 km *(solo con guida obbligatoria | circa CUC15-25):* agli amanti degli uccelli consigliamo, soprattutto da ottobre a marzo, il sentiero "Serafina" che dal Rancho Curujey (→ p188) entra nel bosco. È possibile partecipare anche a **gite a cavallo** e **giri in bicicletta**, e scalare i 300 **percorsi di arrampicata** nella Valle de Viñales (→ p89).

Varadero e Trinidad

Vita locale

Sparire sott'acqua...

...si può nella **Cueva de los Peces** di Playa Larga *(→ p121),* una grotta sottomarina profonda fino a 70 m.

Un drink pre-nottata "mobile"

Un esempio dell'ingegnoso spirito imprenditoriale dei cubani: i nuovi **bar "tutto a 1 CUC"** a Trinidad la sera *(→ p129)*.

Tren turístico

Percorrere con il **treno turistico** *(→ p130)* la "valle degli zuccherifici" accompagnati dal suono della *salsa* e della rumba, vedendo con gli occhi della mente gli schiavi al lavoro.

Per orientarsi

Chi ha poco tempo, dalle località balneari di Varadero o Cayo Santa María può fare gite d'un giorno in ogni direzione: nelle città coloniali Cienfuegos o Matanzas, in luoghi di rilevanza storica, come la Baia dei Porci o la Santa Clara di Che Guevara, in elicottero a Cayo Largo o in mezzo alla natura, dalle paludi alle valli delle palme reali, ai monti. Ognuno secondo le proprie preferenze.

Se siete a Varadero, la località balneare numero 1 dell'isola, o nell'arcipelago ancora più a est intorno a Cayo Santa María, lo scopo di ogni giorno di vacanza è prendere il sole e partecipare alle varie attività. Potete però aggiungere a tutto ciò un viaggio nel tempo: all'epoca dei baroni dello zucchero e della tratta degli schiavi, visitando, ad esempio, Trinidad, che è praticamente una città-museo di età coloniale, una tappa che nessun viaggio a Cuba può escludere. E non scordate che nel sud dell'isola si è nel Mar dei Caraibi e si possono fare immersioni o snorkelling a Cayo Largo, uscire in catamarano per raggiungere le isole vicine o godersi il relax della vita da spiaggia. Anche le attività nella natura non mancano, dalle escursioni sui monti della Sierra del Escambray e i giri in barca alle cascate, a una deviazione in grotte dove si può anche nuotare (il costume da bagno è sempre indispensabile!).

Per niente timida: un'iguana a Cayo Largo

TOP 10

Da non perdere!

Mete su misura

In cinque giorni

Non solo vita da spiaggia: forse nessun'altra regione di Cuba offre tante possibilità di abbandonare la piscina. Una scelta che paga. Potete fare base in uno degli hotel e resort di Varadero, Cayo Santa María o Trinidad e prenotare gite in giornata, oppure noleggiare un'auto e andare in giro per conto vostro. Se volete fare qualche escursione a piedi, mettete in conto sette giorni.

Giorno 1
Mattino
Avete trascorso qualche giono in uno degli hotel di ⭐ **Varadero** *(→ p112)* e vi siete "acclimatati"? Magari avete già anche assistito a uno spettacolo di delfini: è giunta l'ora della prima gita di un giorno: sulle orme del naturalista Alexander von Humboldt nella **31 Valle de Yumurí** *(→ p120)*, ricoperta di palme maestose.

Pomeriggio
I mattinieri possono combinare questo tour con una deviazione pomeridiana nella città vecchia di **28 Matanzas** *(→ p114)* e alle vicine **Cuevas de Bellamar** *(→ p115)*.

Giorno 2
Mattino
Si parte dalla costa nord e si raggiunge difilato quella meridionale, nella grande area paludosa nei pressi di **33 Guamá** nella **Península de Zapata** *(→ p120)*, dove potete osservare i fenicotteri e i coccodrilli.

Pomeriggio
Circa 30 km a sud est cartelli con slogan trionfali segnano la strada per raggiungere un museo bellico, dove si ricorda l'invasione della **Bahía de los Cochinos** a **34 Playa Girón** *(→ p121)* nel 1961 da parte dei rifugiati cubani che avrebbe dovuto rovesciare il governo di Fidel Castro *(→ p12)*.

Sera

A **30** **Cienfuegos** *(→ p118)* al tramonto si passeggia lungo il **Malecón** (molo), fino alla striscia di terra di **Punta Gorda**, con molti ristoranti e locali.

Giorno 3
Mattino

Andate a esplorare il nucleo storico della bella "perla del sud" prima di proseguire verso est: un uomo anziano con cappello di paglia e sigaro in bocca trotterella sul suo asino per le stradine acciottolate, e con gran senso degli affari espone un cartone scritto a mano che recita "Foto: 50 ct". Siete senza dubbio arrivati a ⭐ **Trinidad** *(→ p108)*, una delle località dell'isola più amate dal turismo (ma anche una delle più belle). Dopo averla visitata fino al pomeriggio, andate a godervi ancora un po' di sole nella spiaggia della città.

Giorno 4
Mattino

Anche solo per i panorami che si aprono a ogni curva della ripida serpentina che sale a nord ovest di Trinidad, il viaggio per il parco nazionale **Topes de Collantes** vale la pena. Il parco, nella **36** **Sierra del Escambray** *(→ p122)*, offre escursioni a piedi piacevolmente fresche fino a scintillanti cascate.

Giorno 5
Mattino

Che cosa ne direste oggi di dedicare la giornata al grande eroe nazionale, Che Guevara? A **38** **Santa Clara** *(→ p123)* potete porgere i vostri rispetti a uno dei miti della rivoluzione cubana nel mausoleo a lui intitolato.

Pomeriggio

Da Santa Clara potete raggiungere l'isola di **29** **Cayo Santa María** *(→ p118)*. Se si prende l'*autopista* si arriva in fretta anche a **40** **Sancti Spíritus** *(→ p124)*, a sud est, la cui città vecchia mantiene un'atmosfera da epoca coloniale.

⭐ 3 Trinidad

Avventuratevi in un viaggio nel tempo, all'epoca dei baroni dello zucchero e degli schiavi africani delle piantagioni: Trinidad e l'attigua Valle de los Ingenios sono siti Unesco. È da questa regione che proveniva nell'Ottocento "l'oro bianco": Cuba divenne il maggior produttore mondiale di zucchero e la più ricca colonia spagnola del Nuovo Mondo. Ne sono testimonianza impressionante ancora oggi gli eleganti palazzi signorili con arredi d'epoca, molti dei quali trasformati in hotel.

Il dominio dell'aristocrazia dello zucchero potè crescere e svilupparsi solo sulle spalle di più di un milione di schiavi portati via a forza dall'Africa. Alcuni di loro riuscirono a scappare dallo sfruttamento, dalle brutali frustate e dalla tortura: i *cimarrónes* (schiavi fuggitivi) si rifugiarono in grotte e nei boschi, temendo costantemente di essere raggiunti dagli aguzzini e dai loro cani (→ p109). Solo nel 1886 Cuba bandì ufficialmente la schiavitù.

I "baroni dello zucchero" si potevano permettere molti lussi

UN MUSEO ALL'ARIA APERTA

Nel 1514 **Diego Velázquez de Cuéllar** (1465-1524), primo governatore spagnolo di Cuba, fondò in nome della Corona spagnola la sua terza *villa* sull'isola: Trinidad. Di mattina la città (75.000 abitanti) è presa d'assalto dai pullman dei viaggi organizzati, ma nel pomeriggio, quando torna la quiete, ci si può volentieri perdere nella labirintica città vecchia fatta di viuzze, scalinate, *patios* e *plazas*, dove da qualche parte un gruppo musicale suona sempre *salsa*, bolero o *son*.

Il punto migliore in cui cominciare la passeggiata è la centrale **Plaza Mayor,** intorno alla quale si stringe un insieme perfettamente restaurato di case coloniali che ospitano gallerie d'arte e musei, chiese e palazzi signorili, nonché qualche canna di cannone (un tempo usate per proteggere gli edifici dalle ruote delle carrozze). Notevoli sono le case a un solo piano con le loro verande. Sul lato orientale si erge la **Iglesia Parroquial Mayor de la Santísima Trinidad** color giallo paglierino, costruita in stile neobarocco nel 1884-92. Nell'interno sobrio, un'oasi di pace, sull'altare neogotico in mogano e cedro intagliato spicca un statua pregevole, che ha più di 300 anni: il *Cristo de la Veracruz*. Come sospeso appare il pulpito, raggiungibile tramite un'oscillante scala a chiocciola. Un altare è dedicato alla Vírgen de la Caridad.

Proprio a sinistra della chiesa si arriva al **Museo Romántico** (anche Palacio Brunet, 1741), che permette di dare uno sguardo allo stile di vita della famiglia che un tempo possedeva lo storico palazzo, la famiglia Brunet: si passa da una all'altra delle 14 sale tra tavole apparecchiate con costose porcellane, letti in ottone (con vasi da notte in opale rosa), comode (sedie-WC) e secretaire in legno massiccio,

DA LEGGERE

Miguel Barnet, *Autobiografia di uno schiavo* (Einaudi 1968).
Lo scrittore e antropologo cubano Barnet nel 1966 lasciò che a parlare della brutalità della vita da schiavo fosse un *cimarrón*, Estebán Montejo, l'ultimo schiavo ancora in vita: all'epoca aveva 103 anni.

marmi e imponenti lampadari. Sul lato affacciato alla piazza la casa ha un portico, così come nella corte interna.

Osservate anche, all'esterno, le caratteristiche *mamparas* e *persianas,* che nel Palacio Brunet sono particolarmente evidenti: le finestre verdi in legno dalla forma ad arco sono oscurate da due battenti a persiana che permettono di aerare gli interni senza far entrare troppo sole. Chi è interessato all'architettura di epoca coloniale può visitare nel lato sud est di Plaza Mayor il **Museo de la Arquitectura Trinitaria**, dipinto in un vivido colore blu, dove sono dettagliati i molti aspetti della splendida architettura della città nella sua epoca d'oro (l'inizio dell'Ottocento).

La casa d'angolo tra Calle Echerrí e Calle Jesús Menéndez accanto alla **Casa de la Trova** (1777 → *p129*) è **la più vecchia di Trinidad.** Fu costruita nella prima metà del Settecento e mostra gli interessanti *barrotes*, specie di balconcini davanti alle finestre, coronati da un piccolo tettuccio e delimitati da cima a fondo da un griglia verticale (*rejas)* in legno tornito (un tempo le finestre non avevano vetri).

BELLE PROSPETTIVE

Un po' defilato verso nord, ma impossibile da non notare, è il campanile della chiesa del **Convento San Francisco de Asís**, costruito nel Settecento: oggi gli edifici conventuali ospitano il Museo de la Lucha Contra Bandidos. La mostra che illustra la battaglia delle truppe governative castriste contro i "banditi controrivoluzionari" che negli anni '60 condussero azioni di guerriglia vale una visita; il campanile offre comunque una bella vista a 360°.

Un altro palazzo signorile su Calle Simón Bolívar, a pochi metri a sud di Plaza Mayor, è oggi sede dell'eccezionale museo della città: il **Palacio Cantero**, costruito tra il 1827 e il 1830, oltre a molti arredi di lusso e oggetti della vita quotidiana delle

Anche un uccello canoro piò essere portato a spasso

famiglie benestanti dell'epoca dei "baroni dello zucchero", propone una mostra sulla tratta degli schiavi africani, sulla produzione dello zucchero a partire dalla canna e sulla prima guerra d'indipendenza dell'isola.

Se volete avere una prospettiva dall'alto della città, salite sulla destra fino in cima al campanile: la scala è a tratti davvero stretta e ripida, ma da lassù lo sguardo spazia e domina sui tetti della città vecchia.

UNA VALLE DA SOGNO

Anche la **Valle de los Ingenios** (o Valle San Luís) fa parte del sito Patrimonio dell'Umanità: a soli 15 km a est della città, la conca ha un paesaggio meraviglioso. Nella "valle degli zuccherifici", nel tra Sette e Ottocento, su una superficie di 250 km² erano in attività più di 50 stabilimenti che producevano zucchero. Si possono visitare alcuni degli ultimi 15 rimasti, anche se ormai in rovina e con le abitazioni, le baracche degli schiavi e i magazzini in parte conservati com'erano e non ancora restaurati.

Un buon punto d'inizio per esplorare la valle è il ristorante **Manaca Iznaga** *(→ p128)* nel villaggio di Manaca. Si trova nella residenza di quello che un tempo era l'uomo più ricco del mondo: don Pedro Iznaga y Borrell (1789-1841). Si salgono 136 gradini per arrivare in cima alla **Torre Iznaga**, antica torre di guardia, alta circa 45 m, ma la fatica è ricompensata dal panorama.

UNA PAUSA

Sulla strada per la Torre Iznaga si passa davanti alla **Loma del Puerto** *(tutti i giorni 8-21 circa | 4 km a est | Ctra. a Sancti Spíritus km 5 | €)*: dal suo *mirador*, assaggiando un fresco *guarapo* (succo di canna), godetevi il bel panorama sulla valle.

210 C2

VIAGGIARE FACILE

■ La **Playa Ancón** *(12 km a sud ovest di Trinidad)*, lunga 5 km, è una delle più belle spiagge dei Caraibi: si può fare snorkelling nella barriera corallina. Partono navette (Trinibus, Transtur) dall'ufficio Cubatur *(una all'ora tutti i giorni 9-15 | biglietto CUC5)*.

■ Dal porto turistico di Trinidad a Casilda (5 km) partono escursioni in catamarano a **Cayo Blanco** *(→ p112)*, un'isoletta con otto siti d'immersione e un ristorante all'aperto *(€€)*. Un piccolo trenino turistico collega la stazione ferroviaria di Trinidad con Casilda, quasi una corsa ogni ora, CUC5 andata e ritorno.

Le splendide facciate color pastello di Trinidad

Cubatur
✉ Maceo 447 esq. F. J. Zerquera ☎ 041 99 61 10 e 041 99 63 14-15,
www.cubatur.cu ⏱ tutti i giorni 8.30-20

Iglesia Parroquial Mayor de la Santísima Trinidad
✉ Plaza Mayor ⏱ tutti i giorni 11-16 circa 💰 ingresso libero

Museo Romántico (Palacio Brunet)
✉ Plaza Mayor ☎ 041 99 43 63 ⏱ mar-dom 9-17 💰 CUC2

Museo de la Arquitectura Trinitaria
✉ Plaza Mayor ☎ 041 99 32 08 ⏱ sab-gio 9-17 💰 CUC1

Museo de la Lucha Contra Bandidos
(Convento San Francisco de Asís)
✉ Guinart esq. Echerrí 59 ☎ 041 99 41 21 ⏱ mar-dom 9-17
(chiuso una domenica sì e una no) 💰 CUC1

Palacio Cantero (Museo Histórico Municipal)
✉ Bolívar 423 ☎ 041 99 44 60 ⏱ sab-gio 9-17 💰 CUC2

⭐5 Varadero

Venti chilometri di spiaggia! La maggior scelta di resort di lusso e di strutture per viaggi organizzati adatti alle famiglie di tutto il paese! Souvenir, club di danza e discoteche – un paradiso *todo incluído,* così come molti lo desiderano. Varadero offre attività di varia natura, dallo shopping nei mercati di souvenir artigianali al Delfinario, dal campo di golf all'ultimo lembo di riserva naturale della zona.

La smilza penisola di Hicacos (20.000 abitanti), che da 150 anni è meta di bagnanti e vacanzieri, ha la sua carta vincente nell'interminabile striscia di sabbia fine. Oggi ogni anno quasi mezzo milione di ospiti internazionali si unisce agli (ex)esiliati cubani che dal 2008 possono finalmente soggiornare qui legalmente in *casas particulares,* alberghi prefabbricati degli anni '70 (al centro dell'abitato) e nei migliori hotel di lusso del paese (soprattutto al limite orientale della penisola), ammesso che se lo possano permettere. Ogni giorno le barche dei centri diving,

Nuotare con i delfini: a Varadero si può

gli yacht e i catamarani sciamano dai tre porticcioli turistici, come la Marina Chapelín, per raggiungere l'Archipiélago de Sabana che ha 30 siti d'immersione e barriere coralline come quella di **Cayo Blanco** (Cayos Blancos).

Non c'è molto da visitare qui: oltre al delfinario merita di essere menzionata l'ex residenza estiva del magnate dell'industria chimica americana Irénée Du Pont: la bella **Mansión Xanadú** (Villa Du Pont, 1926-28) vale una visita, e non solo per il suo *birdcage,* l'ascensore d'epoca. Potete infatti fare anche qualche buca nel campo da golf mentre guardate il mare. Un pezzetto di terreno ancora lasciato allo stato naturale e non ricoperto di hotel è la **Reserva Ecológica Varahicacos** al limite est della penisola: qui tre brevi sentieri didattici tra i cactus portano alla **Cueva de Ambrosio** con pitture rupestri preistoriche dei Taínos.

VIAGGIARE FACILE

Una delle mete preferite dagli operatori di "safari in jeep" *(www.cubatur.cu)* è la **Cueva Saturno,** una grotta dove si può nuotare e fare snorkelling *(tutti i giorni 8-18 | CUC5, come gita: circa CUC40 con Playa Coral | Autopista Aeropuerto Varadero, 20 km a ovest di Varadero | tel 045 25 32 72 | ristorante annesso | €).*
Chi parte molto presto evita la calca, costante nel corso del giorno, e – forse – riesce a godere in solitudine di questa grotta con stalattiti abitata da pipistrelli e le surreali acque cristalline del *cenote* che hanno una temperatura costante di 22 °C.

UNA PAUSA

Per il pranzo la soluzione migliore è andare nell'idilliaco **Parque Retiro Josone** *(tutti i giorni 9-23 | Ave. 1ra esq. 58)* con i suoi tre ristoranti La Campana *(cucina creola | €€-€€€)*, Dante *(italiana | €€)* e El Retiro *(internazionale | €€€)* all'uscita orientale della città *(ristoranti 12-23 | tel per tutti: 045 66 72 28)*.

🗺 209 F5

Infotur
✉ *Ave. 1ra e/ Calles 44 y 46 (nel Centro Comercial Hicacos)* ☎ *045 66 70 44;*
✉ *Ave 1ra esq. 13* ☎ *045 66 29 66, www.infotur.cu*

🚌 Varadero Beach Tour
Autobus scoperto rosso fa 42 fermate in tutta la zona degli hotel
🕐 *tutti i giorni 9-20.30* 💰 *CUC2 per tratta, biglietto giornaliero CUC5*

Marina Chapelín
✉ *Autopista Sur km 12,5* ☎ *045 66 75 50*

Mansión Xanadú (Villa Du Pont)
✉ *Ctra. Las Américas km 8,5, con campo da golf da 18 buche* ☎ *045 66 84 82, www.varaderogolfclub.com* 🕐 *tutti i giorni dalle 10, Bar 10-23.45*

👥 Delfinario
✉ *Autopista Sur km 12,5* ☎ *045 66 80 31* 🕐 *tutti i giorni 9-17, spettacoli 11 e 15.30, nuoto con i delfini: 9.30, 11.30, 14.30 e 16* 💰 *spettacolo: CUC15, bambini (under 13): CUC5, supplemento per fotografare: CUC5*

Cueva de Ambrosio (Reserva Ecológica Varahicacos)
✉ *Autopista Sur km 16* 🕐 *tutti i giorni 9-17* 💰 *giro della grotta di 30 min CUC5*

Un sogno caraibico: Playa Varadero

㉘ Matanzas

Matanzas è un importante centro industriale. Al primo sguardo sembra ci sia poco da vedere, ma in realtà nella città vecchia alcuni signorili palazzi dei baroni dello zucchero e una fortezza testimoniano un passato come crocevia dei lucrativi traffici della città con il commercio di schiavi, tabacco e zucchero. Nell'Ottocento partiva da qui per i mercati oltreoceano un quarto della produzione mondiale di zucchero.

La tradizione al servizio della salute: la farmacia Triolet

La città portuale (140.000 abitanti) fu fondata nel 1693 e si estende intorno alla Bahía de Matanzas, tra i fiumi Yumurí e San Juan: soprannominata la "città dei ponti" (una ventina i *puentes*) è quasi una Venezia *à la cubana*.

La maggior parte dei turisti passa per Matanzas solo nel tragitto dall'aeroporto di Varadero verso la città. Peccato, perché nel suo nucleo storico valgono una visita, oltre alla cattedrale in Calle 83 (o José J. Milanés), anche dei begli edifici in stile coloniale raccolti intorno al **Parque Libertad**. A questi appartiene l'**Hotel Velasco** (1902) splendidamente restaurato: 17 camere con wi-fi che conservano molto charme d'epoca, soprattutto nella lobby con scalone e colonne in marmo e gli azzurri *azulejos* (piastrelle di maiolica) originali.

Sulla piazza di fronte è degna di nota la farmacia costruita nel 1882 in stile liberty e ora **Museo Farmacéutico Triolet**: mantiene ancora l'arredo originale e curiosi oggetti del passato, come una tintura per i calli che ha più di 100 anni su cui resiste l'ingiallita etichetta del produttore, la tedesca Bayer.

Tre isolati più a est, su Plaza de la Vigía, si può ammirare il **Teatro Sauto**, costruito nel 1860 in stile neoclassicista, che ospita una sala abbellita da balconate e colonne con 775 poltrone: qui calcarono le scene sia il tenore italiano Enrico Caruso sia l'attrice francese Sarah Bernhardt. Qualche passo oltre, e si ammira il Palacio del Junco, che oggi è la sede del **Museo Histórico Provincial**, ricco di reperti e oggetti sulla storia della città.

Chi ora, a nord, attraversa il Río Yumurí sul **Puente de la Concordía** (1878), caratterizzato da quattro alti pilastri, dopo circa 2 km raggiunge il piccolo **Castillo de San Severino**, costruito tra il 1694 e il 1734: al suo interno il Museo de la Ruta de los Esclavos espone oggetti relativi alla tratta degli schiavi.

UNA PAUSA

Nel semplice, e centrale, **Café y Cremería Atenas** *(tutti i giorni 10-23 | Calle 83 esq. 272 | tel 045 25 34 93 | €)* nei pressi di Plaza de la Vigía ci si mescola ai cubani per pizza cubana, sandwich, spaghetti, pollo arrosto con riso e fagioli e, naturalmente, birra gelata e *cafecito;* il servizio è relativamente veloce.

📷 **209 E4-5**

Infotur
✉ *Parque Libertad* ☎ *045 25 35 51* 🕐 *lun-sab 9-17*

Hotel Velasco
✉ *Parque Libertad; con ristorante* ☎ *045 25 38 80-84, www.cubanacan.cu*

Museo Farmacéutico Triolet (Botica Francesa Dr. E. Triolet)
✉ *Parque Libertad* ☎ *045 24 31 79* 🕐 *lun-sab 10-17, dom 10-12* 📷 *CUC3*

Teatro Sauto
✉ *Plaza de la Vigía* ☎ *045 24 27 21* 🕐 *tutti i giorni 9-17* 📷 *CUC5 con guida*

Palacio del Junco (Museo Histórico Provincial)
✉ *Calle 272 esq. 83 (a nord di Plaza de la Vigía)* ☎ *045 24 31 95*
🕐 *mar-sab 10-17, dom 9-12* 📷 *CUC2*

Castillo de San Severino (Museo de la Ruta de los Esclavos)
✉ *Ave. del Muelle* ☎ *045 28 32 59* 🕐 *mar-sab 9-16, dom 9-13* 📷 *CUC2*

CUEVAS DE BELLAMAR

Chi vuole sparire per un po' sotterra, può fare un giro tra le stalattiti e le stalagmiti delle **Cuevas de Bellamar**. La grotta, lunga 2,5 km, venne scoperta a metà Ottocento e realmente studiata dal secondo dopoguerra. Il giro più corto, che in 45 minuti copre 750 m, procede su sentieri in cemento e scale con corrimano. Più impegnativo di questo tour è l'escursione con casco e lampada frontale su scale a pioli e, a volte, rocce scivolose *(tutti i giorni 9-12, 13.15-16.15 | escursioni ogni ora: CUC5-8 | Ctra. a las Cuevas | circa 5 km sud est da Matanzas in direzione Canímar).*

㉙ Cayo Santa María

Tre isole meravigliose adagiate sul mare davanti alla costa nord, collegate tra loro da strade rialzate lunghe chilometri: Cayo Las Brujas, Cayo Ensenachos e Cayo Santa María. Chi vuole rilassarsi dopo un faticoso giro per l'isola, è nel posto giusto: sulle spiagge di un bianco abbagliante (ben 13 km!), nello scintillante oceano turchese e a un buffet *todo-incluído*.

Su queste isole tutto deve essere grandioso e senza una pecca, soprattutto per i turisti canadesi e, da poco, anche statunitensi. Qui sorgono giganteschi insediamenti turistici cubano-ispanici che sono vere e proprie fortezze alberghiere con più di 1400 letti l'una, come il Valentin Perla Blanca che nella pubblicità si definisce "in mezzo al parco naturale"...

È solo dalla fine degli anni '90 che l'isola principale e le sue due vicine sono "nate dal mare" come destinazione di lusso grazie a resort *all inclusive* su solitarie spiagge bianche. Dopo lavori durati dieci anni, una strada rialzata lunga 46 km porta ora da Caibarién (dietro pagamento di un pedaggio) su questo tratto dell'Archipiélago Sabana-Camagüey, puntando verso l'oceano attraverso colonie di cormorani e dritte. In totale sono circa 10.000 le camere a disposizione degli ospiti in hotel di quattro e cinque stelle, e ancora molti alberghi sono in costruzione nel più grande centro turistico di Cuba. E sulla terraferma dovrebbero presto aggiungersi un "water park" e un campo da golf.

PUEBLOS PER TURISTI

Chi si annoia un po' a stare tutto il giorno in spiaggia, trova distrazione nel **Pueblo Las Dunas** e nel **Pueblo La Estrella**, villaggi costruiti appositamente per i tu-

VIAGGIARE FACILE

Sulle isole gli hotel, il porticciolo turistico e il delfinario (nonché entrambi i villaggi-parco di divertimento Las Dunas e La Estrella) sono collegati ogni mezz'ora da un autobus panoramico a due piani con il tetto scoperto e più volte al giorno da un piccolo trenino, il *trencito (tutti i giorni 10-3 circa | a seconda degli eventi biglietto CUC2)*.

STELLE DI CUBA

Su Cayo Ensenachos, in una delle spiagge più belle di Cuba (tra Cayo Las Brujas e Cayo Santa María), anche Sting si è lasciato viziare tra i lussi. Alcune delle strutture a quattro stelle costruite una decina di anni fa sul vicino Cayo Santa María sono però già decrepite. In ogni caso, la tipica giornata di una vacanza cubana comincia sempre bene: il mare che scintilla di mille sfumature, l'abbagliante sabbia bianca, le palme che frusciano al vento. Ed è su questo scenario paradisiaco che fa da sfondo alla vostra vacanza *all inclusive* che dovete concentrarvi *(→ p41)*. Soprattutto quando lo sciacquone non funziona a dovere, l'asciugamano ha qualche buco e la porta della terrazza non si chiude... L'offerta alberghiera sulle isole è in crescita costante: le gru dei cantieri edili fanno ormai quasi parte del panorama.

risti, dove il tradizionale carnevale della zona diventa uno spettacolo; inoltre, si può sfogare il proprio desiderio di fare acquisti alle bancarelle e ci si rilassa con un massaggio a quattro mani, una pedicure o facendosi fare mille treccine. Ci sono anche tanti altri modi di passare il tempo lontano dalla spiaggia, come il bowling, le discoteche, il Cigar Lounge, jazz caffè, piano-bar e ogni tipo di ristorante (in genere €€).

Da Marina Gaviota su **Cayo Las Brujas** partono **escursioni di diving** e **gite in catamarano** ai dieci siti d'immersione e alla barriera corallina dell'arcipelago. E nel **Delfinario** si può nuotare insieme a Kiki, Pepe & Co. e ammirare le otarie che fanno i loro numeri.

UNA PAUSA

Chi non ne può più di buffet *all inclusive* negli hotel e non ha trovato posto nei ristoranti à la carte (spesso è obbligatoria la prenotazione), può mangiare in uno dei due pueblos, ad esempio al **Pueblo La Estrella**, dove ci sono una steakhouse, un ristorante giapponese e uno italiano (€€) e alcune tavole calde, come il **Barco El Pirata** *(tutti i giorni 10-23 circa | tel 042 35 04 00 | €)* a forma di nave.

🗺 211 E-F4

Marina Gaviota
✉ *Cayo Las Brujas* ☎ *042 35 00 13* 🕐 *tutti i giorni 8-17* 📷 *uscita di sub circa CUC40, gite in catamarano CUC35 circa*

Delfinario
✉ *Cayo Las Brujas* 🕐 *tutti i giorni 10-16, in alta stagione spettacolo tutti i giorni alle 15, resto dell'anno lun-mer e ven alle 15* 📷 *CUC3, spettacolo: CUC15, 30 min. nuoto con i delfini: CUC60-75 (da concordare), bambini: da circa CUC40 ; si prenota anche in hotel come gita con tour in catamarano e cena di aragoste, circa CUC100*

Pueblo Las Dunas e Pueblo La Estrella *(→ p130)*

㉚ Cienfuegos

Anche l'Unesco si è accorta della "perla del sud" e nel 2005 la città vecchia è entrata a far parte del Patrimonio dell'Umanità. Il che non sorprende, perché qui c'è davvero molto che merita di essere visto: venerabili palazzi un tempo appartenuti a famiglie aristocratiche o ai magnati dello zucchero, una fortezza, una moderna marina per barche da diporto – e la Playa Rancho Luna non è distante...

Questa città industriale fondata nel 1819 (170.000 abitanti) sulla **Bahía de Jagua** merita una visita soprattutto da parte degli appassionati di storia e dei vecchi racconti sulla pirateria. Nel suo secondo viaggio esplorativo a Cuba, nel 1494, **Cristoforo Colombo** veleggiava lungo la costa meridionale quando scoprì una baia profonda 20 km con un'imboccatura strettissima, solo 200 m.

Della ricchezza portata dal commercio dello zucchero nell'Ottocento sono testimoni ancora oggi edifici e veri e propri palazzi da *Mille e una notte*. La prima cosa che attira l'attenzione sulla bella piazza principale, **Parque Martí**, è un complesso coloniale: sul lato nord del neoclassico **Teatro Tomás Terry** (1887-90) – nella cui sala dal soffitto affrescato, con il proscenio in legno intagliato e i bei palchi a balconcino, si esibirono in passato anche il grande tenore italiano Enrico Caruso e la danzatrice e attrice francese Sarah Bernhardt. Nel 1920 Caruso pernottò nel **Palacio Ferrer** (oggi **Casa de la Cultura**) di fronte, in diagonale: tra il 1917 e il 1918 il barone dello zucchero Don José Ferrer si fece costruire la propria residenza in stile rococò con una torre *mirador* delicatamente rifinita, balconi e balconcini abbelliti da colonnine, balaustre sul tetto e un lungo portico al pianterreno.

Sul lato orientale si erge la sobria **Catedral de la Purísima Concepción** (1869), sul lato sud il neoclassico **Palacio del Ayuntamiento,** il municipio.

SULLA PASSEGGIATA LUNGOFIUME E OLTRE

Percorrendo la **passeggiata lungofiume** lunga 3 km verso sud si raggiunge la lingua di terra detta **Punta Gorda** con le sue ville. Ad ammaliare qui è il fotogenico **Palacio de Valle** (1913-17) della famiglia nobiliare Oclico del Valle Blanco: le sue tre torri di tre piani, un insolito mix di gotico, barocco e stile *mudéjar* orientaleggiante, simbolizzano non solo il potere, ma anche la religione e l'amore.

Il municipio e la sua cupola

Il **Castillo de Jagua** (1733-45), con il suo fossato e il ponte levatoio, domina dall'alto il villaggio di pescatori di **El Perché**, con le sue decrepite casette in legno, sul lato occidentale della baia. All'interno del forte si trova un museo storico, completo di cannoni. Per arrivare al Castillo prendete una barca dall'approdo di fronte, oppure dal porto della città vecchia.

Un teatro con stile: il Tomás Terry

UNA PAUSA
Il **Café Terry** *(tutti i giorni 10-24, gruppi live: 17 e 22.30 | Parque Martí, vicino al teatro | tel 043 51 33 61 | €)* offre ai suoi ospiti spuntini cubani.

210 B2-3; Ingresso dal fiume Yaguaramas, non dalla maltenuta strada costiera

Cubatur
✉ *im Hotel Jagua, Ave. 37 n. 1, Punta Gorda, e in Calle 37 e/ Ave. 54 y 56*
☎ *043 55 12 42, www.cubatur.cu* 🕐 *lun-ven 9-12, 14-18*

Teatro Tomás Terry → *p129*
✉ *Parque Martí* ☎ *043 51 33 61* 🕐 *tutti i giorni 9-17* 📷 *CUC2*

Palacio del Valle
✉ *Calle 37 esq. Calles 0 y 2, Punta Gorda; con un ristorante elegante (€€)*
☎ *043 55 12 26* 🕐 *tutti i giorni 10-23, visite guidate 10-17*
📷 *CUC2 incluso cocktail*

Castillo de Jagua
✉ *Calle 23 esq. Ave. 46 (lato occidentale della baia)* ☎ *043 96 54 02*
🕐 *tutti i giorni 9-17* 📷 *CUC5* 🚤 *45 min di navigazione dal molo Terminal de Cabotaje della città vecchia, Ave. 46 esq. Calle 23, 3 volte al giorno, tutti i giorni*

Nel **Jardín Botánico Soledad** molto impressionante è il viale di palme reali all'ingresso, ancor prima di entrare nella valle che vanta più di 300 tipi di palme, provenienti da cinque continenti. Su 97 ettari di superficie e in serra crescono 2000 piante diverse, tra cui orchidee e cactus *(tutti i giorni 8-16.30 | CUC3 | Calle Central 136, Pepito Tey | circa 15 km a sud est di Cienfuegos | tel 043 54 53 34)*.

VIAGGIARE FACILE

Mete su misura

31 Valle de Yumurí

La valle "più bella del mondo", si entusiasmò Alexander von Humboldt durante un viaggio esplorativo nel 1801 quando vide il rigoglioso panorama tropicale delle vallate dei fiumi Yumurí e Bacunayagua. Il paesaggio collinare, dominato dalle maestose *palmas reales*, ha prati su cui pascola il bestiame, inframmezzati da *bohios* (capanne) con tetti in foglie di palma, e sporadici mulini a vento. I contadini salutano dai loro ronzini, jeep e carri che transitano con fracasso sulle piste.

🖼 209 E5

Tren de Hershey

🔵 *tutti i giorni 4-5 treni (teoricamente, in genere non nelle festività) tra l'Avana-Casablanca (Regla) e Matanzas (unica linea elettrificata del paese), fermata nella valle di Yumurí, ad esempio nella "stazione" Mena (circa 4 ore per tratta, frequenti i guasti)*

📷 CUC 1-3

32 Cárdenas

A Cárdenas (130.000 abitanti) la vita di tutti i giorni è fatta di carretti tirati dai cavalli, tristi negozi dove si acquista in *moneda nacional* ed edifici coloniali mezzi distrutti. Mentre i monumenti ricordano eventi storici, c'è un museo dedicato a un caso molto più recen-

te: nel 1999 il giovane Elián Gonzáles era con sua madre in un barcone carico di cubani in fuga dall'isola verso la Florida. Quando la madre morì divenne motivo di contenzioso tra i due grandi nemici (Cuba e gli USA): qui si racconta la versione cubana della storia.

🖼 209 F5

Museo à la Batalla de Ideas

✉ *Ave. 6 e/ Calles 11 y 12* ☎ *045 52 39 90* 🕐 *mar-sab 9-17, dom 9-13* 📷 *CUC3*

33 Guamá e Península de Zapata

L'area umida di 6000 km² più grande di Cuba – la Ciénaga de Zapata (anche Gran Parque Natural Montemar) – è candidata a diventare Riserva della biosfera Unesco. Vi aspettano grotte sommerse in cui immergervi (*cenotes*) e mangrovie con coccodrilli, uccelli migratori e fenicotteri. Tutti i pullman dei viaggi organizzati si fermano al

Avvicinarsi con cautela: allevamento di coccodrilli

Complejo Turístico La Boca con annesso ristorante, negozio di souvenir e un allevamento (*criadero*) di coccodrilli. La zona è anche meta di pescatori e birdwatcher. Se avete un po' di tempo, fate una deviazione in barca tra le mangrovie attraverso la Laguna del Tesoro fino al museo taíno all'aperto, il **Museo Guamá**, e ammirate le sculture di questo popolo alla Villa Guamá (un decrepito hotel in mezzo al lago). Circa 15 km a sud di Guamá si arriva a **Playa Larga,** una spiaggia adatta alle famiglie. La **Cueva de los Peces**

Il Parque Nacional Ciénaga de Zapata preserva le bellezze naturali della penisola

nei pressi è una grotta sottomarina collegata al mare da un tunnel ricco di pesci.
📲 **209 E3-F3**

Complejo Turístico La Boca
✉ *Ctra. a Ciénaga de Zapata km 19*
☎ *045 91 56 66* 🕐 *tutti i giorni 9-17, estate fino alle 18*
📷 *Criadero de cocodrilos: CUC5*

Villa/Museo Guamá €
✉ *collegata al centro* ☎ *045 91 55 51, www.hotelescubanacan.com* 🕐 *Museo Guamá: tutti i giorni 8-18* 📷 *CUC1*
⛴ *battello: tutti i giorni 10-14*
📷 *circa CUC10*

Cueva de los Peces
✉ *Ctra. de Playa Larga a Playa Girón, a sud di Playa Larga* ☎ *045 98 55 67*
🕐 *tutti i giorni dalle 9 fino alle 17*
📷 *CUC3, con ristorante turistico*

🟫34 Playa Girón (Bahía de los Cochinos)
Questa regione isolata nel 1961 finì in prima pagina su tutti i giornali del mondo: nella leggendaria "Baia dei Porci", Bahía de los Cochinos, fallì il tentativo dei cubani in esilio a Miami di invadere l'isola, nonostante avessero l'appoggio della CIA. Dopo tre giorni di combattimenti e 300 vittime, i cubani presero prigionieri

quasi 1200 invasori e li rispedirono negli Stati Uniti in cambio di medicinali e cibo per un valore di 60 milioni di dollari. Il **Museo** racconta quei giorni con foto in bianco e nero, oggetti personali, camicie macchiate di sangue, armi, mappe e un documentario di 15 minuti.
📲 **209 F2**

La costa sud ha una fauna molto diversificata

Museo de la Intervención
✉ *Ctra. Playa Girón* ☎ *045 98 41 22*
🕐 *tutti i giorni 9-17* 📷 *CUC3*

🟫35 Cayo Largo
Un tipico enclave vacanziero cubano: sull'isola, con una superficie di 38 km², i turisti vengono per oziare, prendere il sole e fare snorkelling. Una mezza dozzina di hotel *all inclusive* dà ospitalità ai turisti, perlopiù canadesi e italiani. Nel

piccolo insediamento **Isla del Sol** nell'o-vest, con un piccolo **allevamento di tar-tarughe** (Granja de las Tortugas → *pp27, 28*), partono dal piccolo portic-ciolo turistico barche per la pesca d'al-tura e catamarani che vi portano su isolotti alla Robinson Crusoe. Il massi-mo: la **Playa Sirena** lunga 2 km con sabbia finissima di un bianco abba-gliante e circondata da palme, mentre un delfinario attira da Varadero e L'Ava-na molti gitanti che raggiungono l'isola in elicottero.

⚓ **209 E1**; *tutti gli hotel hanno uffici informazioni dove si possono prenotare le escursioni*

Cubatur

✉ *nell'Hotel Pelícano* ☎ *045 24 82 58, www.cubatur.cu* ⏰ *tutti i giorni 8.30-18*

🐬 Delfinario

✉ *Playa Sirena* ⏰ *tutti i giorni 10-16, 6 spettacoli o "interazione"/nuoto con i delfini*
💰 *da CUC50, bambini da CUC45*

36 Sierra del Escambray e Topes de Collantes

I boschi del **Parque Nacional Topes de Collantes** (→ *p191*) tutt'intorno al **Pico San Juan** di 1156 m e al borioso e ampol-loso Hotel Escambray sono un paradiso per pescatori ed escursionisti. Molto

amati sono i tour "Rambo" in camion militari che partono da Trinidad, ad esempio con passeggiate alla cascata di 65 m **Salto del Caburní** (*3-4 ore, ripido, 400 metri di dislivello!*) o nel **Parque Na-cional El Cubano** al **Salto Javira** con grot-te meravigliose in cui si può nuotare dietro la cortina della cascata.

⚓ **210 C2**

Centro de Información

✉ *Complejo Topes de Collantes, presso Hotel Escambray*
☎ *042 54 02 31* ⏰ *tutti i giorni 8-17*
💰 *passeggiate/cascate circa CUC10, gita di un giorno intero da Trinidad (→ p108) circa CUC35-55*

37 Presa de Hanabanilla

Un piacevole paesaggio di boschi e colli-ne circonda il grande lago artificiale di 32 km² ai piedi della Sierra del Escam-bray (*vedi sopra*), il cui immissario è il Río Negro. Con le sue acque alimenta dal 1972 la principale centrale idroelettrica cubana. Per i pescatori dilettanti si rivela una meta vantaggiosa, perché il lago ri-gurgita di begli esemplari di pesce persi-co e trote. Le gite conducono alle amene **cascate El Nicho** lì vicino, con laghetti dove si nuota ai piedi del Pico San Juan. Qui si possono anche noleggiare cavalli per passeggiate (una brutta strada, da raggiungere solo in fuoristrada!).

⚓ **210 C2**

El Nicho
✉ *Ctra. a Cumanagua (circa 5 km a ovest del lago Hanabanilla)* ☎ *043 43 33 51* 🕐 *tutti i giorni 8.30-18.30* 📷 *Passeggiata: CUC10*

38 Santa Clara
Nella città universitaria (230.000 abitanti) il 29 dicembre 1958 avvenne la battaglia decisiva della rivoluzione, quando Che Guevara e i suoi *compañeros* ebbero la meglio sulle truppe governative. Un monumento sulla gigantesca **Plaza de la Revolución** commemora i ribelli con una statua di bronzo e un grandioso **mausoleo**. Il **Museo Monumento "A la Toma del Tren Blindado"** mostra quattro dei vagoni del treno fatto deragliare dai guerriglieri nel luogo in cui questo avvenne e possiede fotografie, armi, giornali e oggetti personali dei *guerrilleros.*
🗺 **210 C3**

Cubatur
✉ *Abreu 10* ☎ *042 20 89 80-81, www.cubatur.cu* 🕐 *lun-ven 9-16*

Museo y Monumento "Comandante Ernesto Che Guevara"
✉ *Plaza de la Revolución* ☎ *042 20 58 78* 🕐 *mar-sab 8-18, dom 8-17* 📷 *gratis; si devono lasciare in custodia le borse, film e foto vietati!*

Museo Monumento "A la Toma del Tren Blindado"
✉ *a est di Independencia* ☎ *042 20 27 58* 🕐 *mar-sab 8-16, dom 8-12* 📷 *CUC1*

39 Remedios
Questa cittadina minuscola e charmante nei pressi di Cayo Santa María (→ *p116*) è una vera perla coloniale: a Remedios (30.000 abitanti) si passeggia senza meta in uno degli insediamenti più antichi di Cuba (nato intorno al 1514) per vicoli tra begli hotel coloniali, chiese barocche, casette dai tetti in tegola, carri tirati da buoi e scoppiettanti macchinoni anni '50. Al Parque Martí si erge la **Par-**

A Santa Clara il Che è venerato: qui vi è il suo mausoleo

roquial de San Juan Bautista (probabilmente edificata nel 1550), il cui soffitto in stile *mudéjar* ha più di 250 anni e di fronte la **Iglesia de Nuestra Señora del Buen Viaje** (XVIII-XIX secolo). Il 24 dicembre si festeggiano le *parrandas,* una festa carnevalesca con processioni e fuochi d'artificio *(→ p130).*
📷 **211 D3**

Parroquial de San Juan Bautista
✉ *Parque Martí* 🕐 *lun-ven 9-17, sab 14-17, dom 9-12, messe tutti i giorni 19.30, dom 16.30*
📷 *ingresso libero*

40 Sancti Spíritus
Fondata già nell'anno 1514 da Diego Velázquez de Cuéllar *(→ p108)* sulle sponde del Río Yayabo, Sancti Spíritus fu una delle prime sette *villas* su suolo cubano. Nel cuore storico del capoluogo della provincia (120.000 abitanti) regna una piacevole atmosfera tra chiese barocche e palazzi coloniali, affreschi in parte originali e vicoli acciottolati. Uno di questi è lo splendido **Callejón del Llano** con le vecchie casette dai tetti di tegole e i battacchi sulle secolari porte in legno. La **Iglesia Parroquial Mayor del Espíritu Santo** (1522/1680) si presenta particolarmente affascinante e ha ancora la copertura lignea originale. Il **Museo de Arte Colonial** (1744) espone

porcellane, comò e lampadari in cristallo di valore appartenuti alla famiglia che possedeva il palazzo, i Valle Iznaga. Un paio di passi verso sud ovest attraversa il fiume il **Puente Yayabo** (1817) con le sue possenti quattro campate in mattoni.
📷 *211 D-E2*

Cubatur
✉ *Gómez 7* ☎ *041 32 85 18 www.cubatur.cu* 🕐 *lun-sab 9-17*

Iglesia Parroquial Mayor Espíritu Santo
✉ *Plaza Honorato*
🕐 *tutti i giorni 8.30-18*
📷 *ingresso libero*

Museo de Arte Colonial
✉ *Plácido esq. Menéndez*
☎ *041 32 54 55*
🕐 *mar-sab 9.30-17, dom 9-12*
📷 *CUC2*

Che Guevara ricordato in un ex zuccherificio a Remedios

Dove...
dormire

Prezzi
Una notte in camera doppia:
€ meno di CUC40
€€ CUC40-100
€€€ più di CUC100

CAYO LARGO

Sol Cayo Largo €€€
Da molto tempo la sistemazione migliore dell'isola: le casette a due piani di cui è composto l'hotel si estendono tra zona piscina e dune; ha quattro ristoranti sulla spiaggia e cinque bar. Grandi camere ariose e amache sui balconi.
🏨 *209 E1* ✉ *Playa Lindamar* ☎ *045 24 82 60, www.meliacuba.com*

Hotel Pelícano €€-€€€
Come un villaggio mediterraneo, la struttura ha 300 camere comode, ma di medio livello e vecchio stile. Le casette a due piani circondano l'enorme piscina. A volte vista mare dal balcone "in prima fila", campo da tennis e animazione.
🏨 *209 E1* ✉ *Playa Lindamar*
☎ *045 24 83 33*
www.gran-caribe.com

CAYO SANTA MARÍA

Iberostar Ensenachos €€€
Non c'è posto più lussuoso a Cuba: anche Sting ha mostrato di apprezzare le royal suite "ultra-inclusive", il maggiordomo, i mobili di design, la cucina da gourmet e una delle più belle spiagge dell'isola in esclusiva: ma tutto ciò ha il suo prezzo...
🏨 *211 E4*
✉ *Cayo Ensenachos*
☎ *042 35 03 01*
www.iberostar.com

Meliá Buenavista €€€
Chi lo desidera può mangiare ogni sera un'aragosta! L'aristocratico cinque stelle "adults only" ha 105 suite con maggiordomo disposte sulla meravigliosa Playa Madruguilla, a volte con belle docce all'aperto. Tre spiagge, due piscine e un servizio perlopiù molto professionale.
🏨 *211 F4* ✉ *Cayo Santa María* ☎ *042 35 07 00, www.meliacuba.com*

CIENFUEGOS

La Union €€
Proprio al centro della zona pedonale piena di trambusto, l'hotel accoglie i suoi ospiti con arredo coloniale e locali in stile moresco, bar sul rooftop e una mini piscina nello splendido patio.
🏨 *210 B2-3* ✉ *Calle 31*
☎ *043 55 10 20, www.meliacuba.com*

SANCTI SPÍRITUS

Hotel del Rijo €€
In questo incantevole piccolo boutique hotel si sta davvero bene, peccato che si sia solo di passaggio. Il palazzo neoclassico costruito nel 1818 è l'hotel migliore della città. Centrale e con molto charme storico. Ci sono 16 camere (sette delle quali con balcone) e un bel cortile interno con connessione internet.
🏨 *211 D-E2* ✉ *Honorato del Castillo n.12* ☎ *041 32 85 81-88*
www.islazul.cu

SANTA CLARA

La Granjita €-€€
Hotel di categoria media, vecchio, ma ancora accettabile: è fuori città ed è frequentato da turisti in viaggio organizzato e cubani. Nel giardino sono disseminate 30 originali *cabañas* rotonde a due piani. Molta confusione nella zona piscina e sul campo da tennis.
🏨 *210 C3* ✉ *Ctra. a Malezas km 2 (circa 5 km a est di Santa Clara)* ☎ *042 21 81 49, www.hotelescubanacan.com*

TOPES DE COLLANTES (TRINIDAD)

Casa El Manantial €

Un *ecoalojamiento* che è davvero 100% "eco". Aray e Oscar hanno costruito nel mezzo del nulla tra Trinidad e Topes de Collantes un'oasi verde: una casa in legno, argilla e mattoni in cui anche i letti e il resto dell'arredo sono costruiti con materiali naturali. Si soggiorna in un paradiso di natura, tra orti, alberi di pesco, papaya e avocado, con ponti sospesi sopra idilliaci ruscelli.

🏠 210 C2

✉ *Ctra. Topes de Collantes, "Mango Pelones", circa 6 km prima di Topes de Collantes* ☎ *042 54 13 25*

TRINIDAD

Hostal El Capitán €-€€

La giovane coppia Yilenis e Maikel si prende buona cura degli ospiti della *casa particular* che i due gestiscono appena fuori città. La *casa* è un po' più cara del solito, ma la sua posizione sulla costa lo giustifica: direttamente sul mare, su un terreno roccioso. Parecchie le camere apprezzabili, con una veranda per ammirare il tramonto.

🏠 210 C2

✉ *Playa La Boca 82, Ctra. Ancón (circa 5 km a ovest di Trinidad)* ☎ *041 99 30 55, captaincasanovatrinidad@yahoo.es*

Iberostar Grand Hotel €€€

Il miglior hotel della città: in questo cinque stelle si vive come un nobile del Settecento. Il palazzo storico impressiona appena si mette piede nella lobby e vanta un ristorante di alta classe, il servizio di un maggiordomo e la connessione wi-fi. Chi è sensibile ai rumori (la piazza centrale è molto frequentata anche la notte) dovrebbe scegliere una camera sul retro.

🏠 210 C2

✉ *Parque Céspedes*

☎ *041 99 60 70, www.iberostar.com*

VARADERO

Blau Varadero €€€

Immenso, questo blocco di cemento troneggia su un'ampia e bella spiaggia: vista mare garantita da ognuno dei 13 piani, ma solo per adulti! Questo hotel di fascia media vorrebbe passare per un cinque stelle, è però piuttosto modesto. Se la prima camera che vi mostrano "non va" (controllate la toilette, la doccia, la porta del balcone e l'aria condizionata!), è meglio chiedere subito di vederne un'altra. Con piscina.

🏠 209 F5 ✉ *Ctra. Las Morlas km 15*

☎ *045 66 75 45, www.blauhotels.com*

Iberostar Varadero €€€

400 camere con wi-fi in un edificio coloniale, zona piscina e una spiaggia da sogno isolata. Uno dei pochi hotel di lusso di Cuba dove la qualità è costante.

🏠 209 F5 ✉ *Ctra. Las Morlas km 17,5*

☎ *045 66 99 99, www.iberostar.com*

Dove...
mangiare
e bere

Prezzi
Un piatto principale (bevande escluse):
€ meno di CUC10
€€ CUC10-20
€€€ più di CUC20

CIENFUEGOS

Club Cienfuegos €-€€

Nell'ex yacht club ci si mescola ai velisti in un paio di locali con vista sul porticciolo turistico e la baia: il raffinato La Lobera (€€) al primo piano specializzato in piatti di carne e aragosta (nel weekend da prenotare prima) e El Marinero (€) al pianterreno con buffet (€€) e concerti live.

🏠 **210 B2-3**

✉ *Paseo del Prado (= Calle 37) e/ Calles 8 y 12* ☎ *043 51 28 91 e 043 52 65 16* 🕐 *tutti i giorni 10-18; La Lobera: 18-23; El Marinero 12-23, inoltre: discoteca dalle 22 fino all'1* 📷 *CUC1, uso della piscina: CUC3*

Palacio del Valle (→ p119)

Villa Lagarto €€

Un ristorante con una meravigliosa terrazza sul mare, dove gli ospiti ricevono un servizio professionale e gustano, tra le varie proposte, frutti di mare e cucina cubana alla griglia (buffet €€€). Frequentato da molti gruppi. Si può anche pernottare nei dintorni di un verde rigoglioso: camere piccole, con piscina (€).

🏠 **210 B2-3**

✉ *Calle 35 n. 4B e/ Ave. 0 y Litoral, Punta Gorda* ☎ *043 51 99 66, www. villalagarto.com* 🕐 *tutti i giorni 8-23*

MATANZAS

Ruinas de Matasiete €

Grigliate all'aperto direttamente sulla Bahía de Matanzas: in un vecchio capannone in rovina regna una bella atmosfera, con danze e musica live e ghiacciate birre alla spina.

🏠 **209 E5**

✉ *Vía Blanca esq. Calle 101, un po' fuori a sud di Puente Calixto García* ☎ *045 25 33 87* 🕐 *tutti i giorni 10 22, ven-dom concerti dalle 21* 📷 *CUC3*

PRESA DE HANABANILLA

Rio Negro €

In questo isolato ristorante per turisti sul Río Negro i partecipanti alle uscite in barca vengono accolti in capanni dai tetti in paglia in mezzo alla foresta pluviale: si mangia cubano.

🏠 **210 C2** ✉ *Presa Hanabanilla* ☎ *042 49 11 25* 🕐 *tutti i giorni 11-16*

SANCTI SPÍRITUS

Mesón de la Plaza €

Un classico: tra muri di età coloniale vicino all'Hotel del Rijo *(→ p125)* ci si siede anche su panche per assaggiare sostanziose ricette cubano-spagnole come lo stufato *potaje mensonero* o gli straccetti di manzo *ropa vieja*.

🏠 **211 D-E2** ✉ *Plaza Honorato* ☎ *041 32 85 46* 🕐 *tutti i giorni 9-23*

SANTA CLARA

El Quijote €

Molto conveniente e al margine della spiaggia: questo ristorante in un giardino offre maiale e pollo alla griglia, aragoste e salmone (il buffet a un prezzo imbattibile, CUC6, con tutti gli annessi e connessi, compreso il dessert!). Tavoli con tovaglie bianche, buoni cocktail... in breve: i cubani giurano che è il meglio!

🏠 **210 C3** ✉ *Ctra. de Sagua km 1 esq. Calle 49* ☎ *05 2 62 56 20* 🕐 *tutti i giorni 12-23*

TRINIDAD

Manaca Iznaga €€

In quella che era una *hacienda* si assaggia, tra l'altro, il maialino da latte. Vicino alla torre d'avvistamento Torre Iznaga, *(→ p110)*.

🏠 **210 C2** ✉ *Ctra. a Sancti Spíritus km 12,5* ☎ *041 99 72 41* 🕐 *tutti i giorni 10-17, salita sulla torre: 8-17* 📷 *CUC2 ; con mercato di souvenir, "Fiesta Campesina" con musica e gruppi folcloristici per i viaggi organizzati*

Plaza Santa Ana €

Un'atmosfera molto coloniale: si pranza tra cannoni sul patio acciottolato di una villa storica, assaggiando cucina creola tipica, come i cordon bleu alla cubana con formaggio e prosciutto. I prezzi sono convenienti.

📍 210 C2
✉️ *Plaza Santa Ana* ☎️ *041 99 64 23*
🕐 *tutti i giorni 12-15, bar 16-24*

Taberna La Botija €€

Chi si lascia servire volentieri da "schiavi", in questo locale a tema relativamente nuovo ma già consolidato mangia (bene e tanto) tra catene e candele accese – ammesso che trovi posto (meglio venire prima delle 18). Le specialità più richieste sono gli "spiedini appesi" (spero abbiate un grande appetito!), ma ci sono anche tapas, aragoste, hamburger e pizza, con musica live tutta la sera.

📍 210 C2
✉️ *Calle Amargura 71 B esq. Boca* ☎️ *05 2 83 01 47, labotija.trinidadhostales. com* 🕐 *tutti i giorni 24 ore su 24*

Trinidad Colonial €-€€

Durante il giorno buffet con gustosi piatti cubani, che piacciono molto anche ai turisti dei viaggi organizzati. La sera si cena à la carte ed è più tranquillo. Si servono anche pizze, gamberetti e aragoste.

📍 210 C2
✉️ *Maceo 51* ☎️ *041 99 64 73*
🕐 *tutti i giorni 9-22*

VARADERO

Dante €€ → *p113*

La Campana €€-€€€ → *p113*

La Casa de Al €€€

Il ristorante all'entrata occidentale della città si definisce la casa dove venne in vacanza Al Capone e i piatti hanno nomi adeguati, come l'"insalata del padrino": il posto più bello è sulla terrazza verso il mare (controllate bene il conto, però...).

📍 209 F5 ✉️ *Ave. Kawama* ☎️ *045 66 80 50* 🕐 *tutti i giorni 10-22.30*

La Casa del Miel €-€€

Visto il buon rapporto qualità-prezzo qui c'è quasi sempre la ressa: è un locale semplice, che serve pizze dal prezzo irrisorio ma fatte molto bene (non quella sorta di panino ripieno che spacciano spesso per pizza); si possono mangiare anche spaghetti e piatti di mare. Oltretutto, lo staff è cordiale e i cocktail sono buoni. Trovate anche aragoste.

📍 209 F5
✉️ *Ave. 1ra e/ Calles 25 y 26*
☎️ *045 66 77 36* 🕐 *tutti i giorni 12-22*

La Vaca Rosada €-€€

Per una cena romantica su una terrazza sul tetto privata: in questo *paladar* si mangia in modo eccellente e i camerieri hanno un'alta professionalità: pesce e frutti di mare (spiedini di gamberetti e astice alla griglia) e bistecche, ma anche pizza e pasta. Assolutamente convincente anche la carta dei cocktail. Si è ormai sparsa la voce sulla qualità del ristorante e a volte si deve aspettare il tavolo nell'angolo lounge.

📍 209 F5
✉️ *Calle 21 n. 102 tra Ave. Primera y Segunda* ☎️ *045 61 23 07*
🕐 *tutti i giorni 18.30-23*

El Retiro €€€ → *p113*

Dove... fare acquisti

Nelle località turistiche si moltiplicano i negozi per gli stranieri ("bazare"), che occupano spesso intere vie e in cui si possono acquistare prodotti artigianali tipici della regione (ad esempio a Trinidad e Varadero). Una tendenza relativamente nuova sono i villaggi-parchi di divertimento sulle isole (ad esempio a Cayo Santa María) che includono negozi di souvenir, di rum e di sigari.

SOUVENIR E MERCATI

Il **mercato Candonga** nel cuore di Trinidad offre tutto ciò che fa felice i cacciatori di souvenir, da oggetti in legno intagliato fino ai centrini fatti al tombolo e alle stoffe ricamate *(tutti i giorni 9-17 | Callejón de Peña e Plaza Segarte).*

La strada principale di Varadero, l'Avenida Primera lunga chilometri, è praticamente un susseguirsi di negozi di souvenir, tra cui il **Bazar Varadero** *(tutti i giorni 9-18 | Ave. 1ra e/ Calles 44 y 46)* con manufatti artigianali e dipinti. E non va dimenticata **Plaza América** *(tutti i giorni 10-20.30 | Ctra. Las Morlas km 11, tra gli Hotel Meliá Las Américas e Meliá Varadero)* che ha boutique, supermercati, bar, ristoranti, agenzie di viaggio e connessione a internet.

Nei **villaggi di divertimento** sull'isola **Cayo Santa María** ci sono numerosi negozi con souvenir di qualsivoglia fattura, da quelli in legno prodotti con lattine di tu·Kola riciclate a manufatti in pelle. Molti oggetti sono kitsch, ma si trova da comprare anche qualcosa di artigianale e genuino (spesso più convenienti che negli store degli hotel).

Il **Fondo Bienes Culturales** (Parque Martí) di Cienfuegos ha un bell'assortimento di prodotti artigianali.

GALLERIE D'ARTE

Nell'atelier-galleria d'arte **CubanArt-Studio** di Yudit Vidal Faife *(Desengaño 294 e/ Jesús María y Carmen, Trinidad, tel 05 2 90 36 81, www.yuditvidal.com)* si può osservare la famosa artista creare le sue opere surrealiste e immaginifiche, ma anche romantiche.

Nella **Galería de Arte Universal** *(lun-sab 9-17, dom 9-13 | Plaza Mayor, Trinidad)* di Palacio Ortíz sono esposte opere di artisti e artigiani locali.

Dove...
divertirsi

TEATRO

Nell'elegante 🎭 **Teatro Tomás Terry** di Cienfuegos si può assistere a spettacoli operistici e folcloristici, così come a rappresentazioni teatrali per bambini (in spagnolo) *(spettacolo alle 20 | circa CUC5-10 | Parque Martí | tel 043 51 33 61).* Anche a Matanzas esiste un antico teatro veramente bello *(Teatro Sauto → p114).*

VITA NOTTURNA

Nella **città vecchia di Trinidad**, in Plaza Mayor, per tutta la scalinata verso la **Casa de la Música** *(grande spettacolo all'aperto di salsa dalle 22 | CUC5 | tel 041 99 66 22-23 | concerti 10-14, 16-20 | in parte gratis)* l'atmosfera è animata ogni sera.

Durante il giorno diversi gruppi si esibiscono alla **Casa de la Trova** *(tutti i giorni 10-1 | CUC1 | Plaza Segarte | tel 041 99 64 45).* E poi si continua fino alle prime ore del mattino nella cavernosa discoteca **Ayala** *(mar-dom dalle 23 | CUC5 con consumazione | Hotel Las Cuevas, Santa Ana | tel 041 99 66 15).* Chi la sera in Calle Simón Bolívar sta andando verso la discoteca Ayala, può "scaldare" l'atmosfera in modo tipicamente cubano: ai **piccoli bar mobili**, dove gli inventivi cubani vendono sulle scale di casa o dalle finestre i cocktail che preparano – per CUC1 potete avere un Mojito, una Piña Colada, un rum oppure una birra.

A **Varadero** le possibilità per chi vuole uscire la sera sono praticamente infinite, ad esempio per vedere **spettacoli di varietà** simili a quelli del Tropicana nella discoteca Cueva del Pirata nei pressi dell'Hotel Sol Palmeras *(tutti i giorni*

22-3 | CUC10 | Ctra. Las Morlas | tel 045 66 77 51). Le **discoteche** che hanno più seguito sono il Club Mambo *(tutti i giorni 23-3 | CUC10 | Ctra. Las Morlas km 14 | tel 045 66 85 65)* e il Palacio de la Rumba presso l'Hotel Bella Costa *(Ctra. Las Américas km 3 ½ | tel 045 66 82 10 | tutti i giorni 22-3).* Nella Casa de la Música *(tutti i giorni dalle 23 | da CUC10 | Ave. Playa esq. 42 | tel 045 66 38 88)* si possono ascoltare concerti.

I *pueblos* fittizi sulle isole, come **Las Dunas** e **La Estrella,** offrono spa, spettacoli, ristoranti e bar-birrerie *(tutti i giorni 9-17 | Estrella: a est del Royalton Cayo Santa Maria; Las Dunas: tra gli Hotel Meliá Cayo Santa María | tel 042 35 05 00 e Meliá Las Dunas | tel 042 35 01 00 | entrambi www.meliacuba.com):* ogni venerdì c'è la "Fiesta Cubana" con musica e danze, fuochi d'artificio e la "battaglia con la schiuma".

Unico a Cuba è il **Club El Mejunje** di **Santa Clara** *(mar-dom 16-1 | a volte ingresso CUC2 | circa Abreu esq. Zayas | tel 042 28 25 72)*: un pittoresco mix di eventi culturali, caffè e bar, con spettacoli di drag queen (sabato sera), proiezioni cinematografiche, teatro dei bambini (dom), discoteca, concerti (sab pom bolero, gio e ven *trova*) nonché il festival del rock in ottobre (martedì musica rock).

GITA CON MUSICA

Con il **Tren turístico** si parte dalla vecchia stazione di Trinidad con tre vagoni che comprendono la carrozza bar e un palco musicale per una gita di mezza giornata a Manaca / Iznaga *(→ p110)* dove ci si ferma per una pausa ristoratrice *(fermata: 10.30-11.30).* Una seconda tappa è quella alla Finca Casa Guachinango, dove c'è un ristorante *(fermata: circa 12-13.30).* Tutti i giorni partenza alle 9.30, biglietti dalle 8.45; viaggio di ritorno intorno alle 14 | biglietti CUC10 | bambini CUC5

FESTE E FESTIVAL

Las Parrandas di Remedios dura una settimana e finisce la vigilia di Natale: un "carnevale" con fuochi d'artificio e processioni rumorose e piene di luci colorate.

Il **Carnaval Matancero** attira molti visitatori a Matanzas dal 21 al 25 agosto, quando i gruppi di conga si appropriano della Calle 83. E al **Festival del Bailador Rumbero** (calendario irregolare) si esibiscono in città per dieci giorni, in genere a ottobre, gruppi famosi, come Los Muñequitos de Matanzas.

SPORT E ATTIVITÀ

Il **Golfclub Varadero** è stato fino ad ora l'unico club di golf turistico: appartiene alla Villa Du Pont e ha due percorsi da 9 o 18 buche *(tutti i giorni 7-19 | green fee circa CUC40-70 | Ctra. Las Américas | tel 045 66 77 88 | www.varaderogolfclub. com).* Da Varadero ci si può librare nell'aria al centro per lo **skydiving** *(www. skydivingvaradero.com).*

Ci sono almeno 20 **siti d'immersione** nei dintorni della Baia dei Porci/Playa Larga *(→ p121)* con canyon, relitti e coralli, così come un centro di diving all'Hotel Playa Girón *(da circa CUC25).* A Cayo Largo i sub possono scegliere tra 32 siti, soprattutto in prossimità dei settentrionali Cayos Blancos con una ripida parete sottomarina e una varietà di coralli. Qui, soprattutto tra novembre e marzo, ci si può imbattere in delfini, aquile di mare (mante giganti), squali e a volte persino squali-balena.

Il centro

Vita locale

Come un aquilone
Planare su scintillanti acque turchesi, spinti solo dal vento – a **Cayo Coco** si può imparare a fare kitesurfing *(→ p136)*.

Frutti esotici
Nei mercati dei contadini, come quello a **Camagüey** *(→ p139)*, potete assaggiare frutta caraibica poco conosciuta: fruta de mamey, caimito...

Tra gli squali
Venire a contatto con lo squalo leuca: a **Playa Santa Lucía** *(→ p143)* i sub di una certa esperienza possono avvicinarsi agli squali mentre viene dato loro da mangiare.

Per orientarsi

Pascoli dorati dove si allevano bovini. Spiagge sconfinate e lunghe collane di isole a nord e a sud: il centro di Cuba, ancora poco visitato, si presenta in modo assolutamente vario. C'è chi passeggia senza meta per i vicoli segnati dalla storia di Camagüey, chi preferisce dar da mangiare agli squali e chi assiste a un rodeo di *vaqueros* cubani... qui non ci si annoia mai.

Al momento le isole settentrionali, la splendida Cayo Coco e la gemellina Cayo Guillermo, si stanno attrezzando per diventare la terza enclave turistica di Cuba. Qui nascono i più moderni hotel cinque stelle del paese. E qui trovate anche l'ultima moda in fatto di attività acquatica, il kitesurfing; mentre chi preferisce non bagnarsi i piedi può salire su una barca dal fondo in vetro. In totale Cuba può vantare 500 siti di immersione registrati e considerati tra i migliori al mondo – nella barriera corallina terza per dimensioni della Terra, la vivono più di 500 specie di pesci. I sub che amano immergersi da soli sono attratti dai Jardines de la Reina, i siti dell'omonimo arcipelago rimasti finora poco conosciuti. Molto più rilassate sono le vacanze di chi sceglie le spiagge di Cayo Coco o di Playa Santa Lucía, dove la sabbia bianca si distende per chilometri, accompagnata dalle acque di un blu profondo e dal fruscio delle palme.

Che Cuba un tempo fosse un'"isola del tesoro" per pirati come il gallese Henry Morgan e l'inglese Sir Francis Drake, Camagüey lo scoprì nel XVII secolo con attacchi a sorpresa e saccheggi: per confondere i filibustieri, gli abitanti disegnarono la cittadina come un labirinto tale di vicoli, che ancora oggi qualche visitatore vi si perde.

Playa Santa Lucía al levar del sole

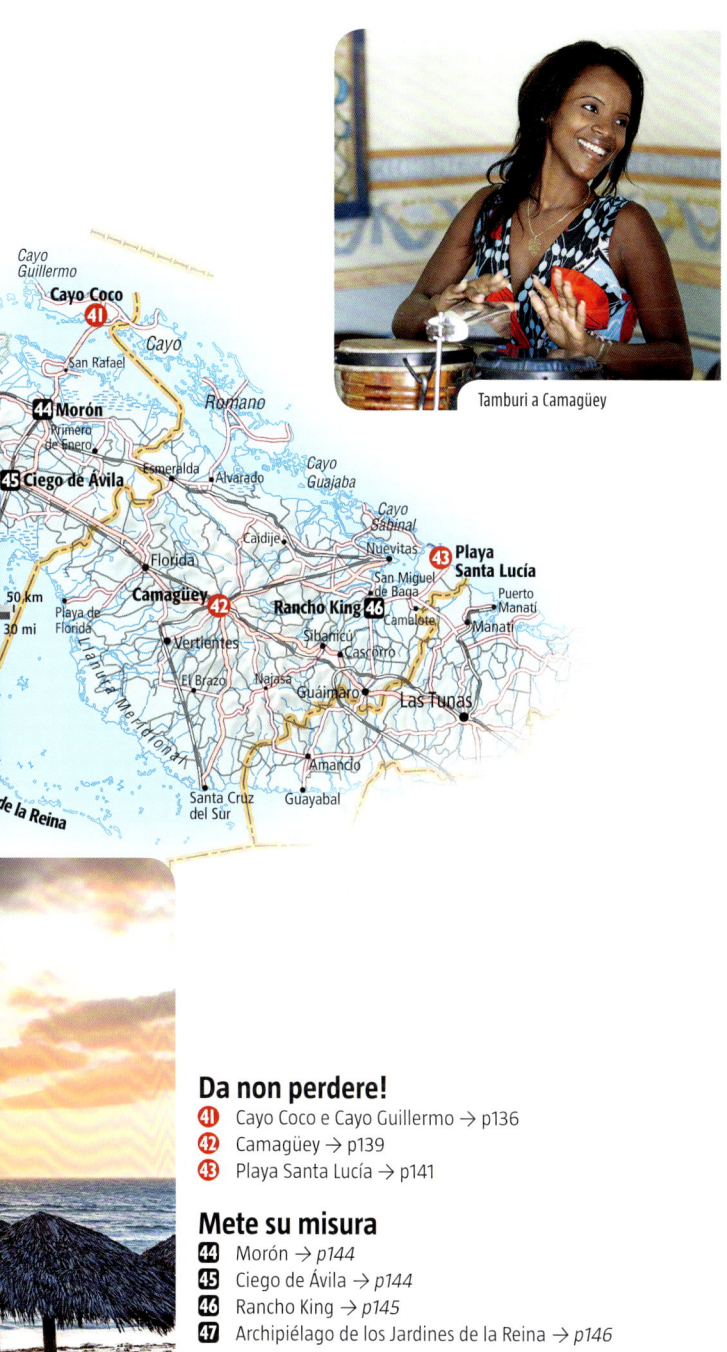

Tamburi a Camagüey

Da non perdere!

Mete su misura

In due giorni

Durante il viaggio nel centro dell'isola le immagini cambiano via via: ampi campi di canna da zucchero e di cereali cedono il posto a estese piantagioni di ananas e limoni. Dal momento che Cuba qui è larga solo 80 km, il tour in zona è ricco di contrasti, dalla spiaggia ai tori a uno spettacolo di balletto. Mentre chi ama le immersioni fa rotta senza indugio verso l'Archipiélago de los Jardines de la Reina.

Giorno 1
Mattino

Il miglior punto di partenza: il resort **43 Playa Santa Lucía** *(→ p141)*. Sulla strada per Camagüey, circa 25 km a sud ovest della località balneare, potrete vedere al lavoro i *vaqueros* al **46 Rancho King** *(→ p145)*: negli hotel sanno gli orari degli spettacoli. Oppure potete salire in sella anche voi: sono a disposizione cavalli per chi vuole fare una cavalcata.

Pomeriggio

Si prosegue lungo una strada rettilinea per i restanti 80 km attraverso pascoli pianeggianti poco spettacolari fino a **42 Camagüey** *(→ p139)*, che possiede una città vecchia tra le più belle e le più grandi del paese. Per prima cosa potrete fare una passeggiata attraverso il dedalo di viuzze storiche, dopodiché salire fino in cima a un campanile (o, in alternativa, a un bar sul tetto di un hotel) per godere di uno sguardo che abbraccia i tetti rossastri e le guglie delle chiese.

Sera

E che cosa ne pensate di una serata con la miglior compagnia di balletto di Cuba? Il giorno dopo trascorrete una giornata rilassante alla **Casa de la Trova "Patricio Ballagas"** *(→ p140)*, con un'ottima birra o un Mojito ad accompagnare la musica.

Giorno 2
Mattino

Ancora una visita al mercato dei contadini di Camagüey e poi comincia il viaggio verso ovest, alla cittadina di **45 Ciego de Ávila** *(→ p144)*, distante circa 100 km. Quella che i cubani conoscono come la "città dell'ananas" offre un'immagine autentica della vita quotidiana sull'isola, al di là di spiagge, buffet sovraffollati e spettacoli di animazione.

Chi preferisce fare un giro su una carrozza trainata dai cavalli dovrebbe programmare una deviazione di 35 km in direzione nord fino a **44 Morón** *(→ p144)*. Molte gite in partenza da Cayo Coco arrivano fin qui. A **Ciego de Ávila** i sub esperti dovrebbero invece piegare verso sud in direzione dell'**47 Archipiélago de los Jardines de la Reina** *(→ p146)*, dove si può pernottare in una nave del centro diving ormeggiata sulla costa sud. La scelta va però programmata per tempo e prenotata con molto anticipo, perché solo 400 sub – ... all'anno! – possono immergersi in questo inviolato paradiso.

Pomeriggio

È raccomandabile non arrivare con il buio sulla costa nord (in inverno vuol dire prima delle 17), perché (circa 25 km dopo Morón) bisogna percorrere ancora più di 20 km su una strada rettilinea su una diga per raggiungere **41 Cayo Coco** e **Cayo Guillermo** *(→ p136)* – c'è da pagare un pedaggio. E andate molto piano: sul fondo stradale ci sono delle crepe davvero spiacevoli! Dopo il check-in in hotel rimane solo un'ultima cosa da fare: godersi un aperitivo al beach bar...

41 Cayo Coco e Cayo Guillermo

Una cornice da sogno: la spiaggia bianca abbagliante, il mare turchese su cui si librano pellicani, fenicotteri rosa e le vele spiegate degli yacht. Già Ernest Hemingway ne trasse ispirazione, mentre era sulla sua barca *Pilar*, per scrivere *Isole nella corrente*. Qui qualcuno scoprì una delle più belle spiagge di Cuba: la Playa Pilar.

L'arcipelago Jardines del Rey è lungo 200 km e comprende 400 isole alla Robinson Crusoe. Davanti alla costa settentrionale, nell'**Archipiélago de Sabana-Camagüey**, si nasconde la barriera corallina che per lunghezza è la terza al mondo.

Già arrivarci è avventuroso: si percorre un terrapieno lungo circa 20 km costruito nel 1988 – una strada ghiaiosa per cui si paga un pedaggio – che sopra l'acqua scintillante della Bahía de Perros si protende verso il mare aperto. L'isola principale

Come lo avete sempre sognato: Cayo Coco

è **Cayo Coco** (370 km² la superficie) con un proprio aeroporto e interi villaggi di hotel da 1000 camere – e altri ancora sono in costruzione; si dice che siano state previste ulteriori 32.000 camere da completare nei prossimi anni (non male per una riserva naturale...).

Altri ponti e strade rialzate conducono più avanti al vicino **Cayo Guillermo** (di soli 13 km²) con la stupenda spiaggia di dune Pilar, al **Cayo Paredón Grande** (6 km², con il caratteristico faro e il lido balneare Los Pinos) e al **Cayo Romano** (465 km²), in gran parte paludoso e ricoperto di mangrovie, frequentato da pescatori e nuotatori appassionati di snorkelling.

ATTIVITÀ SULLE ISOLE

Sulle isole non succede granché. A parte prendere il sole e partecipare alle animazioni proposte dai resort, si possono fare escursioni in tutte le direzioni, ad esempio sulla terraferma a **Morón** (→ *p144*), si può partecipare a uscite di pesca d'altura sulle orme di Ernest Hemingway, che veleggiò tra queste isole. Nelle **uscite di diving** su barche a vela o catamarani si punta verso il mare, ad esempio al banco

corallino Coloradas con i suoi tunnel e le sue grotte, i suoi pesci pappagallo e gli holacanthus. Un'escursione su una barca con fondo di vetro, una scuola per il kitesurf (al Sercotel Club Cayo Guillermo → *p148*) e un delfinario (anche se il più caro dell'isola) forniscono altri passatempi.

Al di là delle palme da cocco sulle spiagge degli hotel, chi partecipa a gite nell'interno dell'isola può osservare la flora e la fauna che caratterizzano il paesaggio piatto e poco appariscente, fatto di mangrovie, formazioni carsiche e ispide palme nane. Si scoprono così notizie interessanti sull'utilizzo quotidiano delle robuste piante di lentisco e sul loro legno dolce, oppure sull'arruffata palma *Copernicia yarey*, che ancora oggi fornisce il materiale per i cappelli di paglia e per i tetti di molte case. E non bisogna dimenticare la *güira* (o *Crescentia cujete*), che fornisce lo strumento per la *salsa*: i suoi frutti, come zucche rotonde, vengono raccolti, messi a seccare e trasformati nelle onnipresenti *maracas*.

Oltre ai pellicani e ai fenicotteri rosa scorrazzano per l'arcipelago, riserva naturale, più di 300 tipi di uccelli, tra cui l'airone bianco maggiore e la spatola bianca, il tocororo e il bianco *coco-ibis*, che dà il nome all'isola.

UNA PAUSA

Nel **Ranchón Las Coloradas** (*tutti i giorni 9-22 | Playa Coloradas | a est dell'Hotel Pullman |*

Con un po' di fortuna si possono osservare i fenicotteri

→ p148 | tel 033 30 11 74 | €-€€) dopo una bella corsa sulla spiaggia ci si può riprendere assaggiando al rustico beach bar qualche spuntino e bevendo una bibita – e che ne pensate di un astice alla griglia con il sottofondo di musica live?

212 C5/213 D5 Un bus panoramico con piano superiore aperto passa 5 volte al giorno sulle isole dalle 9 alle 18, oltre a ciò un trenino (el trencito, 9 e 14), da cui si sale e si scende a piacimento CUC5

Infotur/Cubatur
Negli hotel e negli uffici Infotur al Jardines del Rey Airport, informazioni sulle escursioni 033 30 91 09, www.cubatur.cu tutti i giorni 9-18

Delfinario
Cayo Guillermo 033 30 15 29 tutti i giorni 9-17 CUC5 interazione con i delfini 9.30-11.30, 14.30-16.30 circa CUC110, bambini CUC60 (nuoto insieme ai delfini, 15-30 min)

VIAGGIARE FACILE

Con i suoi circa 25.000 esemplari, Cayo Coco è la più grande **colonia di fenicotteri** dei Caraibi. I birdwatcher dovrebbero armarsi di un cannocchiale e di pazienza: dalla torre di avvistamento si vedono non solo stormi dei timidi uccelli color rosa, ma anche cormorani. Il momento migliore è d'estate all'alba o al crepuscolo (tutti i giorni 9-18 circa | Parador La Silla, strada rialzata per Cayo Coco, km 17 | tel 033 30 11 67 | c'è anche una semplice caffetteria con snack | €).

42 Camagüey

Nel capoluogo della provincia più vasta di Cuba ci si può abbandonare alle attrazioni, tra le chiese e gli edifici coloniali della città vecchia, sito Unesco, e persino perdersi nel dedalo dei suoi vicoli: come accadde nel 1668 ai pirati di Henry Morgan, venuti per depredare la ricca capitale dell'allevamento del bestiame e dei magnati dello zucchero.

Fondata nel 1515 e spostata nel 1528 tra i due fiumi Hatibonico e Tínimo, la terza città in ordine di grandezza dell'isola ha una popolazione di circa 400.000 abitanti e radici cattoliche che contano ancora molto. La sua città vecchia – che con 3 km² è la più vasta dopo quella della capitale – dal 2008 è protetta come Patrimonio dell'umanità dall'Unesco e da allora è stata rivitalizzata e sempre più valorizzata. È nota in tutto il paese per i suoi panciuti *tinajones*, i grandi orci in terracotta presenti ovunque, che sono diventati il simbolo di Camagüey: in essi si raccoglieva un tempo l'acqua piovana, poi vennero usati per conservare il vino.

CHIESE DI SOBRIA BELLEZZA

Il giro di visita dovrebbe cominciare al sobrio **Iglesia y Convento-Hospital de San Juan de Dios** (1728), un tempo convento e ospedale per i poveri. Qui prestò la sua opera padre José Olallo (1820-89), proclamato beato da papa Giovanni Paolo II nel 2008. Oggi il convento è stato trasformato in museo dell'architettura. La bella **Plaza San Juan de Dios**, in cui gli artigiani offrono i loro prodotti, è una piazza storica di una certa importanza, con selciato in ciottoli, bar e ristoranti per turisti tutt'intorno e le tipiche grate in legno tornite *(rejas)* davanti ai balconi anch'essi in legno, i quali a loro volta stanno sotto smilzi tetti ricoperti di scandole. Un'altra bella chiesa si trova sulla piazza centrale, il Parque Agramonte, 200 m circa più a nord: la **Catedral de Nuestra Señora de la Candelaria** (detta anche Catedral Metropolitano, Basílica Menor) eretta nel XVI secolo in onore della patrona della città: potete salire sul campanile e gettare uno sguardo dall'alto sui tetti.

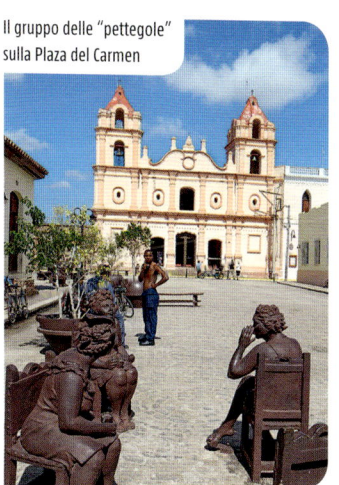

Il gruppo delle "pettegole" sulla Plaza del Carmen

UN GENERALE IMPORTANTE

La piazza, che ospita il municipio, oggi pedonale, nel 1528 era utilizzata come plazza d'armi per le esercitazioni militari. Al centro si trova il **monumento in bronzo in onore del generale Ignacio Agramonte** (1841-73), ritratto a cavallo. L'eroe camaguense più celebre morì nel 1873 combattendo a fianco di Manuel de Céspedes nella prima guerra d'indipendenza.

Se procedete verso nord in Calle Independencia, arrivate alla triangolare

Il centro

Plaza de los Trabajadores, dove si trova la sua casa natale, oggi **Museo y Casa Natal Ignacio Agramonte**: qui potrete conoscere qualcosa in più sull'avvocato e allevatore di bestiame diventato figura di spicco della lotta per l'indipendenza e osservare alcuni suoi oggetti personali.

La città ha dato i natali ad altri importanti personaggi della storia cubana, come il poeta e patriota Nicolás Guillén (1902-89) e il medico Carlos

I murales dell'artista cubana Ileana Sánchez abbelliscono Camagüey

Juan Finlay y Barrés (1833-1915) che scoprì come si trasmetteva la febbre gialla.

UNA PAUSA

La Plaza del Carmen è ammaliante, grazie al suo insieme di chiese conventuali, gallerie d'arte e piccoli locali, come **El Ovejito** *(tutti i giorni 12-22 | Plaza del Carmen | tel 032 29 25 24 | €€)*, specializzato in piatti con l'agnello.

📍 213 E2

Cubatur
✉ *Agramonte 421 esq. República* ☎ *032 25 47 85, www.cubatur.cu*
🕐 *lun-ven 9-17, sab 9-12*

Iglesia de San Juan de Dios (Museo de Arquitectura Colonial)
✉ *Plaza San Juan de Dios* ☎ *032 29 13 88* 📷 *CUC1* 🕐 *Mercato di oggetti d'antiquariato: mar-sab 9-17, dom 9-12*

Catedral de Nuestra Señora de la Candelaria (Catedral Metropolitano, Basílica Menor)
✉ *Parque Agramonte* 🕐 *tutti i giorni 8-11, messe lun-ven 20, sab 7, dom 9* 📷 *campanile CUC1*

Museo y Casa Natal Ignacio Agramonte
✉ *Plaza de los Trabajadores* ☎ *032 29 71 16* 🕐 *mer-sab 9-17, dom 8.30-11.30* 📷 *CUC2*

㊸ Playa Santa Lucía

Qui vi aspettano una delle più belle spiagge di Cuba e 35 siti d'immersione – per quanto riguarda gli hotel invece bisogna accontentarsi o rinunciare a qualcosa. La località balneare, costruita ex novo, si trova al termine di una pista rettilinea che attraversa una zona desertica e consiste di una manciata di resort *all inclusive* e *casas particulares*. Già i grandi esperti del mondo sottomarino Jacques-Ives Cousteau e Hans Hass vennero a esplorare la vicina barriera corallina nuotando tra relitti di navi e grotte sommerse.

Sulla strada che da Camagüey *(→ p139)* porta a Playa Santa Lucía (110 km a nord est) gli autobus dei viaggi organizzati fanno spesso tappa nella cittadina di **Minas**, 30 km a nord est di Camagüey, famosa per i suoi liutai. In effetti si possono osservare da vicino gli artigiani mentre costruiscono violini e chitarre. Nei pressi si può

Una passerella in legno conduce alla spiaggia

visitare un piccolo allevamento di coccodrilli, con la ricostruzione di un villaggio dei Taínos. Potete anche prenotare un'escursione sin qui in uno dei resort *all inclusive*, che comprende un'uscita in barca e uno spettacolo folcloristico.

UNA LUNGA STRISCIA DI SABBIA

Ciò che attira i turisti fin quassù al nord, è la posizione tranquilla, per non dire sonnolenta: la Playa Santa Lucía si estende per quasi 20 km come una striscia continua di sabbia dorata (che, a seconda della stagione, può essere in parte ricoperta dalle alghe), interrotta qua e là da lagune e saline, dove fanno la loro comparsa molti fenicotteri rosa.

I fondali di Cuba offrono foto spettacolari

Il tratto più bello è la **Playa Los Cocos** (anche Coquitos), circa 7 km a nord ovest, a cui si arriva comodamente con una carrozza a cavalli, dove ci si può viziare degustando aragoste appena pescate.

COME ROBINSON CRUSOE

Proprio accanto, sull'altro lato della profonda **Bahía de Mayanabo** (anche Bahía de Nuevitas), si trova il faro dell'isola successiva. I catamarani portano i gitanti dai locali lungo la spiaggia alla disabitata **Cayo Sabinal:** l'isola è una riserva naturale di 360 km² abitata da cervi, caprioli e cinghiali, nonché pellicani e fenicotteri. Ora comunque sull'i-

VIAGGIARE FACILE

Sul più bel tratto di Playa Santa Lucía trovate il bel locale **Ranchón El Bucanero**, un gradevole locale dal tetto in paglia. Qui si servono agli ospiti frutti di mare e pesci appena usciti dal mare, e carne alla griglia. Il punto forte di questo ristorante sono però le serate a tema settimanali, che si possono prenotare in qualsiasi hotel. In queste occasioni camerieri e musicisti si travestono, ad esempio da pirati *(tutti i giorni 10-22 | Playa Los Coquitos, circa 7 km a nord ovest della zona degli hotel | il ristorante si raggiunge tramite una pista in parte sabbiosa | tel 032 36 52 26 | €-€€).*

sola si fanno grandi progetti: negli anni '90 sull'isola sabbiosa alla Playa Los Pinos esistevano *cabañas* molto spartane e remote, per un'idilliaca vita alla Robinson Crusoe sotto alte palme da cocco. Molti anni fa vennero distrutte da un uragano: ora si parla di costruire due hotel di lusso per un totale di 1500 camere...

ATTIVITÀ

Chi ama le immersioni trova ben 35 siti *(→ p150)* in una barriera corallina vicina alla costa tra canyon, gole e caverne, come la Cueva Honda, e molti relitti di navi, tra cui il piroscafo *Nueva Mortera* affondato nel 1896 nel golfo di Nuevitas, la *Pizarra* e la *Nuestra Señora de Alta Gracia*. Sono state registrate 50 specie di corallo, da quelli a ventaglio alle gorgonie al *coral negro,* corallo nero. Nuotano intorno alla barriera circa 500 specie di pesci di tutti i colori e dimensioni, tra cui l'innocuo squalo toro, che quando la corrente crea determinate condizioni si lascia persino imboccare *(→ box Viaggiare facile),* barracuda, tartarughe di mare, murene, mante, delfini e il lamantino a rischio di estinzione.

UNA PAUSA

Un piatto di pesce con gamberetti si gusta al **Luna Mar** *(tutti i giorni 10-22 | nel Centro Comercial | tel 032 33 61 46 | con aria condizionata | €-€€€),* che offre anche carne alla griglia, spaghetti e pizza, vini e cocktail – il tutto direttamente sul mare e con accompagnamento musicale.

🗺 215 D5

Fábrica de Instrumentos Musicales
🗺 215 D5 ✉ *Calle Cienfuegos, Minas, circa 80 km a sud ovest di Playa Santa Lucía* ☎ *032 69 62 32* 🕐 *tutti i giorni lun-sab 8-11, 13-17* 💰 *CUC2*

Cayo Sabinal
🗺 214 C5*; consigliabile solo come gita con un catamarano, diversamente da Nuevitas si deve fare una lunga deviazione su una pista accidentata* 💰 *circa CUC30-60 (con snorkelling e pranzo); tariffa d'accesso: CUC5, portate il passaporto!*

Mete su misura

44 Morón

La sonnolenta Morón (60.000 abitanti, circa 65 km sud ovest dal centro di Cayo Cocos), la **"città del gallo"**, fu fondata nel 1750 e lo si percepisce bene passeggiando o percorrendo in una carrozza a cavalli le strade dalle case color pastello e dai bei portici, oppure passando davanti alla pretenziosa stazione in stile moresco nel vecchio centro storico. Il simbolo di Morón è il gallo in bronzo realizzato dalla scultrice Rita Longa all'ingresso dell'abitato, che puntualmente ogni giorno alle 6 e alle 18 lancia il suo chicchirichì.

Birdwatcher e pescatori si dirigono a nord della cittadina, in uno dei posti dove i fenicotteri amano posarsi, la **Laguna de la Leche** (3 km a nord), che con la sua superficie di 66 km² è il più grande lago naturale di Cuba. Nelle sue acque ricche di fauna vivono, tra gli altri, persici e tarponi. Un'altra meta è il più piccolo **Lago Redonda** (circa 18 km a nord), particolarmente ricco di boccalini.

Quasi tutti gli hotel di Cayo Coco (→ pp136, 147) offrono escursioni (in genere un po' troppo care) con una locomotiva diesel e/o una barca a moto-

re attraverso un "tunnel" di mangrovie che portano al lago, al Centro de Recuperación de Cocodrilos e al Museo Ingenio Central Patria in quello che un tempo era uno stabilimento per la produzione dello zucchero; la gita com-

La cordialità è un modo di vivere tutto cubano

prende pranzo e musica in un bel ristorante su palafitte al centro della Laguna de la Leche.

🗺 213 D4

📷 gite giornaliere con jeep da Cayo Coco circa CUC65-80

45 Ciego de Ávila

Chi raggiunge Ciego de Ávila (125.000 abitanti) è sicuro di fare un'esperienza autentica di vita rurale cubana: le carrozze tirate dai cavalli sostituiscono infatti le auto (la benzina manca spesso) nella cittadina forse meno turistica dell'isola. Ciego de Ávila, fondata nel 1840, possiede alcuni bei palazzi di epoca coloniale con portici colonnati intorno al **Parque Martí,** come l'*ayuntamiento* (municipio) dipinto di giallo, la possente **Catedral de San Eugenio de la Palma** e il **Teatro Principal** (1927) un po' più a sud, la cui facciata è abbellita da una mensola sorretta da quattro colonne sopra il portale d'ingresso: un affascinante stile eclettico, che mescola elementi neoclassici ad altri barocchi e rinascimentali.

Nella vicina zona pedonale, il *bulevar,* ci si mescola agli *avileños* e si incappa in altre belle architetture, come la farmacia finemente scolpita.

🗺 212 C3-4

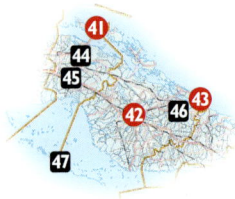

AMORE SENZA CONFINI

Chi ama le curiosità zoologiche, allo zoo di Ciego de Ávila può ammirare il *cebrasno*, un piccolo asino con le zampe a strisce: è un cosiddetto "zebroide", un incrocio tra un asino (il padre) e una zebra (la madre) – una "relazione occasionale", come la definisce il direttore dello zoo, tra i due animali, che da due anni vivono in recinti attigui.

Cubatur/Oficina de Jardines del Rey
✉ *Gómez esq. Maceo* ☎ *033 30 10 27, www.cubatur.cu* 🕐 *lun-sab 10-17*

Teatro Principal
✉ *Agüero 13 e/ Gómez y Honorato del Castillo* ☎ *033 22 20 86* 🕐 *tutti i giorni 9-17* 📷 *CUC1*

Parque Zoológico
✉ *Independencia Este y Ctra. Central* ☎ *033 22 38 23* 🕐 *mar-dom 9-16* 📷 *ingresso libero*

46 🍴 Rancho King

Il grande allevatore americano Richard King nel 1852 acquistò una fattoria 25 km a sud ovest di Playa Santa Lucia *(→ p141)*, il Rancho King. Un secolo dopo la proprietà passò a Robert Thatcher: requisita dopo la rivoluzione del 1959, divenne un luogo di riposo per gli "eroi vittoriosi" e i Vip (Castro e altri ministri del suo governo lo frequentavano negli anni '60). Oggi i cowboy cubani sono sul programma delle gite turistiche grazie al loro **rodeo**. I *vaqueros* dimostrano la loro abilità nell'accalappiare i bovini, nella mungitura e in qualche altro trucchetto con i lazos mentre cavalcano. È incluso nel prezzo della gita il pranzo nel rustico ristorante che offre maialino da latte e bistecche di manzo alla griglia. Non stupisce che si vedano in giro molti americani: sono i benvenuti, purché non si tratti di qualche discendente degli originari proprietari pronto a rivendicarne il possesso...

Questa *ganadería* è solo una tra i molti allevamenti di bestiame, interamente proprietà dello stato, situati nella regione centrale dell'isola, dove vengono allevati circa 5000 tori, mucche e vitelli. La carne rifornisce soprattutto gli hotel e i

Tutte le sfumature del verde: campi di canna da zucchero a Ciego de Ávila

ristoranti per turisti, ma viene anche riservata ai malati, mentre i neonati ricevono il latte come parte dei beni di sussistenza della *libreta (→ p14)*.

🏛 *214 C4* ✉ *Ctra. de Santa Lucía km 35* ☎ *05 2 19 41 39* 🕐 *tutti i giorni 9-17, spettacoli per ora solo mer alle 10 per gruppi organizzati* 📷 *Gita da prenotare in hotel (con pranzo e uscita a cavallo): circa CUC30, bambini circa CUC16; con ristorante all'aperto e qualche camera (€)*

47 Archipiélago de los Jardines de la Reina

I "Giardini della Regina" sono uno dei siti d'immersione più belli di tutti i Caraibi. Centinaia di isolotti e mangrovie si estendono per oltre 160 km all'interno dell'arcipelago (215.000 ettari) lungo la costa sud, con banchi di corallo dai mille colori e spettacolari canyon sottomarini. L'arci-

FLOTANTE LA TORTUGA

La Flotante La Tortuga è una navealbergo di due piani con 8 cabine a 2-3 letti (doccia, aria condizionata, in parte cuccette). È ancorata davanti alla costa sud e comprende un ristorante a bordo e 4 confortevoli barche che portano i sub a destinazione *(set-metà ott | Jardines de la Reina, dal porto di Júcaro | tel 033 29 81 04 | cubandivingcenters.com | €€)*.

pelago, dal 1997 parzialmente tutelato come parco marino, è a circa 80 km dalla costa e 100 km a sud di Ciego de Ávila: ogni anno il permesso di immergersi viene concesso a non più di 400 sub! Queste acque sono un paradiso anche per i pescatori: pullulano di barracuda, persici di mare e tarponi, squali balena e squali martello. Anche le tartarughe e gli iguana vivono qui. Nell'arcipelago esiste un unico hotel galleggiante e si mangia solo sulle barche.

🏛 *212 A2-C1*

Oficina de Jardines del Rey-Cubatur

✉ *Gómez esq. Maceo* ☎ *033 30 10 27, www.cubatur.cu, www.cuba-diving.de (inglese e tedesco)* 🕐 *lun-sab 10-17*

Un rodeo con i *vaqueros* del Rancho King

Dove...
dormire

Prezzi
Una notte in camera doppia:
€ meno di CUC40
€€ CUC40-100
€€€ più di CUC100

ARCHIPIÉLAGO DE LOS JARDINES DE LA REINA

Flotante La Tortuga €€ → p146
🗺 212 A2-C1

CAMAGÜEY

Alfredo y Milagros €
Questa simpatica coppia con bambini offre un sistemazione molto centrale ma tranquilla: 3 grandi camere con bagno e finestre su un patio idilliaco, perfetto per mangiare e leggere un libro. Disponibili anche garage, massaggi e tour della città.
🗺 212 E2 ✉ Cisneros 124 e/ San Clemente y Pobre ☎ 032 29 74 36, allan.carnot@gmail.com

Colón €€
L'hotel in un edificio coloniale restaurato con un bell'atrio è un vero gioiello. Svantaggi: il rumore fino a tardi, a volte, dal bar sul patio, su cui si affacciano le 47 camere, piccole e molto diverse l'una dall'altra. Sconsigliato a chi patisce il rumore; fatevi mostrare la stanza!
🗺 212 E2 ✉ República 472 e/ San José y San Martín ☎ 032 251 520, www.meliacuba.com

E El Marqués €€/
E Sevillana €€€
Della *marcas* di Cubanacán "Hoteles Encanto-Hoteles E" fanno parte da poco alcuni piccoli alberghi "di charme" di Camagüey degli anni '20-30 restaurati con molto gusto: un'atmosfera coloniale domina El Marqués, aperto recentemente, le cui sei ampie camere condividono un patio. Più elegante è La Sevillana con 25 camere, una fontana, un'appartata zona salotto e molti comfort. Oltre a ciò: il boutique hotel Camino de Hierro *(10 camere con wi-fi | Plaza de la Solidaridad 76 | €€€)*, di fronte all'Avellaneda *(8 camere | Calle República 226 | €€)* e il Santa María *(Calle Rep. | €€)*: tutti sono in posizione centrale nella città vecchia, quindi non adatti a chi cerca la quiete. Se possibile scegliete una camera che non dà sulla strada.
🗺 212 E2
✉ entrambi: Cisneros e/ Hermanos Agüero y Martí
☎ 032 24 49 37
www.hotelescubanacan.com

CAYO COCO E CAYO GUILLERMO

Meliá Cayo Coco €€€
Un cinque stelle che non accetta under 18! Le curate case a due piani su palafitte sono in parte sulla laguna e collegate l'un l'altra da passerelle. Due piscine, quattro ristoranti, cinque bar.
🗺 213 D5 ✉ Playa Las Coloradas
☎ 033 30 11 80-84
www.meliacuba.com

🍴 Pestana Cayo Coco €€€
Un complesso turistico *all inclusive* adatto ai bambini con spaziosa zona piscina, intorno alla quale si raggruppano casette di uno o due piani, e con una spiaggia dalla sabbia un po' più granulosa. L'hotel, sempre animato, è molto apprezzato dai canadesi e offre un Kid club con stanza da gioco, piscina per bambini, spa e spettacoli ogni sera.
🗺 213 D5
✉ Ctra. Cayo Guillermo 9,5
☎ 033 30 42 00
www.pestana.com

Pullman Cayo Coco €€€

Un hotel tutto di superlativi: dalla fine del 2015 la sofisticata catena a cinque stelle Le Club Accor ha trovato una sede su Cayo Coco in cui viziare i suoi ospiti. Già la lobby aperta è impressionante. Le 500 camere e suite, tutte adatte a viaggiatori con difficoltà motorie, sono sparse tra il giardino tropicale e le quattro aree-piscina (sette piscine, una con un "Aqua Bar"). Per chi cerca la quiete è consigliabile il settore più tranquillo "Adults only" (solo suite e una "Golden Villa"). Degli otto ristoranti tre sono *à la carte*. Ci sono anche dieci bar (di cui due aperti 24 ore su 24), un salone di bellezza e una discoteca.

📍 213 D5 ✉ *Playa Las Coloradas*
☎ 033 30 24 42
www.pullmanhotels.com

Sercotel Club Cayo Guillermo €€-€€€

Per rilassarsi: nuove casette prefabbricate (alcune su due piani) e bungalow a schiera più vecchi sono disseminati sotto le palme su una spiaggia talora un po' stretta e nel giardino. Zona piscina con animazione, parco giochi per bambini, scivoli acquatici. Molta gente giovane, famiglie e kitesurfer apprezzano questa struttura piuttosto modesta. Sul sito web trovate buone offerte se prenotate con molto anticipo (€€). A causa della scuola di kitesurf in loco c'è sempre qualcosa da vedere, ma la "concorrenza" a volte rende difficile anche nuotare.

📍 212 C5
✉ *Cayo Guillermo* ☎ *033 30 17 12,
it.clubcayoguillermo.com*

Sítio La Güira €

Chi preferisce soggiornare in una struttura rurale in campagna piuttosto che in un hotel *all inclusive* può scegliere originali capanne ricoperte di foglie di palma a un prezzo ridicolo (per gli standard di Cayo-Coco, ovviamente!).

📍 213 D5
✉ → p149

PLAYA SANTA LUCÍA

Bravo Caracol €€

Un hotel tre stelle secondo le categorie cubane (un tempo Club Amigo Caracol) sulla spiaggia: l'albergo per famiglie ristrutturato nel 2015 (e da poco entrato in joint venture con la catena alberghiera italiana Bravo) ha molti ospiti fissi dall'Italia e dal Canada. Le casette a due piani sono sparpagliate sulla spiaggia con le palme e nel giardino; piscina, animazione.

📍 215 D5
✉ *Ave. Turística*
☎ *32 36 51 58*
www.hotelescubanacan.com

Casa Lazara y Pupi €

Fuori dalla zona degli hotel, Lazara e Pupi affittano due belle camere nei pressi della spiaggia in due casette separate con una veranda, dondolo e amaca nel giardino di palme; camere con aria condizionata e bagno piastrellato.

📍 215 D5
✉ *Las Conchas (circa 4 km sud est dalla zona degli hotel)*
☎ *032 36 52 02 e 05 2 68 92 34*

Casa Martha Santana €

A non più di 130 m dalla spiaggia, Martha e la sua famiglia (che parlano inglese) ospitano visitatori cubani e internazionali in una casetta in un'area residenziale (due camere doppie, una camera famigliare, ognuna con doccia propria); giardino con sedie a sdraio sul prato. Si può tranquillamente ordinare da qui un'auto a noleggio. Martha cucina meravigliosamente e assiste tutti con le parole e con i fatti.

📍 215 D5
✉ *Residencial 32 (circa 2 km sud est dalla zona degli hotel o dalla seconda rotatoria/distributore di benzina)*
☎ *032 33 61 35*
rentasantalucia@gmail.com

Dove...
mangiare
e bere

Prezzi
Un piatto principale bevande escluse:
€ meno di CUC10
€€ CUC10-20
€€€ più di CUC20

CAMAGÜEY

1800 €€
Che in questo elegante ristorante a buffet privato si mangi bene, lo sanno ormai tutti. Anche i vegetariani e chi ama il vino trova quello che cerca. Per i gruppi numerosi a volte organizzano spettacoli di flamenco.
🗺 213 E2 ✉ Plaza San Juan de Díos ☎ 032 28 36 19, www.restaurante1800.com 🕐 tutti i giorni 10-24

El Patio €
Chi trova che la zona pedonale sia un po' troppo rumorosa, non ha che da rivolgersi verso l'interno e trova una piccola oasi fiorita con fontana e uccelli che cinguettano. Piatti alla griglia e menu cubani, per una volta con una vasta scelta, camerieri cordiali e professionali, rapporto qualità-prezzo sorprendente. Ci vuole solo un po' di tempo...
🗺 213 E2 ✉ República 379 e/ Sta Rita y San Martín ☎ 032 24 14 35 🕐 tutti i giorni 11-22

La Terraza €
Il paladar offre da tempo ai suoi ospiti cucina casalinga buona e con prodotti locali in porzioni enormi, ad esempio la succosa bistecca di manzo "Leonesa" con cipolle. Da anni la qualità è costantemente alta.
🗺 213 E2
✉ Santa Rosa 8 e/ El Solitario y San Martín ☎ 032 29 87 05
🕐 tutti i giorni 11-24

CAYO COCO E CAYO GUILLERMO

🍴 Sítio La Güira €
In un rancho nel verde, questo ristorante offre cucina cubana con prodotti locali e internazionale in porzioni relativamente abbondanti, con un buon rapporto qualità-prezzo. L'attesa si può ammazzare al parco giochi per bambini, nel sentiero didattico in natura o con i cavalli.
🗺 213 D5 ✉ Ctra. a Cayo Guillermo km 7 ☎ 033 30 12 08
🕐 tutti i giorni 8-23 🚌 CUC2

Ranchón Playa Flamenco €-€€€
Una bella posizione: in questo ristorante all'aperto in spiaggia si gusta pescato del giorno e frutti di mare alla griglia poco costosi, ma anche aragoste (a CUC25, troppo care). Chi vuole può assaggiare un cocktail sulle sedie a sdraio mentre aspetta. Se sono rimaste solo le (redditizie) aragoste, meglio cambiare aria.
🗺 212 C5 ✉ Playa Flamenco (vicino a Playa Pilar) ☎ 033 30 10 49
🕐 tutti i giorni circa 12-22

CIEGO DE ÁVILA

Don Pepe
Un classico in un bell'ambiente coloniale: cucina cubana In un locale di lunga tradizione.
🗺 212 C3-4 ✉ Independ. 103 e/ Reyes y Maceo ☎ 033 22 37 13 🕐 tutti i giorni 7.30-23.30

MORÓN

Roma Caribe €
Da Yusmila e il suo staff ben rodato si mangiano buoni classici della cucina cu-

bana, ma anche ricette italiane. Anche il barman sa il fatto suo.

📍 213 D4 ✉ *José M. Caballero 7 e/ Luz Caballero y Padre Cano* ☎ *01 52 71 20 87* 🕐 *tutti i giorni 17-23*

Dove... fare acquisti

Per lo shopping è meglio andare a Camagüey. Negli hotel sulle isole ci sono i soliti negozi di souvenir.

Le zone pedonali di Camagüey – Calle República e Calle Maceo – sono le tipiche vie degli acquisti alla cubana con chioschi di spuntini, boutique e negozi dove si paga in *moneda nacional*. Qui si trova anche il **Bazar Souvenir** *(lun-sab 9-17, dom 9-12 | República 38 e/ San Martín y Santa Rita | tel 032 29 80 30)*, un negozio Artex *(→ p46)* con un assortimento di merci dai tessuti ai CD con musica *salsa* contemporanea.

Il **Mercado Agropecuario El Río** *(tutti i giorni 6-12 circa, dom fino alle 12 | Matadero y Ctra. Central Oeste)* a Camagüey è nei pressi del fiume. Molto gustosi sono i frutti esotici caraibici – ad esempio la dolce *mamey*, il *caimito* e il *chirimoya* (l'*Annona cherimola*) – da provare assolutamente. Accanto trovate poi testina di maiale ed erbe curative, oltre che un banco con souvenir. Si possono anche provare il succo di zucchero di canna e il caffè nero con molto zucchero. Purtroppo anche qui i borseggiatori non mancano. Si paga in CUP, la *moneda nacional*.

Dove... divertirsi

Da non perdere a Camagüey il **Teatro Principal** *(spettacoli ven-sab 20, dom 17 | CUC5 | Padre Valencia 64 e/ Mendéz y Lugareño | tel 032 29 30 48)*, fondato nel 1850. È noto per le rappresentazioni di livello eccezionale di danza classica; la compagnia di balletto è spesso in tournée. A settembre gli appassionati vengono per il **Festival de Teatro**. Negli anni dispari in ottobre-novembre ha luogo un **Festival di balletto**.

A partire dal 24 giugno per una settimana intera il **Carnaval de San Juan** di Camagüey prevede colorati carri carnevaleschi, fuochi d'artificio, danze, sfilate, una competizione di rodeo e l'entrata in scena di orchestre popolari.

VITA NOTTURNA

Camagüey è la città della provincia con più eventi: alla **Casa de la Trova "Patricio Ballagas"** *(→ p140)* o nella famosa **"Noche Camagüeyana"** (anche "Sábado de la noche"), quando i cubani ogni sabato dalle 19 si trovano nella Calle República per musica live, cena e cocktail (ingresso libero).

SPORT E ATTIVITÀ

Nel remoto **paradiso dei sub** dell'Archipiélago de los Jardines de la Reina *(→ p146)* si pernotta sulle navi del diving club. I sub trovano altre informazioni al **Coco Diving Center** (Hotel Colonial), al **Marlin Dive Center** *(nei pressi di Tryp Cayo Coco; tutti gli hotel → p147)* o alla **Marina Cayo Guillermo** e alla **Marina Marlin Aguas Tranquilas** *(nei pressi della rotatoria; tutti i porticcioli turistici di Jardines del Rey: nauticamarlin.tur.cu)*. I corsi di immersione prenotati negli hotel a quattro e cinque stelle sono spesso più cari di quelli che potreste ottenere direttamente alla Marina. Il posto migliore per imparare il **kitesurf** è Cayo Guillermo nella scuola Kitland Park *(Hotel Sercotel Club Cayo Guillermo → p148)*. Per i bambini si raccomanda l'escursione, relativamente poco costosa, con una 🚤 **barca dal fondo in vetro** *(2 ore | circa CUC20)*.

Santiago e l'Est

 **Vita locale**

Un aperitivo sulla playa
Distendere le gambe e godersi il tramonto sulla **Playa Maguana** a Baracoa *(→ p160)*.

Esultare insieme
Mischiatevi agli spettatori di una partita di baseball nello **Estadio de Béisbol Gulllermón Moncada** *(→ p182)*.

261 curve!
La tortuosa strada di montagna che da **Cajobabo** *(→ p182)* attraversa la Sierra del Purial è da sola un'ottima ragione per viaggiare fino alla remota Baracoa.

Per orientarsi

Nell'est cubano, che qui è chiamato *el Oriente*, troverete giungla, cactus e la montagna più alta dell'isola, ma anche memorie di conquistatori, esploratori, eroi nazionali e combattenti per la libertà. Anche Fidel Castro e i suoi *guerrilleros* diedero l'avvio alla rivoluzione dalla Sierra Maestra. E Santiago vi attende con musica *trova* che risuona ovunque.

Le particolari *mesas* (montagne dalla cima piatta e versanti scoscesi) a Baracoa e Gibara già nel 1492 avevano colpito i conquistatori inviati dalla corona spagnola. In entrambe queste città coloniali e nei loro dintorni rimangono tracce della popolazione indigena dei Taínos, guidati dal loro *cacique* (capo tribù), che abitarono la zona per 2000 anni, ma anche del "grande ammiraglio" Cristoforo Colombo. Ci sono anche molti monumenti che ricordano la guerra di liberazione cubana dalla Spagna del XIX secolo e i suoi campi di battaglia ed eroi più famosi (de Céspedes e Martí), nonché celebrazioni del loro "successore politico" Fidel Castro. Chi ama camminare in montagna apprezzerà i sentieri sulla Sierra Maestra o nel Parque Nacional Alejandro de Humboldt.

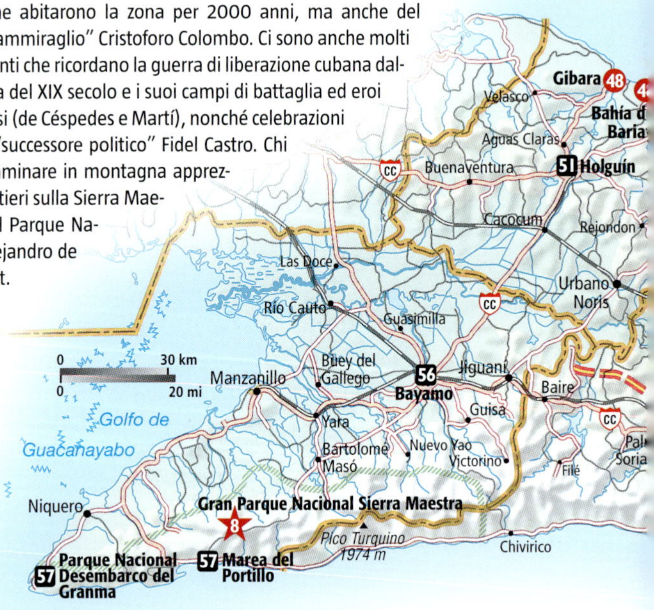

TOP 10

6 Santiago de Cuba → *p156*

7 Baracoa → p160

8 Gran Parque Nacional Sierra Maestra → *p164*

9 Parque Nacional Alejandro de Humboldt → *p166*

Da non perdere!

48 Gibara e Bahía de Bariay → *p168*

49 Guardalavaca → *p170*

La caserma Moncada a Santiago oggi ospita un museo e una scuola

Mete su misura

In sei giorni

I luogo migliore da cui partire per girare il nord est, con le sue molte mete escursionistiche, sono la località balneare di Guardalavaca o le idilliache città coloniali di Baracoa e Gibara. Anche da Santiago e Holguín è possibile esplorare i dintorni con entusiasmanti gite in giornata, ma almeno due intere giornate vanno dedicate al capoluogo. Se però volete visitare tutte le attrazioni che la parte orientale dell'isola ha da offrire vi serviranno circa 10-14 giorni.

Giorno 1
Mattino
Iniziate la giornata al meglio con una passeggiata per il centro di **51 Holguín** (→ p172) e poi proseguite verso **48 Bahía de Bariay** (→ p168, circa 40 km a nord est) per seguire le orme di Colombo.

Pomeriggio
Per fare un tuffo nell'epoca coloniale spostatevi di circa 45 km verso ovest in direzione **48 Gibara** (→ p169) – conviene però partire presto perché la strada di ghiaia che passa per Fray Benito e Floro Pérez (di circa 36 km) è di per sé impegnativa.

Sera
Gironzolate per l'assonnato centro della città vecchia e lungo il *malecón* (il lungomare), prima di gustarvi una cena a base di frutti di mare appena pescati in un ristorante privato.

Giorni 2 e 3
Mattino
Lungo i 150 km da percorrere verso Santiago potete farvi tentare da una deviazione di importanza storica: una strada di ghiaia di circa 10 km vi consentirà di raggiungere la finca dove nacque Fidel Castro, nel **53 Sitio Histórico Birán** (→ p173).

Pomeriggio-sera
Prendetevi due giorni, o meglio tre, da dedicare a ⭐ **Santiago de Cuba** (→ p156): per visitare gli edifici storici e il Castillo, ma anche per passare lunghe notti ballando come in nessun altro luogo, che sia nel Café Cantante "Niágara" (→ p181) o in uno dei moltissimi locali di danza e di musica *trova*.

Giorno 4
Mattino
Agli appassionati di natura consigliamo di dirigersi a ovest ver-

so **56** **Bayamo** (→ *p175*) per esplorare il **Gran Parque Nacional Sierra Maestra** (→ *p164*). Agli altri conviene invece guidare verso est, così da potersi fermare, sulla strada per Baracoa, a **54** **Guantánamo** (circa 90 km a est di Santiago → *p173*) che, famosa per il campo di prigionia statunitense dall'altro lato della baia, offre una città vecchia quasi senza turisti, che merita una visita.

Pomeriggio-sera
Per percorrere i restanti 150 km fino a Baracoa dovete mettere in conto almeno due o tre ore di macchina, poiché circa la metà del tragitto consiste in un'incredibile maratona di curve sulla spettacolare strada a serpentina detta **"La Farola"**. Quando finalmente arriverete a **Baracoa** (→ *p160*), potrete subito godervi la vista dal Castillo e poi recarvi alla **Casa de la Trova** (→ *p162*) per ascoltare musica dal vivo.

Giorno 5
Tutto il giorno
Dedicate la giornata a un tour nella giungla presso il rigoglioso (e umido) **Parque Nacional Alejandro de Humboldt** (→ *p166*; circa 35 km a nordovest; in alternativa, il giro più impegnativo sulla **mesa El Yunque** vicino a Baracoa → *p160*). Per concludere la giornata, fate una passeggiata sul lungomare fino a Fuerte de la Punta, da dove si può ammirare il tramonto.

Giorno 6
Iniziate la giornata sul presto: la brutta strada in ghiaia (soprattutto dopo un acquazzone) porta, in direzione nord ovest, alla città industriale di **Moa**, dove potrete fare una tappa-mare sull'isola da safari **50** **Cayo Saetía** (→ *p172*) oppure proseguire direttamente verso la località di villeggiatura **49** **Guardalavaca** (→ *p170*), dove il vostro giro dell'est si chiude quasi in un cerchio perfetto.

6 Santiago de Cuba

Nella piazza Parque Céspedes potrete davvero respirare la storia della città – e dal 2015 persino navigare su internet. La plaza, infatti, da più di 500 anni rappresenta il cuore di Santiago ed è circondata da splendidi edifici storici, come la cattedrale e la più antica casa di Cuba. Da non dimenticare anche il municipio, dal cui balcone nel 1959 Fidel Castro proclamò la vittoria della rivoluzione.

Un luogo ricco di storia: la seconda città più grande di Cuba (500.000 abitanti) fu fondata nel 1515 dal governatore Diego Velázquez de Cuéllar (1465-1524) e poi dichiarata prima capitale della colonia spagnola. Per le sue stradine camminava già il conquistatore del Messico Hernán Cortéz, al tempo segretario del governatore. I cubani chiamano Santiago anche "la culla della rivoluzione": in parte per l'assalto alla caserma Moncada guidato da Fidel Castro nel 1953 e per la vittoria successiva sulle truppe di Batista cinque anni dopo. In parte, perché fu proprio qui che nel 1898, con la sconfitta decisiva della flotta spagnola in una battaglia navale contro le forze americane, si concluse la guerra ispano-americana e la seconda guerra d'indipendenza cubana, segnando quindi la fine del potere coloniale spagnolo a Cuba.

UN VIAGGIO NEL TEMPO: LA CUBA COLONIALE

Iniziate il vostro giro a piedi nella parte meridionale della **Plaza Céspedes,** con una visita alla **Catedral de Nuestra Señora de la Asunción** (ricostruita nel 1815-1922

In alto, sopra i tetti di Santiago, i ragazzi si dedicano al *béisbol*, passione nazionale

Sulle strade di Santiago

dopo saccheggi di pirati, terremoti e incendi) restaurata nel 2014. Il grande angolo sulla facciata, l'altare marmoreo dedicato alla Virgen de la Caridad, gli stalli del coro in legno pregiato finemente intagliati e il colorato soffitto affrescato meritano particolare considerazione. Inoltre qui si trova l'unico museo ecclesiastico di Cuba (*Museo Arquidiocesano*). Risalite le strette e ripide scalette in legno della torre e verrete ricompensati da una strepitosa vista panoramica sui tetti della città, sulla baia e fino alla Sierra Maestra.

Dalla parte opposta della piazza spicca un edificio bianco splendente con la bandiera cubana e graziosi balconi in legno di colore blu: si tratta del **municipio** (*ayuntamiento,* Poder Popular), da cui Fidel Castro, il primo giorno dell'anno del 1959, annunciò ai suoi connazionali la vittoria dei rivoluzionari contro il dittatore Fulgencio Batista. Alla sua sinistra si trova la casa più antica del paese (1516-30), la **Casa de Diego Velázquez (Museo de Ambiente Histórico Cubano)**: all'epoca residenza del primo governatore di Cuba, Diego Velázquez, salta agli occhi grazie al tetto in scandole e i balconi in legno chiusi in tipico stile *mudéjar* (moresco). Dentro, sotto un soffitto in legno di cedro artisticamente intagliato, sono in esposizione mobili antichi risalenti all'epoca coloniale e utensili quotidiani ancora precedenti dall'aspetto curioso: vasi da notte e stoviglie in porcellana di Meissen, scrittoi in mogano, il sedile d una carrozza e un letto a forma di gondola. Da notare anche l'arazzo, che si dice appartenesse proprio alla famiglia Velázquez, l'enorme stufa smaltata d'oro e il globo in legno risalente al XVII secolo.

Nella stessa piazza, si erge anche un **monumento** in onore del combattente per la libertà **Carlos Manuel de Céspedes** (1819-74): nel 1868 liberò gli schiavi della sua piantagione, dando così inizio alla prima guerra d'indipendenza cubana.

MUSICA, MUSICA, MUSICA

Ritornate al presente nella Calle Heredia con i suoi bar, gallerie d'arte e negozi di souvenir: qui troverete anche la **Casa de la Trova "Pepe Sánchez"** *(→ p22)* e la sua vicina, **Casa del Estudiante**, che durante i concerti pomeridiani e serali sono sempre

Le due piccole *playas* locali di Santiago non sono molto pittoresche, ma per una mezza giornata o un giorno intero al mare vi conviene mischiarvi tra i cubani: i *santiagueros* nel fine settimana si rilassano sull'amata Playa Siboney (circa 19 km a est di Santiago), dove ci sono anche alcune *casas*. Le piccole spiagge nell'ovest, paradisiache nei giorni feriali, sono perlopiù di scogli e ciottoli scuri: come Mar Verde (17 km a ovest), Buey Cabón con un paio di palme, Nima Nima e Juan González (vicino alla piccola cascata Juan González lungo il Río Nima Nima), Caletón Blanco (con un *paladar*), Dos Ríos e El Francés. Tuttavia, nel fine settimana, questi litorali sono affollati, rumorosi e molto animati. Portatevi dietro una borsa termica con il pranzo al sacco.

VIAGGIARE FACILE

piene. Il primo è intitolato a José (Pepe) Sánchez, il padre della *Trovadoresca cubana*. Un paio di case più avanti vi imbatterete nel **Museo del Carnaval**, sulla sinistra, nel quale sono esposti numerosi costumi, maschere, marionette e strumenti musicali.

RIVOLUZIONARI

Se volete approfondire le tappe della rivoluzione cubana, andate a visitare la caserma costruita nel 1859, **Cuartel Moncada**, circa 2 km a nord est della città vecchia, dove il 26 luglio 1953 fallì il primo colpo di stato tentato da Fidel Castro. Oggi l'edificio ospita il **Museo Histórico 26 de Julio** che con i suoi modellini, foto, strumenti di tortura e armi conduce i visitatori attraverso i drammatici avvenimenti (→ p10) di quel fatidico giorno del Carnaval.

Nella parte nordoccidentale della città si trova il vasto **Cementerio Santa Ifigenia** che ospita le tombe dei più importanti *santiagueros*. Nel 2016, per portare qui la salma di Fidel Castro, il carro funebre percorse quasi 1000 km e gli abitanti accorsero lungo la strada applaudendo in ognuno dei paesi attraversati. Anche il poeta ed eroe nazionale José Martí (→ p70) e il musicista Compay Segundo (1907-2003) sono sepolti qui. Da non perdere: il baldanzoso cambio della guardia.

La Catedral de Nuestra Señora de la Asunción

BALUARDO E BASILICA

Nei dintorni di Santiago, la **Fortaleza de San Pedro de la Roca del Morro** (1638-1710), a circa 8 km dal centro città, è assolutamente da non perdere. Questa fortezza è un impressionante baluardo difensivo, dichiarato patrimonio dell'umanità Unesco, con all'interno un museo sui pirati e un bel ristorante con vista. Saltuariamente viene organizzata una cerimonia con lo sparo del cannone al tramonto: il *cañonazo*.

Circa 15 km a nord ovest di Santiago, posta al centro di una verde collina, cattura lo sguardo la più sacra meta di pellegrinaggio di Cuba: la **Basílica de Nuestra Señora del Cobre** con le sue tre torri a cupola fu eretta nel 1925 in onore della Virgen de la Caridad, la patrona nazionale associata, nella santería, all'*orisha* Ochún (→ p24) dea dell'amore, del sesso e della fecondità.

UNA PAUSA

Nella **terrazza sul tetto di Casa Granda** *(CUC3 bevanda inclusa, CUC5 dalle 19 | Parque C.spedes | www.hotelescubanacan.com | €€)* si può mangiare con una bella vista – o magari bere il cocktail "Cien Años", creato in onore del centenario dell'hotel.

🗺 216 A1

tariffe d'ingresso: quasi ovunque CUC5
(supplemento per fotografare)

Cubatur
✉ *Parque Céspedes* ☎ *022 68 60 33 e 022 64 25 60*
✉ *Ave. Victoriano Garzón 364 e/ 3ra. y 4ra., Bez. Sueño*
☎ *022 68 70 10, www.cubatur.cu* 🕐 *tutti i giorni 8.30-17*

Catedral de Nuestra Señora de la Asunción
✉ *Parque Céspedes* ☎ *022 62 85 02* 🕐 *spesso chiusa; Museo diocesano lun-ven 9-17, sab 9-14, dom 9-12* 💰 *ingresso libero*

Casa de Diego Velázquez
(Museo de Ambiente Histórico Cubano)
✉ *Parque Céspedes* ☎ *022 65 26 52* 🕐 *lun-gio e sab 9-13, 14-16.30, ven 14-16.30, dom 9-13* 💰 *CUC2*

Casa de la Trova "Pepe Sánchez"
✉ *Heredia 208* ☎ *022 65 26 89* 🕐 *tutti i giorni 13-24 circa* 💰 *CUC1* 🕐 *concerti a partire dalle 22 (primo piano)* 💰 *CUC5-10*

Museo del Carnaval
✉ *Heredia 303* ☎ *022 62 69 55* 🕐 *lun 14-17, mar-sab 9-13, 14-17, dom 9-13, spettacoli folcloristici e di danza lun-sab 16* 💰 *CUC1*

Cuartel Moncada (Museo Histórico 26 de Julio)
✉ *Portuondo esq. Ave. de los Libertadores* ☎ *022 66 11 57*
🕐 *mar-sab 9-16.30, lun e dom 9-12.30* 💰 *CUC2*

Cementerio Santa Ifigenia
✉ *Ave. Crombet* ☎ *022 63 27 23* 🕐 *tutti i giorni 7-17, estate 8-18, cambio della guardia ogni 30 min* 💰 *CUC3, con guida CUC5*

Fortaleza de San Pedro de la Roca del Morro
🏞 *Ctra. del Morro km 7,5* ☎ *022 69 15 69, risotrante 022 69 15 76*
🕐 *tutti i giorni 9-19 circa, in inverno fino alle 18 circa* 💰 *CUC4*

Basílica de Nuestra Señora del Cobre
✉ *Ctra. a Bayamo, circa 15 km nord ovest da Santiago* ☎ *022 34 61 18*
🕐 *tutti i giorni 6.30-18, messa tutti i giorni 8, dom 10 e 16.30*
💰 *ingresso libero*

Baracoa

Baracoa è il più antico insediamento di Cuba, ma ancora oggi la cittadina alle spalle di una fitta foresta tropicale e infinite strade a serpentina incanta con il suo tranquillo fascino da villaggio coloniale dei Tropici. I suoi abitanti continuano a insistere che fu proprio qui che Colombo, il 28 ottobre 1492, mise piede per la prima volta sull'isola: in realtà, questa "competizione storica" è stata ufficialmente vinta dalla Bahía de Bariay presso Gibara.

In ogni caso, Baracoa è stata senza dubbio il primo insediamento cubano: Diego Velázquez de Cuéllar (→ p156) fondò la *ciudad primada* nel 1511. I visitatori camminano quindi su un terreno denso di storia, dove lo stesso Cristoforo Colombo si trattenne per alcuni giorni a partire dal 27 novembre 1492 – un mese dopo aver scorto Cuba per la prima volta ed essere approdato presso la Bahía de Bariay (→ p168), poco più a ovest.

Le case porticate a un piano, con tetti di tegole color ruggine, che decorano questa bella baia sono una chiara testimonianza dell'epoca. Ciò è reso ancora più degno di nota dal fatto che Baracoa (circa 84.000 abitanti) è una delle località dell'isola più colpite da uragani (l'ultimo è stato Matthew nell'ottobre 2016) e in continua lotta contro le mareggiate. La particolarità delle case del paese sono gli antichi e massicci portoni a due battenti.

BEN FORTIFICATA

Si sono conservate tre piccole **fortificazioni**. Nella più impressionante (Fuerte de Seboruco, 1739-42), in cima a una scalinata infinita, oggi si trova l'hotel **El Castillo** (→ p177), che si staglia sopra i tetti color rosso ruggine e possiede un

Baracoa è rimasta a lungo fuori dal radar turistico

VIAGGIARE FACILE

I dintorni di Baracoa offrono molte **attività nella natura** perlopiù in un contesto di gite organizzate, che prevedono anche barbecue a base di maialino da latte: giri in barca e su zattere lungo fiumi come il **Río Toa,** che con i suoi 150 km è il più esteso di Cuba, o attraversando canyon **Boca de Yumurí** (→ p163) e il **Parque Nacional Alejandro de Humboldt** (→ p166). Partecipando ad un'escursione di media difficoltà (7 km), con tratti molto ripidi, potrete conquistare la cima (piatta) e alta 600 m della *mesa* **El Yunque** – meglio partire presto al mattino, può fare molto caldo!

La regione intorno a Baracoa è molto fertile

fascino d'altri tempi. La fortezza **Matchín** (1802), a est del Malecón, ospita invece il **Museo Histórico Municipal**, dove potrete apprendere di più sull'epoca (e l'epica) delle scoperte geografiche e dei *conquistadores*, tramite copie del diario di Colombo, cartine geografiche e reperti archeologici. **La Punta** è la terza fortificazione della città.

SULLE TRACCE DI COLOMBO...

Dalla tranquilla passeggiata lungomare del **Malecón,** alla cui estremità orientale si trova una statua del "grande ammiraglio" Colombo, dirigetevi alla vicina **Plaza Independencia** (anche chiamata Parque Céspedes): si tratta del cuore di Baracoa, dominato dalla **Catedral de Nuestra Señora de la Asunción,** costruita nel 1833 (sebbene la struttura originaria risalga al 1512) e restaurata nel 2011-12.

Alla sinistra dell'ingresso spicca immediatamente la leggendaria **Cruz de la Parra**, con guarnizioni in argento: la "croce della vite" fu fatta erigere nella baia il 1° dicembre 1492 da Cristoforo Colombo. A lungo data per persa, fu poi ritrovata sulla costa, e ricercatori belgi hanno recentemente datato il legno di cui è fatta (dalla *Coccoloba uvifera* cubana) a 500 anni fa, classificandola così come la prima e più antica testimonianza dell'epoca coloniale a Cuba, se non nell'intera America Latina! Date uno sguardo anche alla colorata finestra a mosaico dietro l'altare, che raffigura Colombo proprio nell'episodio storico del dicembre 1492.

...E DELLA POPOLAZIONE INDIGENA

La città porta anche le tracce dei suoi abitanti più antichi e dei loro discendenti: per esempio, presso il **Fuerte de la Punta** si erge un monumento che rappresenta il *cacique* Hatuey mentre si prepara a lanciare il suo giavellotto. Questo capo dei Taínos è considerato il primo eroe nazionale di Cuba: insieme a un gruppo di guerrieri della sua tribù nel 1511 Hatuey lasciò Hispaniola (sua terra natia, oggi divisa in Haiti e Repubblica Domenicana) e giunse a Cuba per avvertire le popolazioni indigene cubane dell'imminente arrivo dei *conquistadores*. Sotto la sua guida, i Taínos combatterono contro l'usurpazione della loro terra, Baracoa compresa, e lo sterminio del loro popolo perpetrati dagli spagnoli. Meno di un anno dopo, Ha-

DOPO L'AVVENTURA

Dopo le escursioni alle spiagge o nella foresta equatoriale, nelle valli fluviali, nelle gole o su una *mesa*, nel pomeriggio turisti e cubani si incontrano presso la **Casa de la Trova "Victorino Rodríguez"**. *Son* e bolero, *bachata* e *salsa* risuonano anche dai club e bar intorno alla piazza principale e a quelli su Calle Maceo, che è in parte pedonale.

tuey venne bruciato sul rogo dai coloni a Yara, vicino a Bayamo. Oggi il suo coraggio viene ricordato da un busto di fronte alla chiesa in Plaza Independencia. Per saperne di più sui Taínos, la loro cultura, i loro riti e le loro produzioni artistiche recatevi al **Museo Arqueológico La Cueva del Paraíso**: ospitato in una grotta e antico luogo di sepoltura, questo museo comprende circa 2000 reperti, tra cui incisioni rupestri di 3000 anni, ceramiche, simulacri e lo scheletro del *cacique* Guamá, il successore di Hatuey.

UNA PAUSA
Non vi perdete le specialità regionali, come una tazza di cioccolata, una pallina di gelato o una fetta di torta al cioccolato, servite per esempio nella **Casa del Chocolate** (*tutti i giorni 7-22 circa | Calle Maceo esq. Maravi | €*).

☎ 217 E2 ✉ *www.visitabaracoa.com*

Cubatur
✉ *Maceo 147 esq. Pelayo (vicino alla cattedrale)* ☎ *021 64 53 03-06, www.cubatur.cu* 🕐 *tutti i giorni 8-12, 14-18*

🚌 Baracoa Bus Tour
🕐 *L'autobus scoperto opera in alta stagione tra l'ufficio di Cubatur, i grandi hotel della zona, le principali attrazioni, i ristoranti per escursionisti (a Toa, Duaba) e la*

Sulla via del ritorno da scuola a Baracoa

Playa Maguana, circa 22 km a nord ovest di Baracoa, dic-apr circa 9-18
📷 biglietto giornaliero CUC5 (minimo 10 passeggeri)

Museo Histórico Municipal
✉ Fuerte Matachín, Martí esq. Juración ☎ 021 64 21 22
🕐 tutti i giorni 8-12, 14-18 📷 CUC1

Catedral de Nuestra Señora de la Asunción
✉ Plaza Independencia 🕐 tutti i giorni 8-11, 14-17, messe tutti i giorni 7, 15 e 20,
dom 9 📷 ingresso libero

🏛 Museo Arqueológico La Cueva del Paraíso
✉ Moncada, dal cimitero risalire la Loma del Paraíso, circa 1 km a ovest
dall'Hotel El Castillo → p177 ☎ 021 64 38 62 🕐 tutti i giorni 8-17 📷 CUC3

Casa de la Trova "Victorino Rodríguez"
✉ Maceo 149 (alla sinistra della chiesa) 🕐 tutti i giorni circa 21-24, ven e dom
matinée alle 10 circa, musica dal vivo tutti i giorni a partire dalle 21 📷 CUC1

Boca de Yumurí
✉ Ctra. a Maisí 35, circa 27 km est da Baracoa ☎ 021 64 52 24-26
🕐 tutti i giorni 8-18 📷 viaggio in barca CUC2 a persona

El Yunque
✉ Ctra. a Moa, circa 7 km ovest da Baracoa, escursione a piedi di circa 7 km, 4-6 ore,
500 m di dislivello 🕐 tutti i giorni 8-18 (da prenotare presso gli hotel, consigliato
solo con scarpe da trekking)

- Dalla fertile regione montuosa ricca di fiumi a est di Baracoa, e
  da Cuchillas del Toa e dalla Sierra del Purial a ovest, provengono
  le noci di cocco, il cacao, il caffè e le banane che caratterizzano la
  cucina regionale (→ p29). Qui crescono la maggior parte delle
  palme da cocco di Cuba e le ricette tipiche della zona sono un po'
  più "esotiche": viene utilizzato molto latte di cocco, coriandolo e
  chili.

- Provate quindi i piatti regionali con questo tocco asiatico a base
  di latte di cocco, come il pesce "à la Santa Bárbara", servito per
  esempio al paladar La Colonial (tutti i giorni 10-22 | Martí 123, tel
  021 64 53 91 | €), o l'aragosta in salsa di cioccolato, preparata da
  Ana María e Orlando, al Restaurante la Casona (tutti i giorni 11-
  23 | Martí 114 e/ Maravi y País | tel 021 64 11 22 | €).

- Altre specialità includono il gelato al cocco e il dulce de coco y leche: una crema al caramello preparata con molto **latte di cocco**,
  e guarnita da pezzi di cocco e cannella – preparatevi una vera
  bomba calorica!

- Il cucurucho, che trovate servito ovunque in un cartoccio di foglie
  di banana, consiste in una mousse di scaglie di cocco dolce e ap-
  piccicosa.

VIAGGIARE FACILE

⭐8 Gran Parque Nacional Sierra Maestra

"Adelante comandante!" Sempre avanti, in salita e in discesa, il cammino è la meta. E quando si conquistano i 1974 m del Pico Turquino, la cima più alta del paese si presenta perlopiù coperta dalle nuvole e assai poco spettacolare: una fitta boscaglia impedisce allo sguardo di spaziare. Un'escursione in montagna sulle orme dei ribelli fa però toccare con mano le condizioni in cui si svolse la lotta rivoluzionaria.

La centrale di comando di Fidel Castro

Uno sguardo retrospettivo: il biennio di guerriglia continua sulle montagne iniziò il 2 dicembre 1956. Dopo una traversata dal Messico, dove erano in esilio, Fidel Castro e i suoi 81 *compañeros*, appartenenti al Movimento 26 de Julio, alcuni soffrendo il mal di mare, approdarono sulla costa meridionale di Cuba. Ma quando i ribelli arrivarono alla Playa Coloradas sulla motobarca sovraccarica *Granma* (→ p176) ad attenderli c'erano già le truppe governative, che aprirono immediatamente il fuoco. Solo 18 dei *guerrilleros* sopravvissero, tra cui il fratello di Castro Raúl, presidente di Cuba dal 2008 al 2018, ed Ernesto "Che" Guevara: fuggirono con il *comandante en jefe* sulla Sierra lunga 250 km. Intanto il dittatore Batista diffondeva la notizia che anche Castro era stato ucciso.

LO SCOOP GIORNALISTICO DI CASTRO

Al che il *comandante*, dimostrando grande fiuto per le pubbliche relazioni, invitò alcuni dei giornalisti più in vista degli Stati Uniti a venirlo a intervistare nel suo quartier generale e in cima al Pico Turquino. Herbert L. Matthews, nel suo articolo per il *New York Times* del 24 febbraio 1957, scrisse la storia della rivoluzione. Si tramanda che Che Guevara abbia detto che quell'articolo fu per i ribelli "più importan-

VIAGGIARE FACILE

Diversi **percorsi escursionistici** conducono dal centro visitatori a Santo Domingo attraverso il Gran Parque Nacional Sierra Maestra, ad esempio il Pico Palma Mocha (8 km) lungo l'omonimo fiume, il più corto Margénes del Yara (3,5 km) nonché il Pozo de Lola (con una piscina naturale) e il Lomo del Espejo (ognuno dei quali 3,5 km circa).

Il rigoglioso paesaggio della Sierra Maestra

te di una vittoria sul campo di battaglia". Matthews disegnò un ritratto eroico del comandante guerrigliero e della sua potente armata – Castro deve aver tratto in inganno Matthews, facendo marciare più volte davanti al reporter, evidentemente non proprio obiettivo, il suo pugno di uomini armati. La foto del giornalista con Castro rese il regime di Batista inattendibile agli occhi del mondo intero. Oggi si può raggiungere la **Comandancia de la Plata** *(→ pp8, 194)* con un'escursione lunga 6 km. Le baracche, l'ospedale, la stazione di Radio Rebelde, la Casa de Fidel (con latrina annessa) sono diventate un museo all'aperto.

SCIVOLONE IN MARE

Nel Gran Parque Nacional Sierra Maestra di 230 km² potrete conquistare **le cime più alte di Cuba**: oltre al Pico Real de Turquino (1974 m) il Pico Cuba (1872 m), il Pico Suecia (1734 m), La Bayamesa (1730 m) e il Pico Martí (1722 m). Dal lato della costa queste cime e il mare caraibico distano in linea d'aria solo 4 km – qui si trova il dislivello più ripido di tutta la superficie terrestre che si spinge sott'acqua fino a 7000 m di profondità nella Fossa delle Cayman. Nel parco sono state registrate 60 **specie di uccelli**, tra cui il minuscolo colibrì *zunzuncito*, il verde *cartacuba (Todus multicolor → p187)*, l'usignolo *ruiseñor (Myadestes elisabeth)* e l'uccello nazionale di Cuba, il tocororo o trogone cubano *(Priotelus temnurus)*, che presenta gli stessi colori della bandiera: blu, bianco e rosso. Nelle pinete ai lati del sentiero cresce un centinaio di specie vegetali endemiche, tra cui il fiore nazionale, la *mariposa* o zenzero a giglio bianco *(Hedychium coronarium)*.

UNA PAUSA

Nei trekking di due-tre giorni alla cima del Pico Turquino gli escursionisti trovano vitto e alloggio nel campo ai piedi del Pico Joaquín (compreso pranzo al sacco).

🗺 214 C1-215 D1

Gran Parque Nacional Sierra Maestra/Centro Flora y Fauna Visitor Center *(→ p196)*

Comandancia de la Plata *(→ p196)*

Ecotur *(→ p196)*

⭐9 Parque Nacional Alejandro de Humboldt

Chi vuole avere la possibilità di osservare il minuscolo colibrì di Elena, la *ranita monte Iberia*, una ranocchia non più grande di un'unghia, oppure i maestosi lamantini, qui è al posto giusto: il parco nazionale di 700 km² vicino a Baracoa (→ p160) è una delle foreste pluviali del mondo con più biodiversità. In nessun altro luogo a Cuba crescono così tanti tipi di differente vegetazione come in questa catena montuosa ricoperta parzialmente da una giungla tropicale.

Non stupisce che nel 2001 l'Unesco abbia inserito questo parco nazionale, fondato nel 1996 e situato 40 km a ovest di Baracoa, tra i Patrimoni dell'umanità: comprende infatti foreste pluviali e secche, altopiani e montagne fino a 1200 m d'altitudine come le Cuchillas del Toa (o Alturas de Baracoa → p163), mangrovie e barriere coralline, nonché i fiumi più lunghi dell'isola, il Toa e lo Jaguaní. Non fu però il grande naturalista tedesco a cui il parco è dedicato e che compì sull'isola diverse spedizioni tra il 1801 e il 1804, a esplorare la zona, anche se al centro visitatori trovate un suo busto che guarda verso la Bahía de Taco.

FAUNA ENDEMICA

Johannes "Juan" Christopher Gundlach (1810-96), zoologo tedesco, trascorse 57 anni a fare ricerche all'Avana ed è considerato il terzo "scopritore" di Cuba, dopo Colombo e von Humboldt. Molte specie portano il suo nome, come la poiana nera

VIAGGIARE FACILE

- Diversi **sentieri escursionistici** attraversano il parco nazionale, tra cui il facile "El Recreo" lungo il Río Taco (circa 3 km, 3 ore) e il "Balcón de Iberia" (circa 7 km, 5 ore, portare costume da bagno, scarponcini o sandali da trekking). Quando piove, comunque, i sentieri argillosi spesso si trasformano in piste fangose molto scivolose (solo giugno, luglio e agosto sono mesi in cui non piove).
- In alternativa, partono dal centro visitatori (con una piccola sala espositiva) **uscite in barca** per la Bahía de Taco, quasi un cerchio perfetto, dove con un po' di fortuna si possono avvistare i rari lamantini dei Caraibi *(Trichechus manatus manatus)*. I pochi esemplari, a quanto pare gli ultimi rimasti, vivono nelle mangrovie che circondano la baia. I momenti migliori per osservarli sono al crepuscolo, quando ha appena smesso di piovere o quando il cielo è coperto, soprattutto nei mesi tra ottobre e dicembre.

La lucertola si mimetizza perfettamente

cubana *(Buteogallus gundla-chii)* o il raro sparviero di Gundlach *(Accipiter gundlachi)*, una delle 24 specie ornitologiche endemiche di Cuba.

Gundlach ha scoperto nel 1844 anche l'uccello più piccolo del mondo, lo *zunzuncito* dalle vivide penne verdi, lungo 7 cm e che pesa solo 2 g, che chiamò *Mellisuga helenae* (colibrì di Elena).

All'interno del parco, serpenti, lucertole e millepiedi strisciano su sentieri e rami e vengono identificate sempre nuove specie o animali a rischio di estinzione, come il solenodonte di Cuba o almiquí *(Solenodon cubanus)*, un fossile vivente.

Risale appena al 1996 la scoperta di una ranocchia lunga solo 10 mm a cui è stato dato il nome dell'altura in cui fu avvistata: *ranita monte Iberia (Eleuthero-dactylus iberia)*. La rana più piccola del mondo ha sì un'evidente striscia gialla sul dorso, ma la guida riesce a seguirne le tracce solo sentendone il richiamo molto acuto... Negli ultimi lembi di foresta primigenia di Cuba prosperano più di un migliaio di specie vegetali, di cui più di due terzi endemiche: la palma reale cubana, felci preistoriche (ciateali), alberi di teak e mogano, conifere e orchidee selvatiche.

UNA PAUSA

Durante le passeggiate ci si può rinfrescare nelle smeraldine piscine naturali, sotto le cascate e in ruscelli dalle acque cristalline – un vero ritorno alla natura!

🗺 217 D2

Centro de Visitantes (centro visitatori)

✉ *Bahía de Taco, Ctra. a Moa km 34, circa 35 km a nord a ovest di Baracoa* ☎ *024 38 14 31* 🕐 *tutti i giorni 7.30-17* 📷 *escursioni e gite in barca con guida (2-5 ore): CUC10-25, tour da Baracoa da CUC25 circa*

Il busto del naturalista von Humboldt nel parco che porta il suo nome

48 Gibara e Bahía de Bariay

A Gibara, cittadina di pescatori, le spiagge e i siti storici sono contigui. Di fronte alla Silla de Gibara, un promontorio a forma di sella di cavallo, già Colombo si innamorò della "terra più bella su cui si siano posati occhi umani". Il grande navigatore approdò, pare, nella vicina Bahía de Bariay il 28 ottobre 1492.

A partire dal 1992 il **Parque Monumento Nacional Bariay** (45 km a est di Gibara vicino al villaggio Rafael Freyre) accoglie i visitatori che, con carrozze a cavalli o navette, vengono portati attraverso l'ampio spazio aperto al monumento eretto in occasione del 500° anniversario del viaggio di Colombo. L'artista cubana Caridad Ramos Mosquera ha voluto rappresentare la stratificazione di culture diverse sul suolo cubano. Men-

Gibara ha sempre avuto un fascino particolare

tre si passeggia tra rovine ricostruite di portici in stile coloniale e statue di idoli indigeni un altoparlante diffonde idilliaci rumori dell'ambiente naturale.

INCONTRO DI CULTURE

Un po' più a sud, sul **Cayo Bariay** (Punto del Gato), presumibilmente il punto in cui la flotta di Colombo toccò terra, è stato ricostruito un villaggio taíno in cui viene proposto ai turisti uno spettacolo di danze "native" piuttosto penoso. L'incontro di culture nel Nuovo Mondo non andò a finire bene: dopo cinquant'anni dalla conquista spagnola, gli abitanti originari (da duecento a cinquecentomila prima di Colombo) – decimati da massacri, lavoro coatto ed epidemie di varicella e morbillo – erano ormai ridotti a poche migliaia.

UN FESTIVAL DEL CINEMA POVERO

Al Festival Internacional del Cine Pobre (*www.festivalcinepobre.cult.cu*) di Gibara, ogni anno a fine aprile dal 2003 si proiettano film impegnati e a basso costo soprattutto di produttori latinoamericani. I premi della giuria consistono in borse di studio e attrezzatura tecnica per registi alle prime armi. Il festival indipendente statale (!) è noto per le sue animate discussioni politiche.

L'incontro di sculture native e colonne coloniali al Parque Monumento Nacional Bariay

UN GIOIELLO COLONIALE

Da quando la piccola città portuale di Gibara (38.000 abitanti), fondata nel 1817, può presentare al mondo due hotel in edifici coloniali ben restaurati, attrae sempre più le comitive dei viaggi organizzati. Una visita vale comunque la pena, anche solo per lo scenario genuino della sua città vecchia, tra il *malecón* (lungomare) e le rovine del castello, con una cinta muraria vagamente medievale e palazzi neoclassici, nonché per tre interessanti musei sul meraviglioso **Parque Calixto García.** Qui sorge anche la **Iglesia de San Fulgencio** costruita nel 1850, riconoscibile dalle sue torri a cupola. La chiesa custodisce una pregevole scultura in legno che ritrae la Vergine della Carità di El Cobre. Nel **Museo de Arte Colonial** sono esposti mobili raffinati, alcuni in stile Chippendale, oggetti decorativi e della vita quotidiana del Sette-Ottocento, insieme a finestre istoriate dello stesso periodo.

Sul lato occidentale della piazza anche il **Museo de Historia Natural** vale una visita. Soprattutto i bambini ammireranno lo scheletro di un'enorme balena e gli animali conservati impagliati e in alcol.

UNA PAUSA

Colombo *(tutti i giorni 12-14.30 | nel Parque Monumento Nacional Bariay | tel 024 43 09 15 | €)* fornisce ai visitatori cucina cubana e molta musica.

Informazioni anche all'Hotel Ordoño (→ p177)

Parque Monumento Nacional Bariay
🗺 216 A4 ✉ *Cayo Bariay (45 km circa a est di Gibara, incrocio a nord di Rafael Freyre), con il ristorante Colombo* ☎ *024 43 33 11-115*
🕐 *tutti i giorni 9-16 (ultimo ingresso)* 💲 *CUC8*

Iglesia de San Fulgencio
🗺 215 F4 ✉ *Parque Calixto García, Gibara* 🕐 *tutti i giorni 8-12, 14-16*
💲 *ingresso libero*

Museo de Arte Colonial
🗺 215 F4 ✉ *Independencia 19, vicino a Parque Calixto García, Gibara; 1° piano*
☎ *024 84 44 57* 🕐 *lun-sab 8-12, 13-17, dom 8-12* 💲 *CUC2 (con guida)*

👫 Museo de Historia Natural
🗺 215 F4 ✉ *Parque Calixto García, Gibara* ☎ *024 84 44 58*
🕐 *lun-sab 8-12, 13-17, dom 8-12* 💲 *CUC2 (con guida)*

㊾ Guardalavaca

Per chilometri lungo la Costa Verde si susseguono spiagge e baie, una più idilliaca dell'altra: Esmeralda, Yuraguanal, Pesquero e Turquesa. Nell'entroterra, nelle fotogeniche colline di Maniabon ci si può avventurare sulle tracce dei primi abitanti dell'isola.

Negli hotel le attività di animazione procedono senza sosta e ci sono spettacoli di danze caraibiche fino a notte fonda. Ma in questa località balneare e nei dintorni, anche se i resort sono sicuramente tra i migliori del paese, si può fare molto più che non sdraiarsi al sole. Trovate infatti una barriera corallina con 32 **siti d'immersione** e un'eccezionale zona di pesca, una riserva naturale con mangrovie ed "eco-sentieri", fattorie dove si può andare a cavallo e un **delfinario (Acuario)** nella Bahía de Naranjo. Chi dall'uscita di pesca nella baia di Naranjo è tornato con delle belle prede, può grigliare il proprio pesce nel **Bio-Parque Rocazul**.

Molti nomi a Cuba (nella toponomastica, nella gastronomia e nell'ambito turistico) ricordano i Taínos, il popolo che viveva sull'isola quando arrivarono i *conquistadores*: ad esempio l'agenzia Cubanacán ("luogo centrale") o la marca di birra Hatuey (→ *p161*).

Mentre l'estremità occidentale di Cuba nel XVI secolo era abitata dai Siboney (perlopiù cacciatori-raccoglitori), nella parte orientale dell'isola vivevano i Taínos, un popolo degli Arahuacos sudamericani stabilitisi nelle Antille che praticava l'agricoltura.

Con il catamarano sulla Costa Verde

Tutti i tour per scoprire le radici "indigene" portano all'**Aldea Taína**, a est di Guardalavaca, e al sito archeologico di **Chorro de Maíta** di fronte al più grande luogo di sepoltura precolombiano delle Antille. Nei pressi, un museo espone i reperti venuti alla luce nel sito, tra cui oggetti funebri. Nella ri-

UN POSTO PER BIRDWATCHER

A est, presso la **Playa Esmeralda**, si trova il "Sendero Eco-arqueológico Las Guanas" con splendidi paesaggi della costa: si cammina tra alberi endemici *(guanas)* e cactus fino a un punto panoramico; lungo il cammino si possono avvistare iguane, piccole lucertole, granchi, farfalle e soprattutto uccelli, tra cui pellicani e colibrì, gli assioli di Cuba e gli aironi *(tutti i giorni 10-17 | CUC3 | 40 min circa)*.

costruzione di un villaggio precolombiano dei Taínos, i visitatori passeggiano tra statue che sembrano persone vive e la riproduzione di capanne rotonde. Dalle guide, abbigliate come gli indigeni, imparerete come si viveva in questi villaggi, dalle tecniche agricole alla cucina alla medicina.

UNA DEA D'ORO

Chi ha ancora un po' di tempo, può approfondire questa escursione storica a **Banes** (35 km circa a sud est di Guardalavaca). Nel **Museo Indocubano Baní** sono esposti, con gran rigore scientifico, oggetti della vita quotidiana dei Taínos, da gioielli a frammenti del loro abbigliamento a medaglioni e utensili in pietra. Uno dei reperti è estremamente rilevante e prezioso: l'Ídolo de Oro, una statuina alta 4 cm che raffigura la dea della fertilità e risale, pare, al XIII secolo.

UNA PAUSA

Da **Yaguajay** *(Aldea Taína | €)* si gustano piatti di origine indigena, come la *casaba*, un pane piatto di farina di manioca con pesce grigliato, mentre lo sguardo si perde sul mare oltre le palme.

📷 216 A4 🚌 *Autobus doppio aperto, percorso tra le diverse baie di Guardalavaca, gli hotel e le attrazioni* 🕐 *tutti i giorni dalle 9 da Playa Turquesa (tra Playa Esmeralda e Playa Pesquero) fino alle 17 circa* 💰 *CUC5*

Cubatur

📷 216 A4 ✉ *per esempio all'Hotel Guardalavaca (Playa Guardalavaca) e dietro il Centro Comercial Los Flamboyanes (Ctra. Central a Holguín)* ☎ *024 43 01 70-71, www.cubatur.cu* 🕐 *tutti i giorni 9-16*

Acuario Cayo Naranjo

📷 216 A4 ✉ *Cayo Jutía, Parque Natural Bahía de Naranjo, circa 8 km ovest da Playa Guardalavaca, ristorante, pernottamento (€€€)* ☎ *024 43 01 32* 🕐 *tutti i giorni 9-21, spettacoli 11 (otarie) e 11.30 (delfini)* 💰 *spettacoli CUC50, bambini CUC25; 20 min di nuoto con i delfini circa CUC108, bambini circa CUC54 (compreso trasferimento)*

👥 Bio-Parque Rocazul → *p179*

📷 216 A4 ✉ *Ctra. Playa Pesquero* ☎ *024 43 33 10* 🕐 *tutti i giorni 9-17*

Aldea Taína

📷 216 A4 ✉ *Ctra. a Banes, circa 6 km sud da Guardalavaca, Cerro de Yaguajay* ☎ *024 43 04 22* 🕐 *tutti i giorni 9-17, spettacolo di danza 14.30* 💰 *CUC5*

Museo Arqueológico Chorro de Maíta

📷 216 A4 ✉ *Ctra. a Banes, circa 6 km sud da Guardalavaca, Cerro de Yaguajay, di fronte all'Aldea Taína* ☎ *024 43 04 21* 🕐 *mar-sab 9-17, dom 9-13* 💰 *CUC2*

Museo Indocubano Baní

📷 216 B4 ✉ *General Marrero 305, Banes, 35 km a sud est di Guardalavaca* ☎ *024 80 24 87* 🕐 *mar-sab 9-17, dom 8-12* 💰 *CUC1*

Mete su misura

Un'idilliaca baia dalla spiaggia bianca vicino a Cayo Saetía

🟦 Cayo Saetía

Zebre, antilopi e struzzi incrociano il vostro cammino, cinghiali e bufali d'acqua si voltolano nelle pozzanghere. Ci si sente quasi in Africa partecipando a un **safari in jeep** su quest'isola di 42 km² di superficie nella Bahía de Nipe (come facevano un tempo anche Fidel Castro e suoi compagni di partito e di caccia). Nella boscosa **riserva naturale** svernano numerose specie di uccelli migratori. Può accogliere gli ospiti una piccola struttura a bungalow troppo cara, tra minuscole baie dove si può nuotare, scogliera e mangrovie. Ma qui non si viene solo per nuotare, bensì per cavalcare, pescare con la lenza o in alto mare, nonché per fare escursioni e immergersi (o fare snorkelling) nella barriera corallina proprio di fronte.

📍 **216 B3** ✉ *ingresso con l'auto attraverso una strada rialzata (punto di controllo: portare il passaporto!)*
☎ *hotel: 024 51 69 00, www. gaviotahotels.com* 🕐 *tutti i giorni circa 8-17* 📷 *CUC10 per ospiti giornalieri*

🟦 Holguín

A Holguín (300.000 abitanti), capoluogo di provincia, atterrano gli aerei charter dei turisti diretti a Guardalavaca e alle sue spiagge distanti una sessantina di chilometri (→ *p170*). Chi fa una passeggiata in città può osservare invece come i cubani vivono la loro vita. Al Parque Peralta attira lo sguardo la **Catedral de San Isidro** (XVII-XVIII secolo), che si erge con le sue due torri a cupola sopra il reticolo di strade a scacchiera. Nel centrale Parque Calixto García il **Museo de Historia Provincial "La Periquera"** è dedicato alle guerre di indipendenza di Cuba ed espone armi e documenti storici. All'angolo sud della piazza si possono osservare uccelli e animali esotici impagliati e la chiocciola *Polymita picta* (endemica di Cuba) al **Museo de Historia Natural "Carlos de la Torre y Huerta"**. 📍 **215 F3**

Cubatur/Infotur

✉ *Martí esq. Libertad* ☎ *024 42 16 79, 024 42 50 03 (Infotur)*
www.cubatur.cu, www.infotur.cu

Catedral de San Isidro

✉ *Parque Peralta* ☎ *024 42 21 07*
🕐 *tutti i giorni 7.30-20 circa*
📷 *ingresso libero*

Museo de Historia Provincial "La Periquera"

✉ *Parque Calixto García* ☎ *024 46 33 95* 🕐 *mar-sab 8-16, dom 8-12* 📷 *CUC1*

Museo de Historia Natural "Carlos de la Torre y Huerta"

✉ *Maceo 129 e/ Marti y Caballero*
☎ *024 42 39 35* 🕐 *mar-sab 9-20, dom 9-19* 📷 *CUC2*

52 Parque Nacional La Mensura e Villa Pinares de Mayarí

La cascata più alta del paese, **El Guayabo** (127 m), si trova in un angolo remoto del parco nazionale La Mensura-Pilatos *(circa 125 km a sud est di Guardalavaca → p170)* – il fresco altopiano a 700 m tra la Sierra de Nipe e la Sierra de Cristal. La cascata precipita a valle in due grandi getti al centro di un selvaggio scenario montano, dove gli agricoltori coltivano caffè e cacao, banane, maracuja, guava e ananas. I biologi

hanno registrato nel parco 300 specie di piante, di cui almeno la metà endemiche: tra queste, 51 specie di orchidee nell'**Orquideario**, circa 1 km a sud di Villa Pinares de Mayarí, nonché dieci specie indigene di uccelli canori, che comprendono il *tomeguin del Pinar (Tiaris canorus)*, un fringuello dalle penne verdi. 🗺 **216 B3**

Salto del Guayabo

✉ *circa 12 km a nord di Villa Pinares de Mayarí (→ p178)* ☎ *05 2 40 27 43* 🕐 *tutti i giorni 7-19, ristorante all'aperto 8-17* 📷 *CUC5 comprese guida e foto, passeggiata di 400 m o un'escursione molto ripida (2 ore 30 min, consigliate le scarpe da trekking)*

Orquideario

🕐 *tutti i giorni 8-17* 📷 *CUC2*

53 Sitio Histórico Birán

Alla Finca Las Manacas il 13 agosto 1926 nacque quello che sarebbe diventato il leader della rivoluzione e il capo del governo, Fidel Castro. Oggi la proprietà terriera di 10.000 ettari è un **museo** e ospita le tombe dell'intera famiglia, tra cui i genitori di Fidel: Ángel Castro (1875-1956), proveniente da una famiglia di possidenti spagnoli, e Lina Ruz González (1903-63), che in casa venne come domestica e sposò Ángel nel 1943. Nella proprietà potrete visitare una piccola scuola, la casa natale che ha ancora i mobili originali e una Ford del 1918, la casetta della nonna, dove sono esposti regali di stato, fotografie e alcuni oggetti privati (tra cui guantoni da boxe e stivali), e un'arena per il combattimento dei galli. 🗺 **216 A3**

Museo Conjunto Histórico Birán (Finca Las Manacas)

✉ *Birán (circa 80 km a sud di Guardalavaca)*
☎ *024 28 61 14*
🕐 *mar-sab 9-15, dom 9-12*
📷 *CUC10 compresa la guida*

54 Guantánamo

La **città vecchia** si mostra con edifici ottocenteschi raccolti intorno a Parque Martí, ad esempio il mercato coperto

Jeep-safari a Cayo Saetía, un tempo riserva di caccia dei funzionari di partito

Nella zona cimiteriale della casa di Fidel regna una grande pace

in stile neoclassico. Il capoluogo della provincia (220.000 abitanti), fondato nel 1820 nel mezzo di un aspro territorio da selvaggio West, è famoso però per il **centro di detenzione**, aperto dagli statunitensi dopo l'attacco terroristico dell'11 settembre 2001 – in certi periodi qui erano internate fino a 800 persone sospette di essere terroristi o talebani. Come mai proprio nella punta orientale di Cuba? La cosa può stupire, ma la grande base USA (116 km²) circondata da un campo minato esiste sin dal 1903, quando gli americani avevano un potere sull'isola: il tempo pattuito era inizialmente di 99 anni. Nel 2003 gli USA hanno prolungato di propria iniziativa il contratto, che può essere sciolto se entrambe le parti concordano... All'**Hotel Caimanera** i gruppi registrati possono dare uno sguardo at-

traverso il cannocchiale all'installazione militare ermeticamente chiusa.
🗺 **216 C2**

Infotur
✉ *García e/ Miro y Crombet*
☎ *021 35 19 93, www.infotur.cu*
🕐 *lun-sab 8.30-17*

Hotel Caimanera
✉ *25 km a sud di Guantánamo (nella zona chiusa, 15 km dalla prigione)*
☎ *021 49 94 15, www.islazul.cu* 🕐 *solo per gruppi organizzati, da prenotare presentando il passaporto negli hotel di Baracoa, Guantánamo e Santiago almeno tre giorni lavorativi prima*
📷 *circa CUC25 (gita di 5 ore)*

Mirador La Gobernadora
✉ *Ctra. a Baracoa km 22, circa 27 km a sud est di Guantánamo* ☎ *021 35 19 93-97* 🕐 *tutti i giorni 10-18*
📷 *ingresso libero*

55 Parque Nacional de Baconao
Che cosa ne pensate di una gità nell'era dei brachiosauri, dei mammut, dei macai-

A Bayamo fa piacere girare su carrozzelle a cavallo

rodonti dai denti a spada e degli uomini della pietra? Nella **Valle de la Prehistoria** troverete le riproduzioni di più di 200 di questi animali antichissimi: una meta divertente per i bambini e gli amanti dei dinosauri. Solo 2 km a est vi aspetta il **Museo Nacional de Transporte** con vecchie auto davvero speciali, come la Cadillac del 1958 posseduta dal mito della musica cubana Benny Moré (1919-63).

Nel percorso da Baconao al Parque trovate nella Cordillera de la Gran Piedra la **Cafetal La Isabélica**. Le rovine di una piantagione di caffè ottocentesca con la residenza dei proprietari è diventato un sito Unesco. Da qui ci si può anche arrampicare fino ai 1234 m della Gran Piedra.

Altra meta interessante nei dintorni è l'ex allevamento di pollame, ora **Museo Granjita Siboney**, dove i ribelli progettarono l'attacco del 26 luglio 1953 alla caserma Moncada a Santiago *(→ p158)*: 26 monumenti che ricordano i caduti nell'impresa sono disseminati lungo la strada per Baconao.

🏠 216 B1

Valle de la Prehistoria/Museo Nacional de Transportes

✉ *Ctra. a Baconao km 8 e Museo km 10 (2 ingressi), circa 25 a km est di Santiago* ☎ *Valle: 022 63 92 39;*

Museo: 022 63 91 97 🕐 *tutti i giorni 8-17* 📷 *ognuno CUC1 ; da prenotare in hotel come tour di un giorno anche ad altre attrazioni di Baconao (→ p182), circa CUC70*

Cafetal y Finca La Isabélica/ Gran Piedra

✉ *Ctra. Gran Piedra km 14* 🕐 *Cafetal: tutti i giorni 9-17; ascensione alla Gran Piedra (30 min): 8-16* 📷 *Cafetal: CUC2; Gran Piedra: CUC2*

Granjita Siboney

✉ *Ctra. a Siboney circa km 13*
☎ *022 69 83 60* 🕐 *lun 9-13, mar-dom 9-17* 📷 *CUC1*

56 Bayamo

Bayamo (170.000 abitanti) è conosciuta come la "culla del nazionalismo": il capoluogo di provincia fondato nel 1513 ha dato i natali al combattente per la libertà **Carlos Manuel de Céspedes** (1819-74); inoltre, nel piccolo borgo di Dos Ríos, 45 km a nord est, morì in battaglia il poeta nazionale José Martí (1853-95). Con una carrozza a cavalli attraversate in tranquillità la città coloniale fino alla **Casa Natal de Carlos Manuel de Céspedes,** che espone lettere, fotografie e utensili personali del pian-

General García, la strada dei negozi a Bayamo

tatore di canna da zucchero e in seguito presidente della "repubblica in armi". La seconda chiesa più antica di Cuba, la **Iglesia Santísimo Salvador** del 1516 (poi ricostruita nel 1740), custodisce un affresco patriottico che ricorda l'8 novembre 1868, il giorno in cui per la prima volta venne issata la bandiera cubana proprio qui a Bayamo. Al **Museo de Cera** si incontrano immortalati nella cera eroi storici, musicali e sportivi cubani, da Benny Moré al Che.

📍 215 E2

Ecotur
✉ *Ctra. Central km 1,5 (nell'Hotel Sierra Maestra)* ☎ *023 48 70 06 www.ecoturcuba.tur.cu*

Casa Natal de Carlos Manuel de Céspedes
✉ *Parque Céspedes* ☎ *023 42 38 46* 🕐 *mar-sab 9-17, dom 9-13* 📷 *CUC1*

Iglesia Santísimo Salvador
✉ *Plaza del Himno* 🕐 *tutti i giorni 9-12, 15-17* 📷 *ingresso libero*

Museo de Cera (Cerarte)
✉ *García 254* 🕐 *lun-ven 9-13, 14-17, sab 18-22, dom 9-13* 📷 *CUC1*

57 Parque Nacional Desembarco del Granma e Marea del Portillo
Il 2 dicembre 1956 Fidel Castro e 81 compagni approdarono alla **Playa Las Coloradas** e la rivoluzione iniziò il suo corso (→ p10).

Nel Parque Nacional Desembarco del Granma, **riserva della biosfera** Unesco di 320 km², vedrete una riproduzione della motobarca **Granma** di 12 m.

Dal paese di pescatori **Marea del Portillo** (circa 70 km a est) con spiagge e due hotel solitari ai piedi della Sierra Maestra (→ p164) – uno scenario spettacolare di scura sabbia grigia, verdi pendii montani e un mare caraibico blu – parte una strada panoramica che in 160 km arriva a Santiago (→ p156) lungo la costa rocciosa e attraversando fiumi perlopiù asciutti.

📍 214 B-C1 ✉ *Playa Las Coloradas (a Bélic, circa 16 km a sud ovest di Niquero)* ☎ *023 57 79 35* 🕐 *tutti i giorni 8-18* 📷 *CUC5, Museo CUC1*

Dove...
dormire

Prezzi
Una notte in camera doppia:
€ meno di CUC40
€€ CUC40-100
€€€ più di CUC100

BARACOA

El Castillo €€

In bella posizione sopra i tetti della città con lo sguardo che spazia fino al monte El Yunque: le 62 camere sono molto diverse l'una dall'altra (quelle nell'edificio più antico che sembra un forte sarebbero da rinnovare), ma le risarcisce la piccola piscina, frequentata anche dai cubani, con una bell'atmosfera al bar. La lunga scalinata in pietra verso la città (un po' scivolosa se piove) mantiene giovani, ma è un ostacolo per gli ospiti che non amano camminare.
📍 **217 E2** ✉ *Calixto García* ☎ *021 64 51 65-95, www.gaviotahotels.com*

Hostal 1511 €-€€

Questa pensione statale (due stelle e molto centrale) offre 15 belle camere che sono un affare! Conviviale e familiare l'atmosfera, con bar e persino wi-fi.
📍 **217 E2** ✉ *Ciro Frías 26 esq. López* ☎ *021 64 57 00, www.gaviotahotels.com*

GIBARA

Arsenita €€-€€€

Per nostalgici: ha aperto nel 2016 la filiale dell'Ordoño vicino alla chiesa: un gioiellino coloniale, abbellito da colonne. L'ex residenza ottocentesca di una famiglia benestante ha solo 12 camere (prenotate online costano meno). Dal tetto c'è un bel panorama.

📍 **215 F4** ✉ *Sartorio 22 e/ Martí y Luz Caballero* ☎ *024 84 44 00, www.hotelescubanacan.com*

Los Hermanos €

Da Odaly (e "fratelli") si vive davvero in un ambiente coloniale: quattro grandi camere (con bagno), decorate con grande cura, intorno all'arioso patio. Bella vista sui tetti dal primo piano.
📍 **215 F4** ✉ *Céspedes 13 e/ Peralta y Caballero* ☎ *024 84 45 42*

Ordoño €€-€€€

Ancora un gioiellino: questo sontuoso palazzo coloniale del XIX secolo accoglie i suoi ospiti in 27 camere sorrette da colonne, ma attrezzate con comfort moderni e bagni in marmo. Bar sul rooftop con sedie a sdraio e vista sui tetti (e sulle rovine) della città.
📍 **215 F4** ✉ *Peralta e/ Mármol y Independencia* ☎ *024 84 44 48, www.hotelescubanacan.com*

GUARDALAVACA

🏨 Memories Holguín Beach Resort €€€

Un hotel quattro stelle sulla spiaggia adatto ai bambini (l'ex Riu, Occidental Playa Turquesa) con 500 grandi camere, suddivise in casette di due piani disseminate per una collina con scale che salgono e scendono: magnifica l'area piscina con cascate (sette piscine!) e un "Agua-bar", animazione e spettacoli, spa ecc. Il mini-club ha un proprio edificio con piscina per bambini, molti giochi e persino lettini dove i più piccoli possono fare il sonnellino pomeridiano.
📍 **216 A4** ✉ *Playa Yuraguanal* ☎ *024 43 35 40, www.memoriesresorts.com*

Sol Río de Luna y Mares €€€

Molto adatto alle famiglie – due hotel quattro stelle, che sono riuniti in un resort *all inclusive* su una spiaggia con le palme: gli edifici di due-tre piani con vista mare sono disposti intorno all'enorme piscina. Discoteca sulla spiaggia, mini-club e ristoranti eccellenti.

🏨 216 A4
✉ *Playa Esmeralda* ☎ *024 43 00 60, www.meliacuba.com*

Paradisus Río de Oro €€€

Un cinque stelle che fa onore al suo nome! Uno dei migliori hotel del paese, le cui 354 camere in ville a due piani si distinguono per letti celestiali, pareti dipinte e alcune per la doccia all'aperto. Il clou comunque sono le 50 ville con piscina "royal" che hanno anche il maggiordomo. La struttura "adults only" vizia i suoi ospiti con sette ristoranti.

🏨 216 A4 ✉ *Playa Esmeralda* ☎ *024 43 00 90-94, www.meliacuba.com*

Villa Mirador de Mayabe €

Fuori città e in mezzo al verde, questo albergo ha 24 bungalow molto semplici e amati dai cubani, che soprattutto nei weekend arrivano in massa per la grande piscina, il ristorante con barbecue e il bar aperto 24 ore su 24. Durante la settimana è invece un paradiso nella natura.

🏨 215 F3
✉ *Alturas de Mayabe, 8 km sud est da Holguín* ☎ *024 42 21 60 www.islazul.cu*

Villa Pinares de Mayari €

L'incarnazione della perfetta oasi naturale lontana da tutto e da tutti: 29 bungalow in legno poco isolati dai rumori e un po' "invecchiati" in un'ampia struttura con grande piscina, ristorante, campo da tennis e cavalli da montare. Un affare.

🏨 216 A-B2-3 ✉ *Loma La Mensura, 125 km sud est da Guardalavaca, gli ultimi 25 km da Mayarí in parte su una ripida strada ghiaiosa, poi in discesa verso Santiago solo con 4WD* ☎ *024 52 14 12, www.gaviotahotels.com*

Casa Granda €€-€€€

Più centrale di così! Questo bell'edificio centenario è sulla piazza più importante della città: le 62 camere, in parte un po' datate e poco insonorizzate, arredate con mobili antichi, sono disposte su tre piani. Il punto di ritrovo preferito è il ristorante con terrazza (1° piano) e un festaiolo locale sul tetto (5° piano).

🏨 216 A1 ✉ *Parque Céspedes* ☎ *022 65 30 21-24 www.hotelescubanacan.com*

Meliá Santiago de Cuba €€€

Il grattacielo colorato, ben visibile da lontano, è sempre il miglior hotel fuori dalla città vecchia. Buon rapporto qualità-prezzo con 302 piacevoli camere, un bel bar sul tetto, una discoteca e tre piscine.

🏨 216 A1 ✉ *Ave. de las Américas* ☎ *022 64 77 77, www.meliacuba.com*

Hotel E San Basilio €€

Una delizia per gli occhi! Il meraviglioso albergo coloniale (della catena Encanto) vanta uno charme antico: *azulejos* (piastrelle), mosaici in vetro colorato, stucchi e alte porte a battenti, fontana nel cortile interno. L'hotel è molto vicino a un bar di gran moda: le otto camere purtroppo lo sentono...

🏨 216 A1 ✉ *Bartolomé Masó 403* ☎ *022 65 17 02 www.hotelescubanacan.com*

Villa Santo Domingo €€

Per chi ama la natura una buona base per le passeggiate *(→ p194)*: sulle rive del fiume Yara questo semplice albergo ha 20 bungalow più vecchi e 20 casette in legno più nuove e un ristorante che non potrebbe essere migliore. Oggi in paese ci sono comunque anche *paladares* privati e alcune *casas*.

🏨 215 D1 ✉ *Carretera La Plata km 16, Santo Domingo* ☎ *023 56 55 68 www.islazul.cu*

Dove...
mangiare
e bere

Prezzi
Un piatto principale
(bevande escluse):
€ meno di CUC10
€€ CUC10-20
€€€ più di CUC20

BARACOA

Marco Polo €€
Dalla prima colazione a una cena a notte fonda, in questo ristorante su due piani trovate piatti gustosi e nutrienti di cucina casalinga: sotto è arredato come un autogrill americano (uno stile che va per la maggiore); è meglio sopra, sulla veranda che dà sulla passeggiata a mare. Per l'happy hour ci si incontra tra le 16 e le 18.
🏠 **217 E2** ✉ *Malecón 82* ☎ *021 64 10 59,* 🕐 *tutti i giorni 7-23*

GIBARA

El Faro/Hostal Buena Vista €
Questo locale sulla passeggiata di Gibara con bella vista mare offre una "cucina da marinaio" genuina, con pesce fresco, aragoste e pollo.
🏠 **215 F4** ✉ *al limite est di Independencia, Plaza El Fuerte (anche: Playa La Concha)* ☎ *024 84 43 99* 🕐 *tutti i giorni 9-23*

La Cueva €-€€
Questo ristorante entusiasma chiunque, dai politici Vip agli artisti, dai cubani ai turisti. Chi ha avuto il coraggio di arrivare in questa zona di Gibara, con nuove costruzioni un po' da bassifondi, sarà piace-volmente sorpreso da questo *ranchón* che coltiva biologicamente il proprio orto di erbe aromatiche: i piatti che si portano in tavola prendono a prestito gusti della cucina indigena, un'esperienza che si fa raramente a Cuba.
🏠 **215 F4** ✉ *Calle 2da n. 131* ☎ *024 84 53 33* 🕐 *mar-dom 12-20*

GUANTÁNAMO

El Patio de Quesia €
I cubani giurano sulla qualità di questo *paladar*, nascosto in una zona residenziale, molto conveniente (in CUP). Camerieri con fare molto professionale vi servono piatti come paella, "gorden blue" (la cotoletta cordon bleu alla cubana), astici e persino maialino da latte (*cerdo asado,* su ordinazione).
🏠 **216 C2** ✉ *Gómez 371 esq. Cinco Norte* ☎ *021 35 17 70* 🕐 *tutti i giorni 12-24*

GUARDALAVACA

Pizza Nova (anche Playa) €
Nei locali semplici e all'aria aperta in genere non ci si sente del tutto a proprio agio, ma qui servono una buona pizza e davvero conveniente e birra gelata.
🏠 **216 A4** ✉ *Calle 1ra* ☎ *024 43 01 37* 🕐 *tutti i giorni 11-21*

🍴 Conuco Mongo Viña
Nel Bio-Parque Rocazul (150 ettari) si può passeggiare, dar da mangiare agli struzzi, cavalcare asini e cavalli e osservare le tartarughe di mare. Non lontano dall'Hotel Luna y Mares (→ p177) il locale è in mezzo al bel paesaggio del parco e offre pollo alla griglia.
🏠 **216 A4** ✉ *Ctra. Playa Pesquero* ☎ *024 43 33 10* 🕐 *tutti i giorni 9-17*

HOLGUÍN

Delicias Cubanas €-€€
Il *paladar* è molto conosciuto: e non stupisce, visto che il raffinato ristorante

sforna piatti gustosi come il "gorden blue" di pollo, i gamberetti all'aglio e naturalmente la sua specialità: i giganteschi spiedini di carne di maiale marinata *(brochetas de carne de cerdo)*.

🗺 216 C2 ✉ *Aguilera 76* ☎ *024 46 43 97* 🕐 *tutti i giorni 10-23*

Salón 1720 €-€€

Un classico, da anni uno dei ristoranti (statali) di primo piano: nell'elegante palazzo coloniale al Parque Calixto García si mangia nel patio, nelle sale da pranzo o sul balcone. Non perdetevi un piatto di frutti di mare freschi o una delle succose bistecche.

🗺 216 C2 ✉ *Frexes 190 e/ Manduley y Miró* ☎ *024 46 81 50* 🕐 *tutti i giorni 12-23; annesso bar in terrazza Dfino alle 2 e il nightclub El Jigüe fino alle 5*

SANTIAGO DE CUBA

DiMar €

Nel locale della catena cubana di fast food proprio di fronte al diamante di baseball si mangia insieme ai cubani: sulla terrazza servono piatti come si deve, dagli spaghetti di mare al pesce all'aragosta, dalle seppie al cocktail di gamberetti.

🗺 216 C2 ✉ *Ave. de las Américas* ☎ *022 69 18 89* 🕐 *tutti i giorni 10-1*

La Dolce Vita €-€€

Perché per cambiare non provate la cucina italiana di qui? Il piccolo locale, aperto solo nel 2015, ha lo slogan "100% italiano": e in effetti anche gli italiani che hanno provato le sue tagliatelle e tortellini, la pizza e altri piatti di pasta sembrano gradire. Sergio si occupa personalmente degli ospiti, le porzioni sono enormi, il rapporto qualità-prezzo sorprendentemente buono. Si può anche mangiare nel giardino, molto piacevole.

🗺 216 C2 ✉ *Calle K n. 215 e/ 4ta & 5ta, Bez. Sueño (vicino al Meliá-Hotel)* ☎ *022 64 03 97* 🕐 *tutti i giorni 13-23*

Las Gallegas €€

Uno dei primi *paladares* (e anche uno dei più cari) nel centro della città vecchia: seduti sullo stretto balcone potete osservare cosa succede nel vicolo, mentre aspettate le tipiche ricette cubane con pollo o agnello. C'è anche una sala da pranzo.

🗺 216 C2 ✉ *Bartolomé Masó (= ex San Basilio) 305 e/ General Lacret (= ex San Pedro) y Hartmann (= ex San Felix)* ☎ *022 62 47 00* 🕐 *tutti i giorni 13-24*

Rock Café €-€€

Hotel California invece di *salsa*: nel music bar della "Penny Lane" di Santiago servono gustosi piatti di pollo, pesce o frutti di mare (in grandi porzioni) accompagnati da videoclip musicali. Anche birra fresca, cocktail e sangría.

🗺 216 C2 ✉ *5ta 3 e/ Ave. Garzón & Escario, Bez. Santa Bárbara (vicino al Meliá-Hotel)* ☎ *022 71 42 10* 🕐 *tutti i giorni 12-24*

Terraza €

Chi ama i cocktail e i nottambuli in questo bar sul tetto dell'Hotel Libertad si trova in buona compagnia con i cubani; tutti sembrano godere del bel panorama. Si sceglie tra almeno 40 tipi di cocktail, tutti ancora con prezzi molto convenienti in CUP (da 30 CUP, dunque intorno a CUC1). Non risparmiano su rum e vodka e provvedono anche a nutrire gli avventori...

🗺 216 C2 ✉ *Aguilera 658, am Plaza de Marte* ☎ *022 62 77 10* 🕐 *tutti i giorni circa 18-24*

Zun Zún €-€€

Questo ristorante di lunga tradizione, una villa coloniale con molti piccoli ambienti e sale, a mezzogiorno si riempie di comitive in viaggio organizzato. È meglio venirci per cena, per esempio nella bella e tranquilla veranda: si servono specialità cubane, come *ajíaco* (stufato), ma anche menu tipici della regione, bistecche, aragoste e pesce. Musica live.

🏛 216 C2 ✉ *Ave. Manduley 159, Bez.*
Vista Alegre ☎ *022 64 15 28*
🕐 *tutti i giorni 12-23*

Dove... fare acquisti

Trovate negozi **Artex** che vendono souvenir in ogni città e in ogni località balneare della regione. Al **bazar di Guardalavaca** *(tutti i giorni 9-18 | vicino al Club Amigo, Playa Guardalavaca)* potrete acquistare prodotti artigianali, pellami, abiti alla moda e dipinti (non dimenticate di contrattare!); c'è anche un bar e musica live. Il **Centro Comercial Los Flamboyanes** *(tutti i giorni | 9.30-18 circa | Ctra. Central a Holguín)* di Guardalavaca è piccolo, ma vende souvenir, rum, sigari e vestiti. Il centro ospita anche una banca e una caffetteria.

La maggior parte delle **gallerie**, dei laboratori artigianali e dei negozi di souvenir di Santiago si trova nella città vecchia (Calle Heredia e intorno al Parque Céspedes). A sud est di Santiago si trova la **Comunidad Artística El Verraco** *(tutti i giorni 10-20 circa | Ctra. a Baconao, circa a 35 km sud est di Santiago, vicino a Playa Verraco)*, in cui si possono visitare botteghe artigiane, atelier e gallerie e scoprire dipinti, sculture, bigiotterie e ceramiche tipiche cubane.

Dove... divertirsi

Durante i weekend, i teatri di Santiago de Cuba – come il **Teatro Bayamo** *(vici-*no a Plaza de la Patria)* e il **Teatro Manzanillo** *(Villuenda e/ Saco y Maceo, a nord ovest di Parque Céspedes → p156)* – offrono rappresentazioni drammaturgiche (in spagnolo).

Ogni città ha la sua **Casa de la Trova**: a Baracoa, per esempio, alla "Victorino Rodríguez" *(→ p162)* i cubani iniziano perlopiù già nel pomeriggio a far musica e a ballare.

Santiago è anche la roccaforte della musica di ogni colore: nel **Patio de Artex** *(tutti i giorni 17-19, 20-1, a volte 11 | circa CUC5 | Heredia 304)* durante i concerti l'atmosfera è sempre animata. Concerti di *salsa* e di *trova* offrono anche i club **Café Cantante "Niágara"** *(gio-sab dalle 20.30, matinée dom 11-17 | CUC5 | circa al Teatro José Maria Heredia | Ave. de las Américas | tel 022 64 31 90)* e **Patio de los dos Abuelos** *(tutti i giorni, 9-2, musica live 21.30-2 | ven spesso anche 16-19 | CUC2 | circa Plaza de Marte | tel 022 62 33 02)*.

Gli amanti della rumba hanno grande scelta alla **Casa del Caribe** *(tutti i giorni 9-22 | Calle 13 154 esq. Calle 8, Vista Alegre, Santiago | tel 022 64 36 09)*, dove si ascolta *música tradicional, salsa* e quant'altro *(mar-dom dalle 17-18 circa)* e la domenica in giardino si assiste a uno spettacolo di folclore afrocubano, la "Peña de la Rumba", con elementi di rumba ma anche della santería *(spettacolo dom alle 15-16 circa | CUC3 circa)*. Chi vuole può anche partecipare a corsi di **percussioni** per CUC8-10 l'ora.

Il **Cabaret Tropicana Santiago** offre uno spettacolo caraibico all'aperto con elementi carnascialeschi, dopodiché si può continuare la serata alla **discoteca "El Tropical"** *(mer-dom dalle 22, in alta stagione più spesso | da circa CUC40 | discoteca fino alle 5 Autopista Nacional km 1,5 | tel 022 64 25 79 e 022 68 70 20-90)*. Chi ha urgente bisogno di allontanarsi per un po' da *salsa*, rumba, bolero e reggaeton, cerchi lo **Iris Jazz Club** *(tutti i giorni dalle 22.30 | CUC5 | circa Plaza de Marte | tel 022 62 73 12)*.

SPORT E ATTIVITÀ

Per vedere i cubani veramente appassionati, bisogna assistere a una partita di **baseball** *(→ p33)* all'Estadio de Béisbol Guillermón Moncada *(mar-gio e sab 19.30, dom 13.30 | ingresso limitato | Ave. de las Américas, Santiago | www.beisbol cubano.cu)*. La stagione comincia a novembre e finisce ad aprile.

Escursioni a piedi con guida attraverso la Sierra Maestra cominciano a Bayamo *(→ p175)* oppure nei villaggi di Santo Domingo *(→ pp164, 194)* e **El Saltón** (circa 77 km a ovest di Santiago), oppure nella catena montuosa a est presso la **Gran Piedra** *(→ p175)*. Baracoa *(→ p160)* è il miglior punto di partenza per le passeggiate guidate attraverso il **Parque Nacional Alejandro de Humboldt** *(→ p166)* o sulla *mesa* **El Yunque** *(→ p160)*.

"Esperienze della rivoluzione" e trekking: chi vuole seguire le orme di Castro e compagni può avventurarsi nei musei – pieni di pathos e oggetti di propaganda – nelle centrali di comando dei ribelli tra le montagne selvagge (ad esempio sulla Sierra Maestra *→ pp164, 194*). La stagione migliore per le escursioni è da novembre-dicembre fino ad aprile. Durante la stagione degli uragani i parchi, anche sulla Sierra Maestra, possono essere chiusi. L'attrezzatura necessaria deve comprendere sempre scarponcini da trekking impermeabili, abbondante acqua da bere, protezione solare, torcia, eventualmente anche un sacco a pelo, in inverno una giacca imbottita, in estate una giacca a vento per la pioggia.

Birdwatcher e appassionati di natura possono aspettarsi durante le passeggiate di avvistare uccelli endemici. Tra i migliori parchi e riserve naturali in cui osservare la natura (anche in tour con guida) c'è il Parque Nacional Alejandro de Humboldt *(→ p166)*, la Sierra Maestra *(→ pp164, 194)* e El Yunque presso Baracoa *(→ p160)*.

La strada "Viadotto de La Farola" è molto amata dai **ciclisti** esperti e si avvita con 261 curve dietro la franzioncina di Imías, simile a un'oasi, salendo a poco a poco su per la tropicale Sierra del Purial fino al passo Alto del Cotilla. Sul passo c'è un chiosco di bibite e un punto panoramico (recentemente chiedono CUC5 come "biglietto d'ingresso"; provate a evitarlo, se riuscite). Fino a Baracoa *(→ p160)* il tragitto è lungo in tutto 65 km partendo dal Campismo Cajobabo.

FESTIVAL

Il **Carnaval Baracoesa** ha luogo nella prima settimana di aprile con gruppi mascherati *(comparse)* in concorrenza tra loro e la tradizionale cavalcata dei buoi. Oltre a ciò, nella **Semana de la Cultura Baracoesa** *(dal 1° aprile)* vengono organizzati diversi eventi culturali, si balla e c'è una fiera con bancarelle gastronomiche.

A Holguín si incontrano i nomi più importanti della scena culturale cubana (balletto, pop, opera...) alle **Romerías de Mayo** *(3-8 maggio)*, una festa cattolica che prevede una processione alla Loma de la Cruz.

Intorno al 25 luglio un colorato e rumoroso **carnevale** con gruppi musicali e danze in costume prende possesso delle strade di Santiago, soprattutto del Paseo Martí. Una giuria giudica le idee più originali, le coreografie e i costumi più interessanti che poi vengono esposti nel Museo del Carnaval *(→ p158)*. All'inizio di luglio la **Fiesta del Fuego** serve come prova generale per il carnevale: prenotate le camere per tempo!

Il **Carnaval Holguinero** viene festeggiato la terza settimana di agosto e nel giorno in cui si commemora la fondazione della città, il 15 agosto, vi sono molte feste per strada.

Gite ed escursioni

1 LUNGO IL PASEO DEL PRADO ALL'AVANA

Passeggiata

LUNGHEZZA: circa 2 km
DURATA: 1-3 ore (a seconda di che cosa si visita)
INIZIO: Capitolio (Parque Central) 🗺 **219 D3**
FINE: Malecón 🗺 **218 D5**

Flamenco-Eleven piene di ambizione, in posa sul Paseo del Prado

Camminando per L'Avana noterete molti edifici in rovina. Anche il Paseo del Prado (ufficialmente Paseo de Martí) non fa eccezione. Tuttavia, questo ampio boulevard lungo due chilometri è l'unico della capitale cubana che si possa definire "elegante". Per tutta la sua lunghezza si susseguono portici che hanno visto tempi migliori e palazzi storici colonnati, ma cerchereste invano showroom di stilisti internazionali: i sontuosi palazzi qui ospitano scuole e uffici pubblici.

❶-❷

Al vertice meridionale del **Parque Central**, il **Capitolio de La Habana** (→ *pp62, 64*) possente edificio con una gigantesca scalinata (1926-29), domina Habana Vieja e il Centro. Al **Parque Central,** con il monumento dedicato al poeta ed eroe nazionale **José Martí**, i cubani vengono a discutere animatamente degli ultimi risultati del campionato di *béisbol*.

Nella **Sala Polivalente "Kid Chocolate"** di fronte al Capitolio tutto ha a che

> **UNA PAUSA**
>
> Il ristorante spagnolo **Los Nardos** *(Prado 563 | tel 07 8 63 29 85 | €)* di fronte al Capitolio serve porzioni abbondanti e convenienti, tanto che la sera si deve fare la fila insieme ai cubani. Chi ha voglia di pizza può provare **A Prado y Neptuno** *(Prado esq. Neptuno | tel 07 8 60 96 36).*

fare con la boxe, visto che la sua fama è legata ai leggendari campioni mondiali e olimpici Kid Gavilan e Teófilo Stevenson (→ p33), che tutti i cubani conoscono.

❷-❹

A nord, verso il mare, i palazzi più signorili di Cuba si rubano la scena l'un

l'altro, così come fa il **Gran Teatro de La Habana "Alicia Alonso"** *(→ p69)* del 1838, con gli esterni meravigliosamente decorati, le cui torrette, cupole e statue oscillano per lo stile tra il neobarocco e il liberty.

Chi preferisce invece spettacoli più tradizionali di cabaret e di *salsa*, può visitare il **Cabaret Nacional**, nei sotterranei, all'angolo con San Rafael.

❹-❻

Non meno sontuosi sono i leggendari **hotel di epoca coloniale:** dal Gran Teatro giratevi verso nord, a un isolato di distanza vedrete il neoclassicista **Inglaterra**. L'hotel più antico di Cuba, dalle pregevoli decorazioni moresche, fu costruito nel 1875: la sua terrazza, al ritmo di musica live, è il posto dove vedere e farsi vedere.

Molti dei palazzi signorili sono stati ristrutturati completamente all'interno, mantenendo però le belle facciate originali di età coloniale: così è successo per esempio al lussuoso **Hotel Parque Central:** un'impressionante lobby tutta vetri accoglie gli ospiti, che procedono

Gite ed escursioni

poi verso la loro camera, molto elegante. Anche il **Telégrafo**, una strada più in là, partecipa a questa rinascita di edifici con una storia: un moderno design di acciaio e vetro si cela dietro la facciata di un edificio alberghiero del 1888.

6 - 9

Continuate la passeggiata sul **Paseo del Prado**, riportato al suo antico splendore, tra panche in pietra, leoni in bronzo annerito e lampioni storici, in direzione del mare e del porto.

Una piccola galleria di negozi sulla destra vi conduce all'**Hotel Sevilla**, dallo stile di ispirazione moresca, dove Graham Greene ambientò il celeberrimo *Il nostro agente all'Avana* (1958). Di fronte in diagonale, all'angolo con Ánimas, non si può non notare il grandioso **Palacio de los Matrimonios** (1914), la cui "Sala de Conciertos" al primo piano esibisce affreschi al soffitto e altorilievi. Da qui mancano solo duecento metri per arrivare al **Malecón** *(→ p66)*, la lunga massicciata lungomare che già di lontano si riconosce per il Castillo de San Salvador de La Punta *(→ p60)* e il faro di fronte.

DA VEDERE

Gran Teatro → *p69*

Cabaret Nacional
✉ *Prado y San Rafael, Parque Central* ☎ *07 8 63 23 61*
🕐 *tutti i giorni dalle 21 circa*

Inglaterra
✉ *Paseo del Prado 461 esq. San Rafael* ☎ *07 8 60 85 94-97*
www.gran-caribe.com

Iberostar Parque Central
✉ *Neptuno e/ Zulueta y Prado*
☎ *07 8 60 66 27*
www.iberostar.com

Telégrafo
✉ *Prado 408 esq. Neptuno, Parque Central* ☎ *07 8 61 10 10*
www.gaviotahotels.com

Mercure Sevilla
✉ *Trocadero 55 e/ Paseo y Zulueta*
☎ *07 8 60 85 60*
www.mercure.com

Palacio de los Matrimonios
✉ *Prado 306* 🕐 *mar-sab 10-13*
📷 *ingresso libero*

Il Malecón è l'ideale per girovagare senza meta a piedi o in macchina

2 ALLA CASCADA DEL SAN CLAUDIO A LAS TERRAZAS

Escursione

LUNGHEZZA: 13-20 km (a seconda del percorso), 350 m di dislivello
DURATA: 6-8 ore **INIZIO-FINE:** Rancho Curujey oppure Casa del Campesino (anche come circuito) 🗺 207 F4

Intorno al primo "eco-hotel" di Cuba, La Moka, diversi sentieri escursionistici fanno scoprire i boschi di Las Terrazas *(→ p88)*. Il trekking più impegnativo è quello che porta alla Cascada del San Claudio, che ripaga lo sforzo con un tuffo rinfrescante nella piscina naturale ai piedi della cascata. Portatevi scarponcini, molta acqua, una protezione per il sole e il costume da bagno.

❶-❷

Si parte dal **Rancho Curujey** al Lago El Palmar e al suo centro informativo. Chi vuole camminare un paio di chilometri in più può cominciare 3 km a ovest dell'Hotel La Moka, alla Casa del Campesino *(→ p89)* sulla strada di montagna per Soroa. Tuttavia, visto che ogni anno la stagione degli uragani lascia qualche strascico nella zona, sentieri e rifugi possono di volta in volta essere chiusi o danneggiati.

Nelle stagioni più tranquille quest'area è una delle preferite dagli ornitologi: si possono infatti avvistare 14 specie endemiche, tra cui il todo di Cuba *(Todus multicolor)* e il minuscolo colibrì *zunzuncito*. In totale, nei dintorni di Las Terrazas sono state classificate 130 di-

La tonante meta della gita: la Cascada del San Claudio

verse specie di uccelli: i birdwatcher avranno le migliori chance di avvistamento da ottobre a marzo.

Il comodo sentiero conduce dal Rancho Curujey inizialmente verso nord, senza salite impegnative e in parte attraverso il bosco. Sul percorso oltrepasserete piccole fattorie, i *bohíos*, e stalle per riparare dal vento le capre.

Alla fine attraverserete la **Loma del Mulo**, a 453 m d'altitudine, con una bella vista sulla riserva della biosfera e sul profilo apparentemente infinito di verdi colline, poi subito si comincia a scendere per la valle del Río San Claudio. Insieme ad altri due fiumi, il San Juan e il Bayate, il San Claudio serpeggia attarverso il meraviglioso paesaggio sempre verde, coperto dalla foresta tropicale.

UNA PAUSA

Loto Bar al Centro de Información al Visitante Rancho Curujey
→ p188

Hotel Moka → p98

Gite ed escursioni

2 - 3

Lungo il sentiero vedrete i fiori gialli del *jazmín de Cuba* (*Alamanda ca-thartica*) e la splendida fioritura rossa dello zenzero – e sono solo due delle 900 specie vegetali che qui sono di casa. Si trovano anche molti tipi di orchidee – ad esempio la delicata *Bletia purpurea,* un simbolo della Sierra del Rosario. Ogni tanto una capra o un contadino attraversano la pista. È una zona agricola povera, dove i contadini non hanno più di un paio di polli e vivono di

ultimi uragani e che dopo le riparazioni necessarie sono ora a disposizione solo dei gruppi organizzati che vogliono pernottare.

quello che dà il bosco.
Se siete accompagnati da una guida esperta, riuscirete a vedere anche la piccolissima ranocchia *Eleuterodactilus limbatus,* che misura solo 9 mm.
Il sentiero termina dopo circa 6 o 9 km alla **Ranchería del San Claudio:** qui trovate delle capanne spartane, che oltretutto sono state danneggiate dagli

Il minuscolo colibrì, gioia dei birdwatcher

La piscina naturale ai piedi della **Cascada del San Claudio**, che precipita per circa 20 m, accoglie lo stanco viandante con le sue acque smeraldine.

3 - 4

Dopo la pausa per il pranzo, nel percorso di ritorno potrete raggiungere le rovine del **Cafetal Santa Serafina**, una piantagione di caffè che risale alla metà dell'Ottocento, e ritornare quindi per lo stesso sentiero dell'andata al Rancho Curujey.

3 DA VIÑALES A PUERTO ESPERANZA

Giro in bicicletta

LUNGHEZZA: circa 56 km
DURATA: 5-6 ore
INIZIO-FINE: Viñales  206 C3/207 D4

La zona occidentale di Cuba, fino ai 700 m dell'altopiano della Sierra del Rosario, possiede ancora un fascino rurale, con carri tirati dai buoi e carrozze a cavalli, vallate ricoperte di piantagioni di banane e campi di tabacco, e un saliscendi di colline che mettono alla prova i polpacci. Perfetto per i cicloturisti di pianura è il giro che percorre la Valle de Viñales, sito Unesco, e raggiunge la costa a Puerto Esperanza: la stagione migliore va da metà novembre a metà maggio.

❶ - ❷

Da **Viñales** *(→ p86)* la strada in direzione nord serpeggia, in un continuo saliscendi, seguendo il profilo della lunga

Anche a Cuba su due ruote, come a Viñales

Sierra La Guasasa. La Sierra de los Órganos si presenta nella **Valle de Viñales** con i suoi monti "a canna d'organo" – una quinta teatrale da "Jurassic Park" di *mogotes* dalla cima arrotondata che si alzano repentini per 400 m da un terreno bruno-rossiccio. La collina La Esmeralda si erge ripida nei pressi della **Cueva de Viñales** *(→ 190)*: in mezzo brillano al sole verdi campi di tabacco, svettano le palme reali e si notano boschetti di bambù e *secaderos* (essiccatoi del tabacco) dal tetto in foglie di palma.

Dopo 5 km si raggiunge la prima tappa: la **Cueva del Indio** *(→ pp85, 190)*, sulla destra all'altezza del km 32; il mattino è in genere presa d'assalto dai pullman di viaggi organizzati, ma un giro in barca (per turisti) inoltrandosi nel profondo di questa grotta è d'obbligo, visto che la regione è famosa proprio per le sue grotte carsiche.

PER INFORMARSI

- Ci sono solo due libri sulla bicicletta a Cuba, entrambi in inglese: Rosa Jordan e Derek Choukalos, *Cycling Cuba. Discover the world on two wheels (Lonely Planet 2002)* e *Bicycling Cuba*, di Wally e Barbara Smith *(2001, bicyclingcuba.com per ordinare la copia stampata)*.

- La *Guia de Carreteras* ha delle belle cartine *(126 pagine, da richiedere nelle agenzie di noleggio auto o di viaggi a Cuba)*.

- Su internet trovate ovviamente molti resoconti personali.

La valle di Viñales tra la bruma: un'immagine mistica

2 - **3**

Dopo i 12 km iniziali alla prima biforcazione in direzione di San Vicente bisogna tenersi a sinistra; 10 km dopo, nei pressi di **San Cayetano**, si gira a destra per altri 6 km verso la costa. La pista prosegue lungo piccole pinete, palme e *bohíos* (capanne). Il sonnolento villaggio di pescatori **Puerto Esperanza,** 28 km circa a nord di Viñales, non offre granché oltre a una baia azzurra e un porticciolo turistico.

🏰 AVVENTURA IN GROTTA

Le grotte esercitano un grande fascino anche sui bambini. Nella **Cueva del Indio** *(tutti i giorni 9-17.30 | CUC5 | Ctra. de Puerto Esperanza km 32 | → p85)* ci sono una trattoria e un negozio di souvenir. Nelle **Cueva de Viñales** *(tutti i giorni 9-17.30 | CUC3 | Palenque de los Cimarrones, Ctra. de Puerto Esperanza km 36 | → p85)* fuori stagione il sabato e la domenica pomeriggio c'è musica da ballare per i giovani *(CUC5)*.

3 - **5**

Se siete partiti presto e sulla via del ritorno i muscoli ancora ve lo consentono, dietro San Vicente al primo bivio girate a destra: dopo circa 6 km di un percorso collinare in mezzo al bosco si sbuca nella poco conosciuta **Valle de Ancón,** con piantagioni di caffè, due grotte e un'idilliaca cascata con laghetto per nuotare (quest'ultima si raggiunge a piedi camminando per 3,5-5,5 km lungo ruscelli gorgoglianti; la gita dura dalle 3 alle 5 ore, chiedete una guida nel borgo di Ancón).

Sulla via del ritorno una deviazione poco prima di Viñales (4 km) porta alla **Cueva de Viñales** *(→ p85)*: dopo una galleria di 150 m si arriva nel nascosto locale Palenque de los Cimarrones.

UNA PAUSA

Nella **Casa Teresa Hernández Martínez**, una pensione privata con due camere, la deliziosa Teresa serve cucina casalinga e aragoste eccellenti in un locale con giardino *(Calle 4ta. n. 7 | Puerto Esperanza tel | 048 79 39 23 €-€€).*

4 IL SENTIERO "CENTINELAS DEL RÍO MELODIOSO"

Escursione

LUNGHEZZA: circa 6-11 km, 800 m circa di dislivello
DURATA: 5 ore circa
INIZIO-FINE: Topes de Collantes (oppure Trinidad)
🗺 210 C2

Come una giungla: la Sierra del Escambray è una bella meta escursionistica

Nella Sierra del Escambray si cammina attraverso vallate ricoperte di conifere tropicali ed eucalyptus, e i sentieri sono orlati di nodosi carrubi, felci gigantesche e girasoli.

❶ - ❷

La seconda catena montuosa per altezza del paese, tutt'intorno al Pico San Juan (1156 m), si estende fino a comprendere quattro aree protette, con boschetti di bambù alti come una casa, banani, 200 specie diverse di orchidee e oltre 300 di felci. Nella zona si trovano anche *fincas* (fattorie) per i turisti. Tutte queste aree protette fanno parte del parco nazionale di Topes de Collantes, che si trova a circa 20 km a nord ovest di Trinidad ed è una meta prediletta anche per i laghi artificiali e le cascate. Da questa regione proviene anche il miglior caffè di Cuba.

Il più bel sentiero escursionistico (e anche il più lungo) è il **Centinelas del Río Melodioso** nel parco Guanayara, a nord ovest. Il tour viene organizzato in genere come gita di un giorno partendo da Trinidad. Si utilizzano di solito camion militari scoperti "alla Rambo" o jeep; si consiglia vivamente di portare berretto, giacca e sciarpa, più una giacca da pioggia, visto

> **UNA PAUSA**
>
> La **Casa Gallega** provvede a fornire spuntini e piatti di cucina creola fatta in casa, nonché rum per fortificare l'escursionista *(tutti i giorni 9-16 circa | Parco Guanayara, circa 15 km a nord ovest di Topes de Collantes | tel 041 94 01 17 | €-€€)*

Gite ed escursioni

Tra le specie più interessanti: il picchio caporosso

Dopo il viaggio di avvicinamento piuttosto avventuroso, per piste fangose con buche grandi come una vasca da bagno, si arriva alla **Casa Gallega** nei pressi dell'entrata del parco, a 770 m di altitudine.

Qui inizia il sentiero a piedi lungo 6 km. Già dopo 1,5 km diventa piuttosto ripido e per 300 m si sale su tavoloni in legno che dopo la pioggia possono essere molto scivolosi.

2 - 4

Il percorso, quasi tutto in ombra, segue i meandri del Río Melodioso. Si devono attraversare ponticelli in legno o tavolta semplici tronchi d'albero con mancorrenti fatti di rami, si guadano gorgoglianti ruscelli di montagna, si incontrano case coloniche e piante di caffè dai fiori bianchi, grotte carsiche e, nella foresta tropicale, una fitta vegetazione con liane, orchidee e bambù.

A **Poza del Venado,** un laghetto naturale con una piccola cascata, si può nuotare.

che il percorso sui camion scoperti dura un'ora, e di mattina presto può essere freddo e molto accidentato. Chi ha scelto di utilizzare un taxi indipendente da Trinidad, dal bivio deve percorrere circa 11 km a piedi.

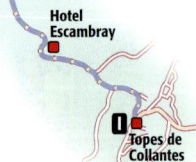

Dopo 3 km (nei tour "Rambo" → p193) o intorno al sesto km dalla Casa Gallega, si raggiunge il bel **Salto El Rocio**, che in mezzo alla foresta precipita per 15 m da un dirupo creando diversi salti: la cascata è naturalmente molto più bella dopo la stagione delle piogge, quindi a luglio-agosto.

ALTRE ESCURSIONI

Ci sono altri bei percorsi a piedi di 4-10 km: partono da Trinidad, durano tutto il giorno e comprendono una guida *(CUC35-55)*. Ci vogliono però gli scarponi. Quello al Salto del Caburní, una cascata di 65 m, è impegnativo *(circa 4 km, a est dell'hotel Ecambray, 3-4 ore circa, 400 m di dislivello)*. Molto apprezzato il circuito più corto che attraversa i rigogliosi orti e giardini della Finca Codina *(1,2 km, a ovest dell'hotel, circa 30 minuti)*

Il sentiero "Centinelas del Río Melodioso"

Frutta fresca a Trinidad

Chi ne ha il tempo, e ha interesse per le vestigia culturali della zona oppure per l'arte contemporanea, si può fermare a **Topes de Collantes** e visitare il Museo de Arte Cubano Contemporáneo, che espone 800 opere cubane, tra sculture e dipinti, del Novecento e di questi ultimi decenni, tra cui, ad esempio, i lavori di Tomás Sánchez (nato nel 1948) e Rubén Torres Llorca (nato nel 1957).

Nel **Museo del Café**, una casa rurale con caffè e giardino, una mostra vi racconta tutto sulla coltivazione di circa 25

DA VEDERE

Centro de Información → p122
✉ Partendo da Trinidad, il tour "Rambo" abbreviato, e qui descritto, su un percorso di 3 km (sola andata) da Cubatur costa circa CUC35-55 compreso il trasporto. Chi vuole fare il tour individualmente deve calcolare circa CUC80 per il taxi.

Museo de Arte Cubano Contemporáneo
✉ Ctra. de Trinidad ☎ 042 54 02 31 ⊕ tutti i giorni 8-20, 📷 CUC3

Museo del Café
⊕ tutti i giorni 7-19 📷 ingresso libero
(entrambi i musei a Topes de Collantes)

diversi tipi di piante di caffè, mentre nella vicina Plaza de las Memorias ci si può fare un'idea di come venne fondato Topes de Collantes.

La Sierra del Escambray si presenta come una giungla

5 SULLE ORME DEI RIBELLI (SIERRA MAESTRA)

Trekking

LUNGHEZZA: 30 km circa, 1500 m di dislivello
DURATA: 1-3 giorni; 2-3 giorni con la Sierra Maestra
INIZIO: Santo Domingo oppure Alto del Naranjo 215 D1
FINE: Santo Domingo oppure Las Cuevas 215 D1

Partite sulle orme dei ribelli di Fidel Castro in questo tour ambizioso che comprende il loro quartier generale, oggi diventato un museo, con una ragnatela di sentieri sotto gli ibisco e le baracche dei guerriglieri (→ p164). Senza dimenticare la cima più alta del paese: il Pico Real de Turquino a 1970 m!

➊-➋

La pista più ripida di Cuba vi attende prima dell'attacco alla vetta: con una pendenza che arriva fino al 40%, la strada asfaltata in 5 km sale dai 200 m della frazioncina montana di **Santo Domingo** ai 950 m. È consigliabile prenotare una jeep o un camion nelle prime ore del mattino dell'escursione per farsi accompagnare fino ad **Alto del Naranjo**, per impedire che questi primi cinque chilometri estremamente ripidi e faticosi vi tolgano il piacere dell'ascensione alla cima!

➋-➌

Ad Alto del Naranjo, a destra parte l'accidentato Sendero Histórico La Plata, che prosegue fino alla **Comandancia de la Plata** (→ *p164*), l'ex quartier generale di Fidel Castro quando si nascose sui monti nell'inverno 1956-57.

Al Río de la Plata il percorso prosegue attraverso il bosco, in parte su romantici sentieri (dopo la pioggia, però, piuttosto scivolosi) finché si raggiungono le baracche vuote e abbandonate coperte da un ibisco che doveva servire a mimetizzarle: l'ibisco fu piantato dalla guerrigliera Célia Sánchez (1920-80), compagna di Castro. Nella baracca-museo troverete oggetti personali di Fidel, il letto che utilizzava allora, il frigorifero (di fabbricazione svedese) e il tunnel di fuga, un po' oltre le latrine.

Possibili incontri percorrendo i sentieri della Sierra Maestra

🄷-🄸

Tornate indietro ad Alto del Naranjo e da lì sul *Sendero Pico Turquino* fino al rifugio, che dista 8 km, dove pernotterete: Aguada de Joaquín (4 ore circa).

Lungo il percorso si attraversa prima la franzioncina di **La Platica,** dove si sente il profumo del caffè appena raccolto. Si prosegue poi salendo e scendendo per diverse cime, tra cui il Pico Joaquín, fino a raggiungere il **Campamento Aguada de Joaquín** a 1365 m, dove la sistemazione è molto spartano: letti a castello con lenzuolo, bagno alla turca, nessuna doccia.

🄸-🄹

In genere si raggiunge la cima solo il secondo giorno, dopo aver coperto i re-

INFORMAZIONI SUL TOUR

Arrivo e partenza: con auto a noleggio o taxi da Bayamo (🗺 **215 E2**, *73 km a sud ovest di Santo Domingo*). Da nord i pendii del monte sono meno ripidi che dal lato sud lungo la costa! Chi decide di terminare il giro sulla costa nei pressi di Las Cuevas deve organizzare preventivamente un mezzo di trasporto o un taxi per Santiago. In zona esistono solo uno spartano Campismo *(La Mula, 12 km a est)* e un po' più lontano degli hotel a Chivirico *(circa 50 km a est)* o a Marea del Portillo *(circa 40 km a ovest)*.

delle Scimmie), dove ci si sostiene ai mancorrenti. Infine si raggiunge un sentiero dall'eloquente nome di *Saca la Lengua* ("tagliati la lingua").

stanti 5 km del percorso (in circa 3-4 ore): per quasi un'ora si procede in salita su una scala a tavolato che sembra non finire mai, poi di nuovo in discesa su ripidi gradini in legno, bambù e rami attraverso l'impegnativo *Paso de los Monos* (Passo

A **Loma del León,** la Collina del Leone, per un breve momento si scorge il mare, dopodiché si arriva finalmente sulla cima del **Pico Turquino**, quasi sempre coper-

La salita richiede allenamento e costanza

ta dalle nuvole: solo il busto del poeta nazionale José Martí *(→ p70)* accoglie i conquistatori della vetta a 1970 m.

5-6

Si può tornare a **Santo Domingo** solo percorrendo a ritroso lo stesso sentiero dell'andata. Chi è in ottima forma fisica può provare ad attraversare la **Sierra Maestra** in direzione sud fino ad approdare sulla costa. Giù per la foresta nebulosa vi attendono quasi 11 km di discesa su scale pressoché verticali con gradini in bambù o rami fangosi e scivolosi.

Mettete in conto dalle 5 alle 7 ore per arrivare a **Las Cuevas** – soprattutto l'ultimo chilometro sul pietrisco mette a dura prova.

UNA PAUSA

Nelle case dei contadini lungo il percorso potrete assaggiare un bel *cafecito* nerissimo e zuccherino, una noce di cocco o un po' di frutta. Dovrete però portare con voi altre provviste; nelle escursioni con la guida il vitto è previsto nel pacchetto.

INFORMAZIONI SUL TOUR

Comandancia de la Plata (→ *p164*)
✉ *3 km da Alto del Naranjo, circa 6 km, 3-4 ore, possibile solo fino alle 11 e con una guida (che parla inglese)* 📷 *Ingresso (con tour guidato): CUC37 circa, foto-video CUC5*

Gran Parque Nacional Sierra Maestra/Centro Flora y Fauna Visitor Center
✉ *Santo Domingo, Bartolomé Masó* ☎ *023 56 53 49; Ufficio del parco nazionale:* ☎ *023 56 51 46* 🕐 *tutti i giorni 6-16,* 📷 *escursioni da CUC20 circa → p165*

Villa Santo Domingo
✉ *Ctra. la Plata km 16, Santo Domingo, circa 70 km a sud ovest di Bayamo, possibilità di prenotare il tour* ☎ *023 56 55 68 e 023 56 56 35/-13, 07 8 32 77 18 (L'Avana), www.islazul.cu, e anche al Centro Flora y Fauna*

I *campesinos* accolgono con grande cordialità

Informazioni pratiche

Informazioni pratiche

DOCUMENTI

		Italia	Svizzera
● necessari			
○ consigliati			
▲ non necessari			
Passaporto (→ p36)		●	●
Visto/tarjeta de turista (→ p36)		●	●
Biglietto aereo di ritorno o di proseguimento del viaggio (→ p36)		●	●
Vaccinazioni (antitetanica, antipolio, epatite)		○	○
Assicurazione sanitaria (→ p36)		●	●
Assicurazione di viaggio		○	○
Patente di guida nazionale		●	●
Carta di credito, anche come cauzione per il noleggio di un'auto (→ p38)		●	●

CLIMA E PERIODO DI VIAGGIO

alta stagione   bassa stagione

GEN	FEB	MAR	APR	MAG	GIU	LUG	AGO	SET	OTT	NOV	DIC
29°C	30°C	31°C	31°C	32°C	33°C	34°C	34°C	33°C	32°C	32°C	30°C

Sereno   Variabile   Piovoso   Nuvoloso

Il grafico mostra le temperature massime durante il giorno all'Avana per ogni mese dell'anno. Il periodo migliore per viaggiare va da novembre a marzo-aprile, dove si hanno temperature medie di 25 °C (più fresco la notte!). I mesi con meno precipitazioni sono febbraio, marzo e aprile. La stagione delle piogge va da maggio a ottobre, ma raramente i temporali durano a lungo (eccetto che a Baracoa). Luglio e agosto hanno temperature sui 30-32 °C e il clima è soffocante. Da giugno a novembre c'è il rischio di uragani, maggiore tra agosto e ottobre (e nell'est dell'isola). Nella regione orientale fa più caldo e le precipitazioni sono minori che in quella occidentale. La costa meridionale è in generale più calda di quella settentrionale.

ORARI DI APERTURA

○ Negozi
● Uffici
● Banche
● Uffici postali
● Musei e monumenti
● Farmacie

8 9 10 12 13 14 16 17 19

☐ pausa pranzo

Gli orari d'apertura sono variabili.

Banche e **uffici di cambio Cadeca:** lun-ven 9-12, 13.30-15, a volte anche sab e dom.
Posta: lun-sab dalle 8.30
Negozi: lun-sab 9/10-19/20
Supermercati: lun-sab 9-18/20, dom 9-13
Mercati: lun spesso chiusi
Musei: spesso lun e dom solo mattino, in provincia spesso mer chiusi. Le **chiese** sono aperte perlopiù durante le messe.

AMBASCIATE E CONSOLATI

Ambasciata italiana
Ave. 5 n. 402, esq. Calle 4, Miramar, Playa, L'Avana ☎ *07 204 56 15; www.amblavana.esteri.it/ Ambasciata_Lavana*
Ambasciata svizzera
Ave. 5 n. 2005 e/ Calles 20 y 22, Miramar, Playa, L'Avana ☎ 07 204 26 11; *www.eda.admin.ch/havana*

🚸 BAMBINI

In tutto il paese ci sono attrazioni adatte ai bambini, tra cui fortezze (L'Avana, Santiago, Cienfuegos), delfinari e canopy tour. Abbiamo indicato con il logo sopra i luoghi e le attività particolarmente adatti ai bambini.

COME ARRIVARE

🛬 Dall'Italia ci sono voli diretti gestiti da Air Italy/Meridiana *(www.meridiana.it)* da Milano Malpensa, Blue Panorama Airlines *(www.blue-panorama. com)* da Milano Malpensa e Roma Fiumicino e Cubana de Aviación *(www. cubana.cu)* da Roma Fiumicino. Con scalo, anche con Air Europa *(www.aireuropa.*

com), con cambio a Madrid, con Air Berlin *(www.airberlin.com)* all'Avana e Varadero, e con Condor all'Avana, Varadero, Holguín e Santa Clara *(Cayo Santa María; www.condor.com)*, con cambio a Francoforte. Soprattutto nel periodo estivo i voli più convenienti sono quelli charter diretti per Camagüey, Holguín, L'Avana e Varadero gestiti dai maggiori tour operator italiani.

⛵ Chi arriva a Cuba con uno yacht privato può attraccare in diversi porti internazionali (per esempio all'Avana, Varadero, Cayo Coco, Cayo Largo e Trinidad). Lo *Star Clipper* a quattro alberi veleggia tra cinque porti cubani, tra cui Trinidad *(www.starclippers.de)*. Sono molte le compagnie che includono Cuba in una crociera nei Caraibi, tra cui Oceania Cruises *(www.oceaniacruises. com)*, Norweigan Cruise Line *(www.ncl. com)*, Pearl Seas Cruises *(www.pearl seascruises.com)* e Royal Caribbean *(www.royalcaribbean.com)*.

DOGANA

Si possono esportare al massimo 200 sigarette o 50 sigari in scatola, oppure 250 g di tabacco, 1 l di liquore (per per-

Informazioni pratiche

sona, dai 17 anni). Consultate la Carta doganale del viaggiatore *(scaricate il pdf o l'app dal sito www. agenziadogane monopoli.gov.it)*. I cittadini svizzeri troveranno informazioni relative alle quantità in franchigia nel sito dell'AFD *(www. ezv.admin.ch)*.

ELETTRICITÀ

110 volt; negli hotel più grandi 220 volt. Le prese sono a due rebbi piatti, come negli USA: ci vuole un adattatore (a volte fornito dall'hotel). Se soggiornate da privati informatevi prima di utilizzare l'energia elettrica. Frequenti le mancanze di corrente.

EMERGENZE

Ambulanza: tel 108
Polizia: tel 106
Polizia turistica: tel 8 67 77 77
(L'Avana)
Vigili del fuoco: tel 105

GIORNI FESTIVI

1° gennaio *Día de la Liberación* (vittoria della rivoluzione)
1° maggio Festa dei lavoratori
26 luglio *Día de la Rebeldía Nacional* (Assalto alla Caserma Moncada a Santiago de Cuba)
10 ottobre *Aniversario del comienzo de la 1a Guerra de Independencia*
25 dicembre Natale
In queste festività nazionali scuole, uffici e negozi sono chiusi. Dal 25 al 27 luglio è possibile che tutti i negozi siano chiusi.

INFORMAZIONI UTILI

■ *www.asistur.cu* (spagnolo)
■ *www.cuba-si.it*
■ *www.cubatravelnetwork.com*
■ *www.ilbelloallavana.com*
■ *www.14ymedio.com/blogs/genera cion_y* (Generación Y di Yoani Sánchez, spagnolo)

■ *it.granma.cu* (sito ufficiale del comitato centrale del partito comunista di Cuba)
■ *www.cubacasas.net* Informazioni, contatti e foto per le *casas particulares*.
Ente turistico ufficiale cubano
Infotur (molte filiali a L'Avana):
☎ 07 8 63 68 84; *www.infotur.cu*

MANCE

Molti cubani non riescono a vivere contando solo sugli stipendi statali che si aggirano intorno ai 20-25 euro. I camerieri si aspettano una mancia intorno al 10% *(propina)*, mentre i facchini e i musicisti ricevono in genere CUC1. Negli hotel uno o due CUC distribuiti a cameriere, sommelier e barman garantiscono un trattamento migliore. I cubani non possono cambiare le monete in euro; al massimo cercheranno di cambiarle all'aeroporto con viaggiatori in partenza dall'isola.

ORA

La differenza rispetto al CET (Italia e Svizzera) è di sei ore quasi tutto l'anno. L'ora legale entra in vigore alcune settimane dopo l'Europa.

RIMANERE IN CONTATTO

Posta: potete lasciare lettere e cartoline da spedire alla reception dell'hotel; per arrivare in Italia impiegano da 2 a 4 settimane (o di più). Consigliabile usare cartoline con il francobollo già stampigliato: CUC0,75, lettera: CUC0,90 circa.
Telefoni: le telefonate dalla camera dell'hotel sono relativamente care (1 minuto per l'Italia CUC4 circa). Esistono tessere telefoniche convenienti *(tarjeta telefónica propia)* da CUC5, 10 e 20 per chiamate nazionali e internazionali in cabine telefoniche aperte, nelle lobby degli hotel o nelle varie filiali Etecsa *(circa CUC1/minuto, anche se la procedura con un codice numerico è complicata, annuncio solo in inglese)*.

DIFFERENZA DI FUSO ORARIO

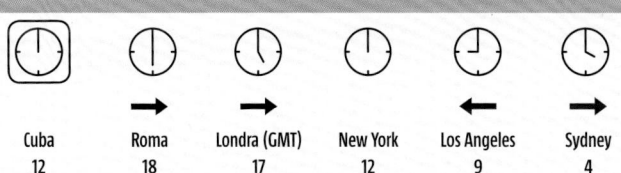

Cuba	Roma	Londra (GMT)	New York	Los Angeles	Sydney
12	18	17	12	9	4

Prefissi internazionali:
da Cuba: Italia 119 39; Svizzera 119 41
per Cuba: 00 53
Cellulari *(telefóno movil)*: in questo momento la situazione delle connessioni mobili si sta evolvendo rapidamente. Esiste una copertura per telefoni GSM, ma fuori dalle città non è così diffusa. I costi del roaming dipendono dall'operatore. Con una carta prepagata *Cubacel* una chiamata internazionle in uscita costa solo CUC1,20/minuto, ma gli stranieri che non hanno una residenza a Cuba possono avere le SIM solo a noleggio *(il contratto prevede CUC30 per l'attivazione comprensivo di CUC10 di traffico, il noleggio costa CUC3/giorno | www.etecsa.cu)*.
Wi-fi e internet: con carte prepagate Etecsa o Nauta (acquistabili negli hotel o nei *telepuntos* Etecsa) e digitando un codice ci si può connettere alla rete: negli hotspot wi-fi, nelle lobby degli hotel e sempre di più negli hotel cinque stelle (anche con connessione in camera). Se si comprano le carte Etecsa in hotel spesso valgono solo per quell'albergo (o catena) *(carte prepagate da CUC2 servono per 1 ora di collegamento, CUC10 per 5 circa | www.etecsa.cu)*.

Medici: ogni località turistica (e quasi ogni hotel) mette a disposizione servizi di pronto soccorso, ambulatori e dentisti e anche nel resto del paese la copertura sanitaria è buona. Il governo cubano ha istituito per gli stranieri un sistema sanitario specifico, a pagamento, chiamato Servimed *(tel 7-240-141 | www.servimedcuba.com)*.
Clima: è indispensabile difendersi dai raggi solari con una crema solare ad alto fattore di protezione e indossare sempre cappello e occhiali da sole. E ricordatevi di bere molto!
Farmaci: dovete portare con voi tutte le medicine di cui pensate di aver bisogno, anche se le farmacie internazionali dell'Avana (ad esempio quella di Ave. 41 esp. 20, Miramar) sono ben fornite. Per prevenire la puntura delle zanzare che trasmettono la dengue (attive di giorno) ricordatevi di utilizzare gli opportuni repellenti e coprirvi con maniche lunghe e pantaloni lunghi in colori chiari.
Acqua: evitate nel modo più assoluto di bere acqua del rubinetto (nel 2012 ci sono stati casi di colera): per bere e lavarvi i denti utilizzate sempre *agua mineral* da bottiglie sigillate.

SALUTE

Assicurazione sanitaria: per i turisti stranieri è obbligatorio stipulare un'assicurazione medica. All'arrivo la polizia può fare dei controlli e chiedervi di mostrare la polizza. Il contratto dovrebbe comprendere anche il rimpatrio in caso di malattia grave o incidente.

SCONTI E BIGLIETTI

Il biglietto d'entrata ai musei costa in genere da CUC1 a 5, spesso comprendendo nei 5 *pesos convertibles* anche la guida. In genere per fotografare si paga un extra, indicativamente CUC1-5 (nei capitoli il costo è indicato sotto la dicitura "Foto"), filmare tra CUC2 e 10, in certi casi fino a CUC 50. I bambini sotto i 12 anni d'età in genere usufruiscono di sconti vantaggiosi, sia nei musei e negli hotel, sia nei viaggi in autobus della Viazul. Per entrare in chiesa non si paga alcun biglietto d'ingresso.

SENZA BARRIERE

Per un accesso facilitato alle sedie a rotelle conviene prenotare in uno dei nuovi hotel a 4 o 5 stelle, piuttosto che in alberghi siti in vecchi edifici coloniali.

SERVIZI IGIENICI

Damas/Mujeres indica i servizi per le donne, *Hombres/Caballeros* quelli per gli uomini. Dovreste sempre portare con voi la carta igienica: se c'è, è nel secchio di fianco alla tazza. Le toilette pubbliche spesso lasciano molto a desiderare.

SICUREZZA

■ Le truffe e il borseggio (fate attenzione sugli autobus pubblici!) sono perlopiù ancora limitati ai grandi centri turistici, tra cui L'Avana *(soprattutto in Habana Vieja →p55)*, Playas del Este (spiaggia), Varadero, Santiago de Cuba.

■ Sono quasi all'ordine del giorno la vendita per strada di sigari falsi e rum edulcorato, i conti gonfiati al ristorante e il resto in contanti insufficiente.

■ Tenete le cose di valore nel bagaglio a mano.

■ È assolutamente vietato fotografare tutte le installazioni militari, nonché soldati e poliziotti.

■ Stanno aumentando i furti degli smartphone nelle camere d'albergo e nelle *casas,* in parte grazie a magneti introdotti dalle finestre, e nelle zone pubbliche dove c'è il wi-fi.

■ Chi si sposta su un'auto a noleggio dovrà imparare tutta una serie di "trucchi" e controllare lo stato della vettura, la ruota di scorta, il cric ecc.

Asistur Assistenza 24 h su 24 all'Avana (perdita del bagaglio, assistenza sanitaria, consigli legali ecc.)

☎ *07 8 66 85 27, www.asistur.cu*

VALUTA E CARTE DI CREDITO

Valuta: a Cuba circolano ancora due valute: il *peso cubano CUP* (o *moneda nacional MN)* e il *peso convertible CUC,* una valuta istituita per i turisti con un cambio artificioso. Il CUP fino ad oggi era pressoché inutilizzabile, a parte nei mercati dei contadini e in qualche chiosco, ma ora viene sempre più accettato anche nei ristoranti e nei negozi a gestione privata. Prima di partire conviene informarsi su come evolve la situazione perché il governo aveva in previsione una riforma del sistema valutario.

Cambio: se si viaggia per Cuba al di fuori dei centri turistici occorre avere con sé, oltre alle carte di credito (Visa, Mastercard), molto denaro in contante. Cambiano € in CUC le banche, gli uffici di cambio Cadeca e i grandi hotel (mostrate il passaporto). **Tasso di cambio**: 1 € = ca. 1,04 CUC o ca. 23,2 CUP).

Carte di credito: gli hotel internazionali di categoria elevata accettano Visa e Mastercard (ma conviene chiedere; con commissione). Nelle località più importanti troverete sportelli bancomat (*cajeros automáticos*), ma spesso hanno problemi di funzionamento.

Blocco della carta: in caso di smarrimento o furto contattate in **Italia** per il bancomat il numero unico *tel +39 02 6084 3768*; per le carte di credito *tel 800 819 014* (Visa), *tel 800 870 866* (MasterCard)

Svizzera *tel 119 41 44 6 59 69 00* (Swisscard)*; tel 119 41 8 48 88 86 01* (UBS Card Center)*; tel 119 41 5 89 58 83 83* (VISECA)*; tel 119 41 44 8 28 32 81* (PostFinance)

FRASARIO SPAGNOLO

c	davanti a "e", "i" come la "s" di "sera"
ch	"c" di "ciao"
g	davanti a "e", "i" come la "h" dura e aspirata
gue, gui/que, qui	si pronunciano "ghe", "ghi"-"ke", "ki"
j	come la "h" dura e aspirata
ll, y	come la "gl" di "aglio" oppure come una "ii"
ñ	"gn" di "gnocchi"

NUMERI

0	cero	13	trece	60	sesenta
1	un, uno, una	14	catorce	70	setenta
2	dos	15	quince	80	ochenta
3	tres	16	dieciséis	90	noventa
4	cuatro	17	diecisiete	100	cien, ciento
5	cinco	18	dieciocho	200	doscientos, doscienta
6	seis	19	diecinueve	300	trescientos, trescientas
7	siete	20	veinte	400	cuatrocientos, cuatrocientas
8	ocho	21	veintiuno	500	quinientos, quinientas
9	nueve	22	veintidós	1000	dos mil
10	diez	30	treinta	10.000	diez mil
11	once	40	cuarenta	1/2	medio
12	doce	50	cincuenta	1/4	un cuarto

ESPRESSIONI UTILI

sì/no/forse	sí/no/quizás
buongiorno!/	¡buenos días!/
buonasera!/	¡buenas tardes!/
buonanotte!	¡buenas noches!
scusa!/mi scusi!	¡perdona!/¡perdone!
grazie/prego	gracias/de nada
ciao/arrivederci	hola/adiós
come stai?	¿qué tal?
mi dispiace	lo siento
quanto costa...?	¿cuánto cuesta...?

DATA E ORA

lunedì/martedì/ mercoledì	lunes/martes/ miércoles
giovedì/venerdì/ sabato	jueves/viernes/ sábado
domenica/feriale	domingo/laborable
oggi/domani/ieri	hoy/mañana/ayer

ora/minuto/ secondo	hora/minuto/ segundo
settimana/mese/ anno	semana/mes/año

EMERGENZE

aiuto!	¡socorro! ¡ajuda!
può chiamare un medico per favore?	¿podría llamar a un médico por favor?
ambulanza/ polizia/pompieri	ambulancia/ policía/bomberos

PER STRADA

aperto/chiuso	abierto/cerrado
ingresso/entrata/ uscita	entrada/acceso/ salida
partenza/arrivo	salida/llegada
sinistra/destra	izquierda/derecha

Frasario spagnolo

dritto/indietro/vicino/lontano	recto/atrás/cerca/lejos
semaforo/angolo/incrocio	semáforo/esquina/cruce
autobus/tram/metro/taxi	autobús/tranvía/metro/taxi
stazione/porto/aeroporto	estación/puerto/aeropuerto
treno/binario/banchina	tren/vía/andén
vorrei noleggiare...	querría alquilar...
un'automobile/una bicicletta/una barca	un coche/una bicicleta/un barco
benzinaio/benzina/diesel	gasolinera/gasolina/diesel

AL RISTORANTE

un tavolo per quattro persone per questa sera, per favore	Una mesa para cuatro personas para hoy por la noche, por favor

il menu, per favore!	¡el menú, por favor!
entremeses	antipasti
postre	dessert
potrebbe portarmi... per favore?	¿podría traerme... por favor?
bottiglia/caraffa/bicchiere	botella/jarra/vaso
coltello/forchetta/cucchiaio	cuchillo/tenedor/cuchara
sale/pepe/zucchero	sal/pimienta/azúcar
acqua con/senza ghiaccio/gas	agua con/sin hielo/gas
vegetariano-a/allergia	vegetariano-a/alergía
il conto, per favore	¡la cuenta, por favor
conto/ricevuta/mancia	cuenta/recibo/propina

MENU DALLA A ALLA Z

a la parrilla	alla griglia	guisantes	piselli
plancha	piastra	helado	gelato
aceite	olio	huevos fritos/revueltos	uova all'occhio di bue/strapazzate
aceitunas	olive		
ajo	aglio	jamón	prosciutto
almendra	mandorla	judías	fagioli
anchoas	acciughe	langosta	aragosta
arroz	riso	leche	latte
atún	tonno	mantequilla	burro
bacalao	baccalà	manzana	mela
berenjena	melanzana	mariscos	frutti di mare
bistec	bistecca	melocotón	pesca
bocadillo	panino imbottito	naranja	arancia
cangrejo	granchio	ostra	ostrica
carne de cerdo	carne di maiale	pato	anatra
cebolla	cipolla	pepino	cetriolo
chorizo	salame piccante	piña	ananas
chuleta	costoletta	plátano	banana
conejo	coniglio	queso	formaggio
cordero	agnello	sopa	zuppa
frambuesa	lampone	ternera	vitello
fresa	fragola	trucha	trota
gambas	gamberi	zanahorias	carote

ATLANTE STRADALE

Suddivisione dei capitoli negli interni di copertina

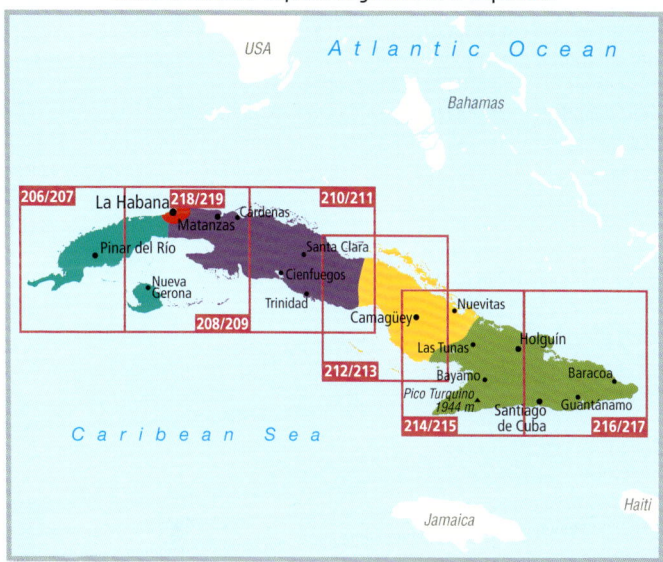

Legenda

A1 Autostrada con raccordo numerato	⚓ Porto
Superstrada	★ Punto panoramico
CC Superstrada con raccordo numerato	Cascata
Strada principale	Castello
Strada secondaria	Grotta
Strada carrozzabile	Faro – torre
Traghetto	Monumento – montagna
Punto di interesse	Palude
Parco nazionale	Mangrovie
M̂ Museo	Barriera corallina
Chiesa – cappella	
Stabilimento balneare	⭐ **TOP 10**
Aeroporto Internazionale	**Da non perdere!**
Campo di aviazione	**22 Mete su misura**

1 : 1.200.000

0   50   100 km

0   25   50 mi

Golfo de México

d e   M é x i c o

Archipiélago de los C

Puerto Esp

Bahía Santa Lucía

Cay

Cayo Jutías

25

Santa Lucía
Valle de las
Dos Hermanas

Ojo de Agua

Punta Tabaco

Minas de Matahambre

Valle de Viñales

Baja

Pons

2

Cueva

Santo To

Cayo Rapado Grande

Macurije

Dimas

Sierra de los Órganos

Santa Rita

Mina Francisco

Cabeza

Cayos de Buenavista

Vista Hermosa

Santa María

Santa Isabel

Sumidero

Rancho Guab

Arroyos de Mantua

Pino Gordo

Santa Felicia

Santa Damiana

Mantua

Cordilleras

San Juan y Martínez

Santa

Las Clavellinas

Veinte de Mayo

Salto de los Portales

La Manigua

Guane

Playa de El Gálafre

El

Golfo de Guanahacabibes

Bolívar

Isabel Rubio

Sabalo

CC

Santa Teresa

Bahía de Cortés

C

Laguna Grande

San Julián

Punta Plumajes

Bahía Guadiana

Playa Colorada

Sandino

Cortés

Punta Gorda

Punta Carabela Grande

La Fé

Punta de Cortés

Punta Cajón

Carabelita

Península de Guanahacabibes

Manuel Lazo

Laguna Alcatraz Grande

Babiney

Punta Las Tumbas

Estrecho de Yucatán

Los Cayuelos

Los Ingleses

La Bajada

Punta Gorda

26

Parque Nacional Península de Guanahacabibes

Las Martinas

La Furnia

Cabo San Antonio

2

Faro Roncali

Playa María La Gorda

Cueva Funche

Cabo Francés

Cabo San Antonio

Caleta Larga

Bahía de Corrientes

Punta Caimán

Uvero Quemado

Punta del Holandés

María La Gorda

Punta Leones

Cabo Corrientes

A   B   C

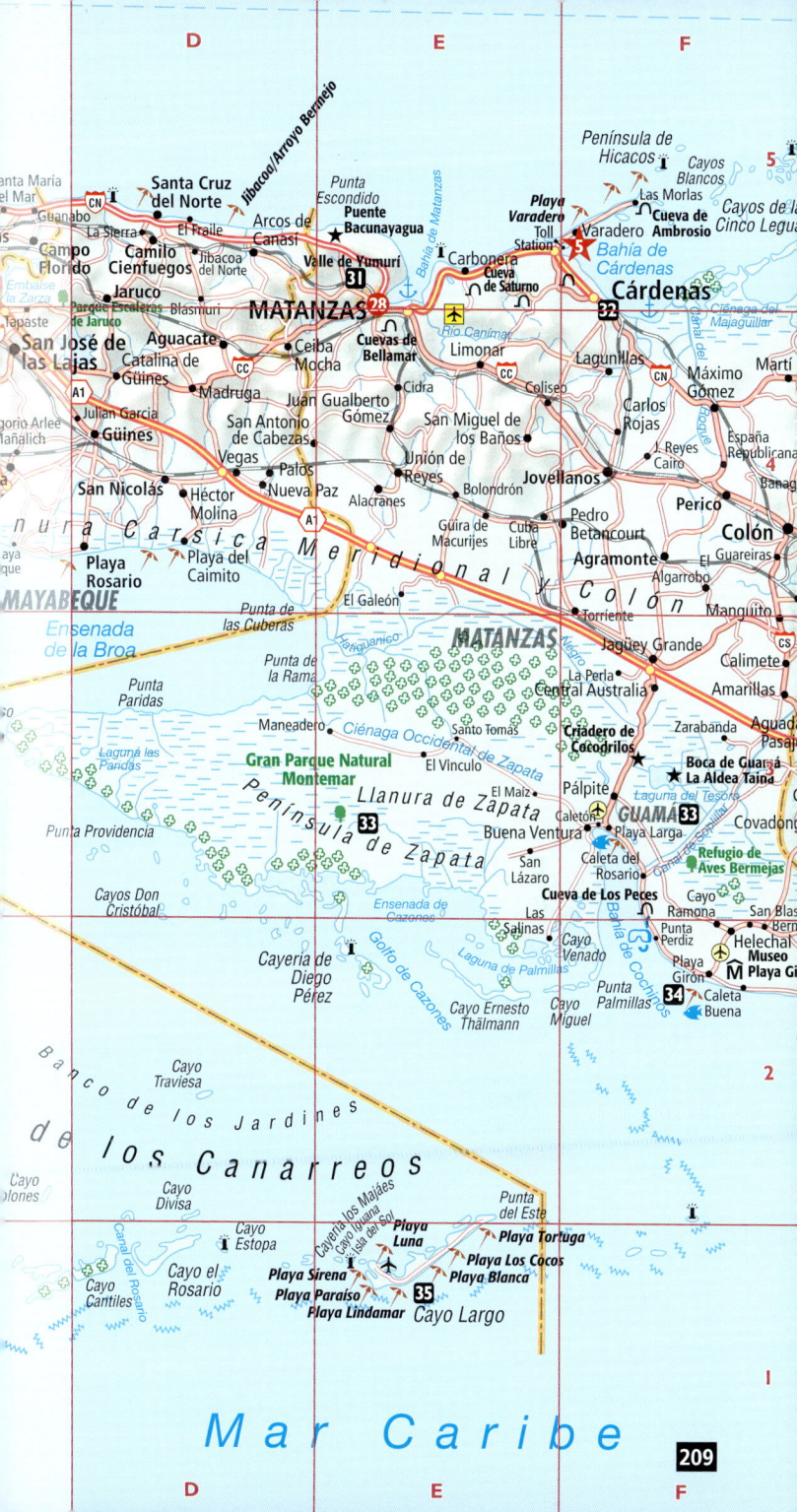

D E F

5

4

3

2

1

la Luna
Punta el
Morro
**Playa
Pilar**
*Cayo
Guillermo*
Punta
Perro
Playa del Perro
**Parque Natural
El Bagá**
Punta
Coco
Playa Larga
**Playa Las
Coloradas**
**Sitio
La Güira**
Cayo Coco
*Punta el
Santo*
**Playa
del Norte**
Playa Los Pinos
*Cayo Paredón
Grande*
Cayo Antón Chico

41

ayo
liza
*Cayo
Botella*
Punta Cocalito

**Máximo
Gómez**

*Bahía de
Perros*
*Cayo Largo
del Griego*
Punta Caldera
Isla de
Turiguanó
Punta
Carillo
*Cayo Largo
la Salina*
Cayo Alta
Cayo Romano
*Cayo Antón
Grande*
*Cayo Mégano
Grande*

Bahía de
Buena
Vista
gre
La Leche
*Laguna
La
Redonda*
**Pueblo
Holandés**
San Rafael
Manatí
*Cayo
Judas*
Punta
Cubera
Cayo Cruz
Punta la
Laguna

Falla
*Laguna La
Redonda*
Embarcadero
Loma de Cunagua
338 m
Punta
Caonao
*Cayo
Romano*
*Cayo los
Machos*
Punta el
Inglés

CN

Ciro
dondo
MORÓN
Patría
Rinconada
Bolivia
La Nueve de
Manga Larga
Guaney
*Cayo
Romano*
*Pasa de los
Garzones*

Ceballos
**Centro de Conservación
de Cocodrilos**
La Veintiuno
La
Treinta
Mameyal
*Laguna
del Jigüey*
Punta
Brava
*Cayo
Toro*

Villa
Primero
de Enero
San
Antonio
*Laguna
Guanmaca*
Maduro
La
Redonda
Palma
City
**Playa
Piloto**
*Bahía de
la Gloria*

Pozo
Viejo
Velazco
Tabor
Esmeralda
Alvarado
Jaronú
Lombillo
Llanura Septentrional
La Gloria

45
Pesquería
CIEGO DE ÁVILA
Caonao
Jiquí
Cubitas
**Cueva de los
Gernerales**
Sola
Caidije

Llanura
de Júcaro - Morón
Crucero de
Baraguá
Pablo
Truoutú
Mamanatuabo
Paso de Lesca
Sierra de Cubitas
Aljibito
**Cangilones
de Río Máximo**

Colorado
Crucero de
Gaspar
Ensilú
*María
Lola*
*Loma el Mirador de Limones
309 m*
Los Cangilones
El Máximo
Las
Américas

Jagüeyal
Gaspar
*Embalse
Caonao*
*Embalse
Porvenir*
46

Baraguá
Corojo
Magarabomba
La
Mariposa
Acueducto
**Limones
Tuabaquey**
*Loma la Ceiba
175 m*
Las
Minas
Entro

San Pedro
Piedrecitas
CC
Florida
CAMAGÜEY
Redención

Pueblo Nuevo
de San Diego
Carlos Manuel
de Céspedes
San Antonio
La Vallita
Altagracia
Anton

La Aliña
La Raya
La
Fundición
Albaíza
E. Amistad Cubano-Búlgaro

**Playa de
Florida**
La Tomatera
Cuatro
Caminos
Santa Rita
42
CAMAGÜEY

Punta Remate
Las Yeguas
*Embalse
Pamarito*
Manantiales
Vista del
Príncipe
La Punta
Ignacio

Cayo Santa
María
Vicio
Vertientes
Limones
Pueblo
Mocho
Siboney
CC

Punta de
Potrerillo
Blanco
Castillo
Vista
Hermosa
Concordia
La Loma
Contramaestre
**Batalla de
Guisa**
Hutuŷ

*Cayo Algodón
Grande*
Punta
Macurijes
El Brazo
Najasa
*Sierra
del Churillo*

Aguilar
Hacienda
301 m
Belén

Punta de
la Alegrías
Cuatro
Compañeros
Forestal
Bosque Fósil de Najasa
Las
Puigas

Jagua
Tres
Arroyo
Blanco
Santa
Adela

iedra
de
El Carmen
La
Catalina
**Cándido
Gonzáles**
Narcisa
Uno
La
Elina
Sitro
Viejo

*Cayo
Cachiboca*
**Parque Nacional de
Jardines de la Reina**
*Cayos
Pingües*
Haití
Santa
Beatriz
Guayabal

*Cayos
Pilón*
Santa
*Cayos María
Velache*
*Cayo Cabeza
del Este*
**Santa Cruz
del Sur**
*Ensenada
Manopla*

D
*Cayo
Caguamas*
E
*Cayo Media
Luna*
214
F

213

D   **E**   **F**

Northwest Cay

5

O c é a n o

A t l á n t i c o

4

Punta
el Maja
Cayo Moa
Grande
3

olla
Moa
Punta Gorda
ero
Cananova
Abajo
Punta Guarico
Rolo
Monterrey
Yamanigüey
Los
Indios
Cuchillas de Moa
Santa
María
Punta del Mangle
Pico del Toldo
Punta Barlovento
Bahía de Taco
1175 m
Morel
Playa Maguana
Parque Nacional
Arroyo
Bueno
Maguana
Cayo Güin
**Alejandro de
Humboldt**
Boca del Toa
Playa Blanca
Playa Manglito
El
Manguito
Pico Galán
Paso de Toa
Punta del Fraile
Macizo Nipe Sagua Baracoa
Baracoa
Palenque
974 m
Fortaleza Matachín
Boca de Yumurí
Sabana
Maisí
Felicidad
Bernardo
El Yunque
Yumurí
Punta de Maisí
rón
Sabanilla
Viaducto La
Farola
Los
Panchos
**Zoológico
de Piedra**
Puriales de
Caujeri
Jamal
La Cuchilla
La Máquina
Sierra del Purial
Manuel Tames
La Farola
Punta de Quemada
maica
Guaibanó
Pico el Gato
Alto de Cotilla
603 m
ANTÁNAMO
1176 m
Los Llanos
Maqueicito
San Antonio
del Sur
Cajobabo
La Tinta
Punta Negra
Paso de
los Vientos
araguay
**Reserva
Ecológica Baitiquirí**
Imías
Monument of José Martí
Denkmal der Landung
von José Martí
Baitiquirí
El Naranjo
Yateritas
Yacabo
Abajo
Punta
Imías
**Mirador
de Malones**
CC
Tortuguilla
Yateritas
US NAVAL
vento
STATION

217

D   **E**   **F**

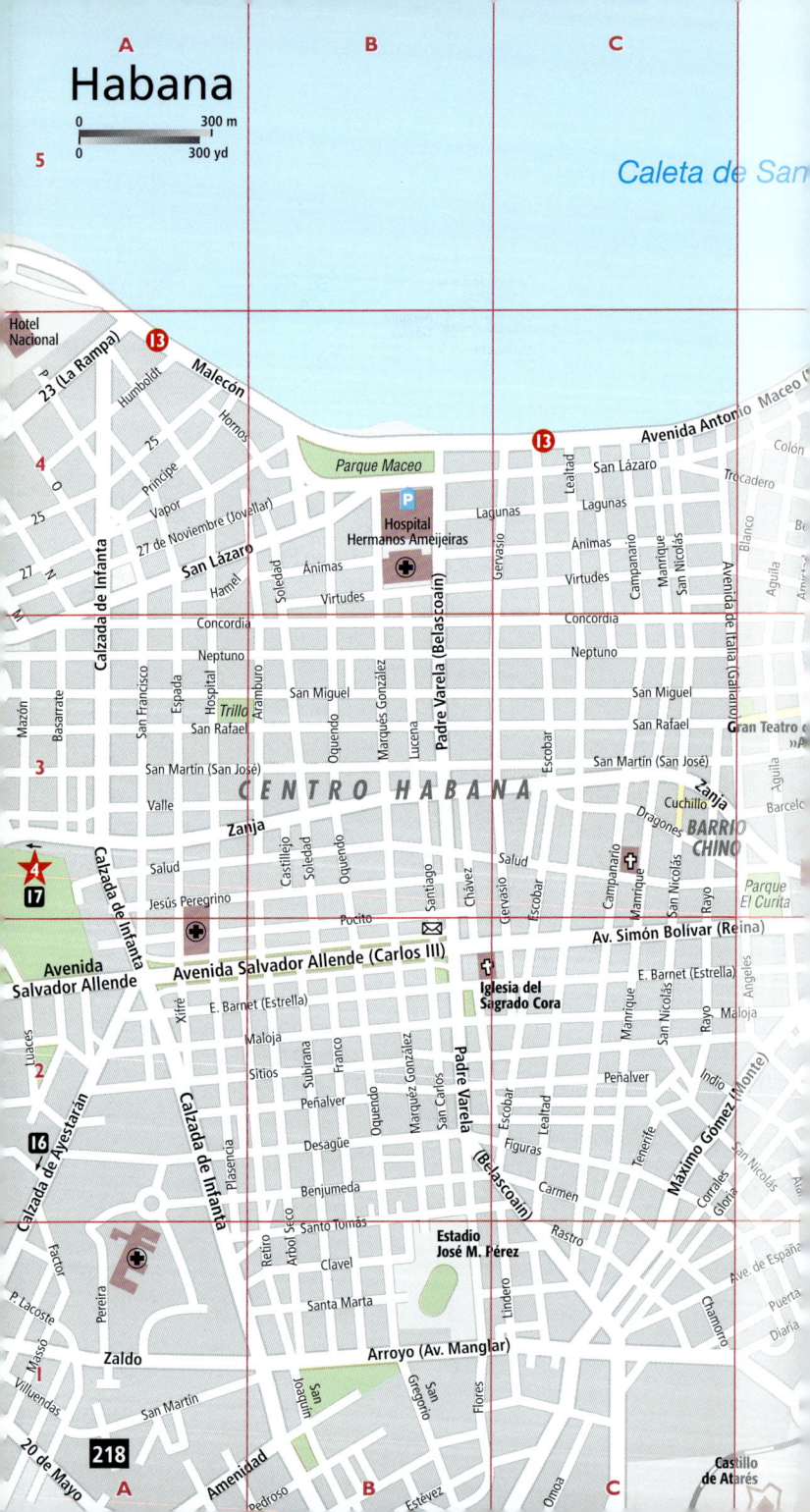

D

Castillo de los
Tres Reyes del Morro

E

18 19

**LA HABANA
DEL ESTE**

5

eta de *San Lázaro*

Fortaleza de San Carlos
de la Cabaña

11

Canal de
Entrada

Parque de los
Mártires

Parque
de los
Enamorados

13

Cárcel

Máximo
Gómez

Parque
Céspedes

Av. del Puerto (San Pedro)

4

Avenida Antonio Maceo (Malecón)

Plaza
13 de Marzo

Tacón

Parque
Luz Caballero

Catedral

Castillo de la
Real Fuerza

Refugio

Consulado

Colón

Museo de la
Revolución

14

Cuarteles

Pl. de la
Catedral

El Templete

Trocadero

Paseo de Martí (Prado)

Chacón

Palacio
de los Condes
de Bayona

Palacio del Conde
Santovenia

Blanco

Bernal

Crespo

Av. de las Misiones

Compostela

Habana

Empedrado

Memorial
Granma

Museo de
Arte Colonial

Palacio de los Capitanes Generales

Pl. de
Armas

Museo de
Automóvil

Aguila

Amistad

Industria

Palacio de
Bellas Artes

San Nicolás

Avenida de Italia (Galiano)

HABANA VIEJA

Mercaderes

Lonja del
Comercio

O'Reilly

Obispo

Casa
de África

Parque
Central

Centro Asturiano

Obrapía

Pl. de
S. Francisco
de Asís

iguel

José
Martí

Avenida de Bélgica (Monserrate)

Villegas

Aguacate

Lamparilla

afael

San Rafael

Habana

Amargura

Edificio
Gomez Vila

Museo del
Ron Havana
Club

an José)

Gran Teatro de La Habana
»Alicia Alonso«

15

Agramonte (Zulueta)

Brasil (Teniente Rey)

Aguiar

Pl.
Vieja

3

Zanja

Aguila

Capitolio
Nacional

12

Cristo

Cuba

San
Ignacio

Oficios

Muralla

Cuchillo

Barcelona

Muralla

Muelle
de la Luz

**BARRIO
CHINO**

Industria

Sol

Rayo

Parque
El Curita

Dragones

Parque de la
Fraternidad

Fuente
de la India

Aguacate

Compostela

Luz

Convento de
Santa Clara

Bolívar (Reina)

Convento y
Iglesia de Belén

Curazao

Acosta

Espíritu Santo

Angeles

Cárdenas

Cienfuegos

Aponte (Someruelos)

Economía

Picota

Jesús María

Merced

La Merced

rnet (Estrella)

Rayo

Maloja

Apodaca

Gloria

Misión

Museo
José Martí

Leonor Pérez (Paula)

Av. del Puerto (San Pedro)

2

Indio

Máximo Gómez (Monte)

San Nicolás

Aguila

Florida

Factoría

Arsenal

Estación Central
de Ferrocarriles

San Isidro

Almacénes
de San José

Corrales

Gloria

Alambique (Vives)

Revillagigedo

Suárez

Puerto

Chamorro

Ave. de España

Puerta Cerrada

Diaria

Diaria

Desamparados

Ensenada de Atarés

1

Castillo
de Atarés

10

D

E

219

F

Indice analitico

Crediti fotografici

Abbreviazioni: (a) in alto; (b) in basso; (c) al centro; (sx) a sinistra; (dx) a destra; (AA) AA World Travel Library

Eisenschmid, Rainer: 94 (a dx), (b dx) 95 (b dx)
Fotolia: iiierlok_xolms 21, 22/23; robyelo357 29 (b)
Huber-Images: Ripani 4, Vittorio Sciosia 14 (dx), Stefano Torrione 26, Vittorio Sciosia 32 (a), Phil Clarke-Hill 34, Frank Lukasseck 132/133, Reinhard Schmid 145
laif: hemis/Patrick Escudero 17 (dx), Le Figaro/Martin 21, 22
Lookphotos: Ingolf Pompe 6/7, 20, age fotostock 25, 32/33, Millennium Images 34 (b)
mauritius images: imagebroker/Fabian von Poser 8, imagebroker/Harry Laub 18 (a), age fotostock/Peter Widmann 18/19 und 20, CuboImages/Ivano Piva 30, Urs Flüeler 63, 65 (a) (sx), Science Source/Bill Bachmann 71, Alamy/David Litschel 88, Alamy/Torontonian 114, Alamy/Victoria Gray 141, Maria Breuer 124, imagebroker/Helmut Corneli 142/143, Alamy/Arterra Picture Library 175
Miethig, Martina: 27, 27 (b), 28, 28 (b), 31, 146
picture-alliance: dpa-Report/Fredrik von Erichsen 11, AP Photo/Ramon Espinosa 12, AP Photo/tstargardter 13, dpa-Zentralbild/Klaus Grabowski 14 (sx), robertharding 15 (sx), dpa/Peter Zimmermann 15 (dx), dpa/Alejandro Ernesto 17 (sx), dpa/Jens Büttner 176
alle weiteren Fotos: DuMont Bildarchiv/Tobias Hauser

Foto di copertina: laif/Obie Oberholzer (Architettura coloniale in una strada dell'Avana)

www.**guidemarcopolo**.it
 facebook.com/**guidemarcopolo**
twitter.com/**guidemarcopolo**

SCRIVETECI

Nonostante le meticolose ricerche dei nostri autori, qualche errore a volte può sfuggire. Inviateci le vostre annotazioni ma anche i vostri suggerimenti scrivendo a:

MARCO POLO Redazione
EDT srl, 17 via Pianezza
10149 Torino
redazione@guidemarcopolo.it

Cuba, 1ª edizione giugno 2018
ISBN: 978-88-5924-685-5
© EDT srl, 17 via Pianezza, 10149 Torino, edt@edt.it
Coordinamento: Linda Cottino
Traduzione: Amalia Gilodi, Flavia Peinetti
Redazione e aggiornamenti per l'edizione italiana: Amalia Gilodi, Flavia Peinetti
Impaginazione: Gianmarco Bisognani
Produzione: Alberto Capano
Stampato da: GrafArt srl, viale delle Industrie 30, 10078 Venaria (To)

Tradotto dall'edizione originale tedesca:
Kuba 2017, 1ª edizione
© MAIRDUMONT GmbH & Co. KG
Text: Martina Miethig
Redaktion: Christiane Wagner
Projektleitung: Dieter Luippold
Programmleitung: Birgit Borowski
Chefredaktion: Rainer Eisenschmid
Kartografie: © MAIRDUMONT GmbH & Co. KG, Ostfildern
3D-Illustrationen: jangled nerves, Stuttgart

10 MOTIVI
PER RITORNARE

1. Un **paese unico**, importante per la storia, che suscita emozioni e sentimenti ed è in rapida trasformazione.

2. L'incontro con **gente orgogliosa**, appassionata e dotata di spirito ironico.

3. Il **tabacco migliore del mondo** – chi ancora non è un *aficionado* lo diventa quando conosce i produttori.

4. Un **viaggio nel tempo** – esistono ancora Chevrolet anni '50, carrozze e aratri tirati dai buoi.

5. L'**architettura coloniale** esaltante, con palazzi neoclassici e porticati sontuosi.

6. La **musica** è ovunque, che sia *salsa*, bolero o *reggaetón* – c'è solo una cosa da fare: ballare.

7. Colombo, il Che, Hemingway – ovunque si trovano le tracce di personaggi entrati nella **leggenda**.

8. Un tranquillo **giro ciclistico in autostrada** – chissà per quanto sarà ancora possibile.

9. **Paesaggi pittoreschi**, spiagge da cartolina – e di certo c'è ancora molto da scoprire.

10. Una sostanziosa **cucina casalinga** – e prima (o dopo) un bel cocktail a base di rum!